本书为国家社科基金青年项目"社会管理创新地方样本法治化研究"（编号13CFX032）的最终结题成果

宁波大学法学文丛

社会治理创新地方样本法治化研究

何跃军／著

中国社会科学出版社

图书在版编目(CIP)数据

社会治理创新地方样本法治化研究／何跃军著．—北京：中国社会科学出版社，2019.7
ISBN 978-7-5203-4962-8

Ⅰ.①社… Ⅱ.①何… Ⅲ.①地方政府—社会管理—研究—中国 Ⅳ.①D625

中国版本图书馆 CIP 数据核字（2019）第 188012 号

出 版 人	赵剑英	
责任编辑	冯春凤	
责任校对	张爱华	
责任印制	张雪娇	

出　　版	中国社会科学出版社	
社　　址	北京鼓楼西大街甲 158 号	
邮　　编	100720	
网　　址	http：//www.csspw.cn	
发 行 部	010－84083685	
门 市 部	010－84029450	
经　　销	新华书店及其他书店	
印　　刷	北京君升印刷有限公司	
装　　订	廊坊市广阳区广增装订厂	
版　　次	2019 年 7 月第 1 版	
印　　次	2019 年 7 月第 1 次印刷	
开　　本	710×1000　1/16	
印　　张	19	
插　　页	2	
字　　数	312 千字	
定　　价	99.00 元	

凡购买中国社会科学出版社图书，如有质量问题请与本社营销中心联系调换
电话：010－84083683
版权所有　侵权必究

序
中国社会治理的法治思维

党的十八大以来，特别是十八届三中全会提出推进国家治理体系和治理能力现代化的改革总目标以来，"治理"一词成为我国政治生活和学术研究的热词，以"治理"为核心的政治命题和理论命题大量涌现，围绕政党治理、国家治理、社会治理、网络治理、全球治理以及治理现代化，党和国家领导人发表了许多意义非凡的重要讲话，学术界出版了许多富有创新的论著和调研报告，治理研究取得一系列可喜的成果，本书同样是在这样的时代背景下所产生的研究成果。

2018年，在我受中央政法委委托，主持"枫桥经验"的理论构建课题研究过程中，经过文献梳理发现，目前有关社会治理研究的成果精品不是很多，多数研究论题互相重复、观点互相雷同、研究方法单一，对社会治理的理论指导和学理支撑作用还不够坚实。进一步深化社会治理问题的理论研究，依然任重而道远。尤其值得指出的是，党的十八大以来，习近平总书记提出要推进法治中国建设，推进法治中国建设核心是法治国家、法治政府、法治社会一体建设。在推进法治国家建设方面，十八届四中全会做出了重大决定，在推进法治政府建设方面，党中央国务院出台了法治政府建设实施纲要，但迄今为止，法治社会建设还没有规划，也没有纲要。在中央全面依法治国委员会第一次会议上，习近平总书记指示要抓紧制定法治社会建设规划，加快形成共建共治共享的现代社会治理格局，确保中国社会充满活力又和谐有序。

习近平总书记多次强调，依法治国是治理领域的一场深刻革命。在全面依法治国的历史大背景下，社会治理与法治的关系唇齿相依、如影随形，从法治与法理的角度展开社会治理的相关议题，来源于我们对新时代的科学认识、精准定位和深刻把握。我认为，着眼于新时代，我们应当更加关注社会治理的法治和法理问题，深入探讨如何以法治思维和法理思维推进新时代的社会治理、促进多元主体参与社会治理，促进社会治理现代化，从而建设更加民主法治文明和谐的社会主义法治社会。

基于本书的研究主题，我对新时代社会治理的法治和法理问题，表达以下基本观点。

一　新时代中国的治理体系

我国的社会治理不是一个孤立的环节，而是新时代中国治理体系的重要组成部分。这一在社会实践中积累起来的体系包括政党治理、国家治理、社会治理、互联网治理、全球治理等五个方面。

政党治理，即从严治党，依法执政。国家治理，即十八大以来强调的国家治理体系现代化，涵盖制度创新、能力提升、模式变革。社会治理，即社会领域的治理，与国家治理相对应。世界上有许多思想家（包括马克思在内），都认为国家和社会（市民社会）是二元的，以市场为中心的平等、自由和协商的社会领域是政治国家的根基所在。从这个意义上说，社会治理是国家治理的基础，而国家治理是社会治理的导向。互联网治理，即与国家和社会等实体空间相对应的虚拟空间的治理，是整个治理体系中的一个新型治理领域。全球治理，即十九大提出的共商共建共享的全球体系，其指向是建立新型国际关系和世界新秩序。

五个方面的治理针对不同的治理领域和空间，紧密契合于新时代的发展需求，相辅相成，相得益彰形成了新时代中国治理体系。社会治理既是整个治理体系中的一个成员，又必然对其他各领域治理产生直接或间接的影响，其基础性、复杂性、可持续性决定了其在整个治理体系中的地位，也决定了其在我国治理体系和治理能力现代化道路上的角色。遗憾的是，面对社会急剧转型、社会矛盾深刻变化的现实，社会治理和社会治理现代化的研究却非常薄弱，而关于社会治理的法理研究更加乏力。以往围绕社会治理展开的研究，多从综合治理的角度、社会治理体系的角度、城区治理和乡村治理的角度切入，却淡化甚至忽视了其中最为关键的法治思维和方式问题、法理思维和法学理论问题、治理与法治的关系问题等等。正因此，社会治理研究显露出诸多空白，以至于理论深不下去，高度提不上来，需求难以满足。强化并深化社会治理中法治思维和法理思维的研究，必将提升社会治理研究的品质，也必将助益于整个治理体系和治理能力的现代化。

二 建国 70 年社会治理的历史变革

从历史维度来看，建国七十年来，我国的社会治理经历了三个阶段和三种主要模式的演变，即从社会管制到社会管理，再到社会治理。

第一个阶段是社会管制阶段（1949 年到 1978 年）。建国初期，为了巩固新生的人民民主专政国家政权，我们开展了一系列政治运动和社会运动，主要以镇压敌对势力为中心。50 年代中期，虽然党的八大提出大规模的急风暴雨式的阶级斗争已经过去，阶级矛盾已经不是社会主要矛盾。但很快，这一政治判断就被阶级矛盾仍是社会主要矛盾的判断所取代，坚持以阶级斗争为纲被确定为党的基本路线。因而，这三十年间的社会治理，就以社会管制为显著特点，比如对"地富反坏右""地痞流氓""社会闲杂人员"所采用的管制以及专政的手段。

第二个阶段是社会管理阶段（1978 年至 2012 年）。1978 年结束"文化大革命"的动乱局面后，中国社会进入改革开放的历史新时期，社会的主要矛盾已经从阶级矛盾转变为人民内部矛盾。但是，长期的国家垄断惯性导致社会尤其是基层社会自治能力不足，不得不依靠党委和政府对社会实施自上而下的管理。换句话说，国家通过公共权力对社会实行直接管理，社会事务基本都由国家来实施，国家包办一切。

20 世纪 90 年代，我们党正式提出了"社会管理"概念。2006 年 10 月 11 日中国共产党第十六届中央委员会第六次全体会议通过《中共中央关于构建社会主义和谐社会若干重大问题的决定》，明确提出了"社会管理"概念，并强调"必须创新社会管理体制，整合社会管理资源，提高社会管理水平，健全党委领导、政府负责、社会协同、公众参与的社会管理格局，在服务中实施管理，在管理中体现服务。"同时提出，坚持科学立法、民主立法，完善"推进社会事业、健全社会保障、规范社会组织、加强社会管理等方面的法律法规。"社会管理概念，虽然仍然强调以国家为本位的权力管理,但却实现了从管制到管理的重大转变,释放了社会活力。

第三个阶段是社会治理的阶段(2012年以来)。党的十八大报告沿用了"社会管理"概念,不同的是,内涵发生了变化,不仅体现为将"法治保障"纳入社会管理格局,将"四位一体"的社会管理格局变更为"五位一体"的社会管理体制,提出"要围绕构建中国特色社会主义社会管理体系,加快形成党委领导、政府负责、社会协同、公众参与、法治保障的社会管理体制",把立法、执法、司法机关和法律服务组织及其法治活动作为社会管理体制不可缺少的重要组成部分,而且对五个要素的具体表述也有所改变。

十八大之后,依据推进国家治理体系和治理能力现代化的总目标和总体部署,党中央在一系列重要文件中用"社会治理"概念取代了"社会管理"概念。十八届三中全会通过的《中共中央关于全面深化改革若干重大问题的决定》提出创新社会治理体制,进一步凸显法治在社会治理中的作用。习近平总书记指出:"治理和管理一字之差,体现的是系统治理、依法治理、源头治理、综合施策。"十八届四中全会通过的《中共中央关于全面推进依法治国若干重大问题的决定》提出"推进多层次多领域依法治理。坚持系统治理、依法治理、综合治理、源头治理,提高社会治理法治化水平。"十九大报告进一步提出:"加强社会治理制度建设,完善党委领导、政府负责、社会协同、公众参与、法治保障的社会治理体制"。以"社会治理"代替"社会管理"是以习近平同志为核心的党中央治国理政理论的又一重大理论创新和实践创新。

三 新时代社会治理的法理命题

从法学研究范式和依法治理战略出发,我认为有四个命题集中体现了社会治理的基本法理:一是"共建共治共享"。这是就社会治理整体而言的。十九大报告明确提出,要"打造共建共治共享的社会治理格局。"二是"政府治理、社会调节、居民自治良性互动",这三元互动是就城市社区治理而言。这里的政府是广义的政府,包括党委、人大、司法机关等;社会主要指企事业单位、各类社会组织等;居民指城市基层市民。十九大报告强调"加强社区治理体系建设，推动社会治理重心向基层下移，发挥社会组织作用，实现政府治理和社会调节、居民自治良性互动。"三是"自治、法治、德治结合""三治结合"或"三治融合"，这是针对乡村基层社会治理而言。十九大报告提出"加强农村基层基础工作，健全自治、法治、德治相结合的乡村治理体系"。四是"提高社会治理社会化、法治化、智能化、专业化水平"。这是十九大报告提出的社会治理目标，表达了社会治理现代化的内涵，即社会化、法治化、智能化、专业化。

这四个命题分别从体制、方式方法、目标等维度阐发了社会治理的基本法理，即"三治结合""三元互动""三共格局""四化目标"，具有深刻理论内涵和深远历史意义，为我们推进新时代中国社会治理现代化奠定了理论基调。

四 社会治理核心法理在实践中的体现

社会治理的时代转型，既是一场社会领域的实践变革，也是一次思维领域的范式更新，其最根本的是摒弃阶级斗争思维、矫正专政思维、淡化管理思维，代之以法律思维、法治思维、法理思维。

法律思维，就是规则思维或权利义务思维即能够做什么、可以做什么、不能做什么和禁止做什么的思维，这是法律人最基本最专业最本能定向的思维。

法治思维，就是依法办事的思维，主要是在治国理政的层面针对各级领导干部而言的。法治思维强调对法治的尊崇，将法治的要求转化为思维方式和行为方式；强调牢固树立宪法法律至上等基本观念，在法律之下而不是在法律之外更不是在法律之上想问题做决策办事情；强调守规则重程序，法定职责必须为、法无授权不得为；强调自觉接受监督，建立良好法治生态。各级党政机关要善用法律调节社会关系、规范人们的行为、强化法律在权利救济和解决纠纷中的权威性作用，依法化解社会矛盾、维护社会稳定、促进社会和谐。

至于法理思维，其实质是对法的本质意义和美德的追求。法理思维是基于良法善治而形成的思维范式，它把民主人权公正秩序良善和谐等目的性价值融入到法律和法治层面，相较于法律思维和法治思维，更具导向性、包容性和想象力。单纯的法治思维是一种形式法治,形式法治有好的也有差的。世界上有各种模式的法治,中国古代的法治总体上是君权之下的法治,是"法术势"的合治,甚至表现为工具主义的严刑峻法,西方近代法治基本上是以立法权、行政权(执法权)、司法权的"分权与制衡"为标配、以"形式合法性"和"程序正义"为要义的形式主义法治。在改革开放新时期,中共十一届三中全会提出"有法可依、有法必依、执法必严、违法必究",虽然是形式法治,但它使中国告别了"无法无天"的混乱局面,结束了十年"文革"动乱,促进了中国特色社会主义法律体系的形成。进入中国特色社会主义新时代之后,中国共产党在反思古今中外各种法治模式的基础上,提出"法律是治国之重器,良法是善治之前提","以良法促进发展、保障善治","把社会主义核心价值观贯穿立法、执法、司法、守法各环节,使社会主义法治成为良法善治。"这是对中国特色社会主义法治作为形式法治与实质法治相统一的法治模式的精辟定性,即中国法治作为现代社会主义法治,不仅应当是形式上的法律之治,更应当是实质上的良法之治。这种形态的法治同现代社会的制度文明和政治文明密不可分,它意味着对国家权力的限制、对权力滥用的防范控制、对公民权利和自由的平等保护等;意味着立法、行政、司法以及其他国家活动必须服从法治的一些基本原则,如人民主权原则、人权原则、正义原则、公平合理且迅捷的程序保障原则等;意味着国家维护和保障法律秩序,但必须首先服从法律的约束;意味着人民服从法律,但法律必须是建立在尊重和保障人权的基础之上。

良法善治的精神实质和核心要义集中凝结在"法理"概念之中,因为法理凝聚了法的价值、法的美德、法的传统、法的通理、法的公理等,法理也呼应着法的理论、法的实践、法的历史、法的精神。可以说,"法理"是良法善治的晶体,良法善治是当代中国法理体系的精髓。把法学范畴研究与法理研究对接,必将校正法治实践的价值指向,引领中国法治朝着良法善治的方向健康发展。与良法善治相适应的,是法理思维。保障人权、制约公权、公平正义、社会和谐、秩序良好等都是法理的本质所在。

这三种思维形态层层递进,从静态的规则思维,到动态的依法治国思维,再到形式与实质相统一的良法善治思维,是我国法治实践之历史逻辑的展现，也表达了法之思维本身的科学规律。良法善治的法理思维，将法的概念与治理的概念深度融合起来，将法的思维与社会思维有效对接起来，为社会治理开辟了新的思维路径。

五　法治在社会治理中的独特作用

法治是治国理政的基本方式，也必然是社会治理的基本方式。新时代社会治理的鲜明特征之一，就是依法治理。首先，各级党委和政府要对社会实施依法治理。党是社会治理的领导者和组织者，政府是社会治理的主要实施者，党和政府依法治理，就是要把法治作为社会治理的基本方式，运用法治思维和法治方式进行社会治理，善用法律调节社会关系、规范人们的行为、强化法律在权利救济和解决纠纷中的权威性作用；依法化解社会矛盾、维护社会稳定、促进社会和谐，保障人民安居乐业；加快形成科学有效的社会治理体制，建立健全依法维权和化解纠纷机制、利益表达机制、救济救助机制；畅通群众利益协调、权益保障法律渠道；正确认识和处理维稳与维权的关系，把维稳建立在维权的基础上，促进社会公平正义。

更具体而言，社会治理要于法有据。习近平总书记把社会立法作为立法的重点领域，强调加快完善教育、就业、收入分配、社会保障、医疗卫生、食品安全、扶贫、慈善、社会救助和妇女儿童、老年人、残疾人合法权益保护等方面的法律法规。加强社会组织立法，规范和引导各类社会组织健康发展。推进社会规范建设，加快完善各种"民间法"、行业协会规范、市民公约、乡规民约、团体章程等"软法"性质的社会规范，充分发挥各种社会规范在社会治理和社会建设中的积极作用。

依法治理，不但要完善社会治理法律体系，更要不断提高立法质量，以良法保证善治，促进社会发展、进步、文明。还要严格规范文明执法，公正高效透明司法。社会治理要始终在法治的轨道上运行，法治的力量也要渗透到社会治理的每个环节。

综上所述，这五个问题分别从五个角度观察社会治理，即治理格局中的社会治理，历史镜像中的社会治理，法理命题中的社会治理，法理思维中的社会治理，法治轨道上的社会治理。治理格局和历史镜像，分别从社会治理的空间所存和时间所在的角度,观察社会治理的"实存"。法理命题、法理思维、法治轨道,分别观照社会治理在法的不同逻辑脉络中的演绎,从法理思维到法理命题再到法治轨道,法理一步步具象化,社会治理在其中也一步步成为具有法理内涵的"现实"。它们指出了社会治理的时空坐标和逻辑方位,点明了社会治理是什么、为什么、要什么的根本问题域。

以上,为应何跃军博士之请,我对本书所做之序言。何跃军博士近年所关切之主题,所研究之成果,正是我所指出的治理格局中的社会治理,正好历经我所总结的历史镜像中社会治理的第二个阶段到第三个阶段的转型时期。何跃军博士的研究主要采用法律社会学的实证分析方法,对社会治理地方样本的法治化问题进行法理分析与实证分析,从理论、实证和应用三个方面研究了上述问题。

在理论部分,何跃军博士对新时期社会治理法治化进行了法理反思,在总体性历史梳理与理论反思国家治理法治化的基础上,重点阐述了地方社会治理法治化的内涵与功能、三大基本向度、多元主体之间的法律关系,特别深入研究了当前地方社会治理法治化中比较欠缺的法治精神建设问题。这部分的理论反思,奠定了当下地方社会治理法治化的重要理论基础,能够在很大程度上为社会治理法治化实践提供理论指引。

实证部分是本书最为重要也是最具特色的部分。何跃军博士通过扎实的实证调研,分别阐明了地方社会治理中的多元主体——地方政府、人民法院、人民检察院、社会组织、公民代表(律师)参与社会治理的实践做法与法治问题,并从法治角度提出了具有可操作性的意见建议。这部分的研究,回答了当下社会治理格局中多元主体究竟是如何发挥治理作用、存在什么问题以及如何改进等问题,描绘了多元主体参与社会治理的基本图景,为未来进一步推动社会治理法治化提供了重要方向。这是对当下社会治理格局中多元主体如何参与社会治理的一个较为系统和体系化的实证研究。

在应用部分,何跃军博士在实证调研基础上深入分析了涉法涉诉信访问题(拆迁类涉法涉诉信访问题、基层法院涉法涉诉信访问题、基层检察院涉检信访问题)、区县公共法律服务的基本状况与体系建设问题,城市与农村法治文化建设问题等,并从实践角度提出了切实可行的治理路径，这些研究，有助于从问题——体系——文化的整体角度反思当下社会治理法治化的具体工作，有助于促成更加富有成效的社会治理法治化工作。

可以说，本书从理论研究到实证研究，从实证研究到应用研究，符合"从实践中来到实践中去"的研究范式，研究成果有助于进一步衡量、评价和推动地方社会治理法治化的实践水平。同时，也有助于丰富和完善当下社会治理法治化与现代化的理论内涵，正是本篇序言极力倡导的社会治理法治化的研究取向——从法理命题的社会治理到法理思维的社会治理，再到法治思维的社会治理的积极有益的研究探索。

是为序。

张文显于北京

2019 年 7 月 20 日

目 录

导论 ………………………………………………………………（1）
  一 研究意义 ……………………………………………………（3）
  二 研究内容 ……………………………………………………（6）
  三 研究方法 ……………………………………………………（7）
  四 主要创新 ……………………………………………………（8）
  五 主要概念 ……………………………………………………（9）
  六 研究综述 …………………………………………………（12）

上篇　地方社会治理法治化基本理论

第一章　新时期社会治理法治化的法理反思 ……………（25）
  第一节　国内社会治理的发展进程 …………………………（25）
    一 古代与近代的社会管理 …………………………………（25）
    二 建国后的社会管理与治理变化 …………………………（26）
    三 当前国内社会治理的重点内容 …………………………（27）
    四 国家治理体系现代化的基本内涵 ………………………（28）
  第二节　国家治理法治化内涵与实现路径 …………………（30）
    一 国家治理现代化与法治关系 ……………………………（31）
    二 国家治理法治化的发展阶段 ……………………………（34）
    三 国家治理法治化的基本内容 ……………………………（36）
    四 国家治理法治化的实现路径 ……………………………（38）

第二章　地方社会治理法治化的多重维度 ………………（42）
  第一节　地方社会治理法治化的理论逻辑 …………………（42）
    一 地方社会治理法治化的内涵与功能 ……………………（42）

二　地方社会治理法治化是全面法治化的基础…………（43）
　　三　地方社会治理法治化的法治逻辑………………（45）
第二节　地方社会治理法治化的基本向度………………（47）
　　一　地方社会治理法治化的形式向度………………（47）
　　二　地方社会治理法治化的实质向度………………（48）
　　三　地方社会治理法治化的程序向度………………（49）
第三节　地方社会治理法治化中多元主体的法律关系……（50）
　　一　多元主体在地方社会治理中的权利义务………（50）
　　二　多元主体在地方社会治理中的联系与合作……（52）
　　三　多元主体在地方社会治理中的竞争与博弈……（53）
　　四　多元主体在地方治理法治化中的现实状况……（54）
第四节　地方社会治理法治化中法治精神的建设…………（56）
　　一　地方社会治理法治化中法治精神建设的基本现状………（57）
　　二　地方社会治理法治化中法治精神缺失的主要成因………（60）
　　三　西方国家法治化过程中法治精神建设的借鉴……（63）
　　四　地方社会治理法治化中法治精神的外在建设路径………（66）
　　五　地方社会治理法治化中法治精神的内在建设路径………（68）

中篇　地方多元主体社会治理法治化实证研究

第三章　地方社会治理与法治化探索的实证样本……………（73）
第一节　地方社会治理的宁波样本…………………………（73）
　　一　宁波社会治理面临的新常态……………………（73）
　　二　新常态带来宁波社会治理的三大挑战…………（75）
　　三　新常态背景下宁波社会治理的主要典型………（76）
第二节　新常态背景下宁波社会治理的问题与建议………（79）
　　一　宁波社会治理的总体问题………………………（79）
　　二　宁波社会治理的具体问题………………………（80）
　　三　宁波社会治理体系的发展建议…………………（83）
第三节　宁波市社会治理法治化的实践与探索……………（85）
　　一　宁波推进社会治理法治化的主要做法…………（86）

二　宁波推进社会治理法治化的不足 …………………………（91）
　第四节　推进宁波社会治理法治化的措施 ……………………（94）
　　一　推动法治文化建设和普法工作 …………………………（95）
　　二　着力提高地方立法质量 …………………………………（96）
　　三　规范执法与公正司法 ……………………………………（97）
　　四　加强依法监督力度 ………………………………………（98）
　　五　加快建设服务型政府 ……………………………………（99）

第四章　地方政府社会治理法治化实证研究 ……………………（101）
　第一节　地方政府社会治理的法治化发展 ……………………（101）
　　一　中西方地方政府社会治理的发展 ………………………（101）
　　二　中西方地方社会治理的主要特点 ………………………（102）
　　三　我国地方政府治理的发展阶段 …………………………（104）
　　四　地方政府社会治理的法治化需求 ………………………（105）
　第二节　地方政府网格化管理的界定与实践 …………………（107）
　　一　网格化社会管理模式的界定 ……………………………（107）
　　二　网格化社会管理模式的特征 ……………………………（108）
　　三　地方网格化社会管理的具体实践 ………………………（110）
　第三节　地方政府网格化管理的法治问题与建议 ……………（113）
　　一　法律法规不完善的问题 …………………………………（113）
　　二　行政主导与自治不足的问题 ……………………………（113）
　　三　政府职能转变缓慢与职责不清的问题 …………………（115）
　　四　治理主体的权力与权利互动不足的问题 ………………（115）
　　五　实现网格化社会管理转变网格化社会治理 ……………（116）

第五章　人民法院参与社会治理实证研究 ………………………（118）
　第一节　司法是社会治理的重要力量 …………………………（118）
　　一　司法与司法权 ……………………………………………（118）
　　二　人民法院参与社会治理的意义 …………………………（119）
　　三　人民法院在社会治理中的职能定位 ……………………（122）
　　四　人民法院参与社会治理的主要实践 ……………………（123）
　第二节　人民法院参与社会治理的两种形式与效用 …………（125）
　　一　宁波小巷法官 ……………………………………………（125）

二　上海社区法官 …………………………………………………… (128)
　　三　人民法院参与社会治理的社会效用 ………………………… (131)
　第三节　人民法院参与社会治理之多元纠纷解决机制 …………… (133)
　　一　构建多元纠纷解决机制的现实背景 ………………………… (133)
　　二　宁波推进多元纠纷解决机制的经验 ………………………… (135)
　　三　多元纠纷解决机制存在的问题与不足 ……………………… (137)
　　四　推进多元纠纷解决机制的建议 ……………………………… (139)

第六章　人民检察院参与社会治理实证研究 …………………………… (141)
　第一节　人民检察院参与社会治理的职能、限度与路径 ………… (141)
　　一　检察机关参与社会治理的职能定位 ………………………… (141)
　　二　检察机关参与社会治理的限度 ……………………………… (143)
　　三　检察机关参与社会治理的进路 ……………………………… (144)
　　四　人民检察院参与社会治理的具体实践 ……………………… (146)
　第二节　人民检察院参与社会治理之控告申诉工作 ……………… (147)
　　一　检察机关参与社会治安综合治理的方式 …………………… (147)
　　二　发挥控申职能提升综合治理能力的途径 …………………… (148)
　第三节　人民检察院参与社会治理之检察监督行政工作 ………… (150)
　　一　检察监督行政的必要性 ……………………………………… (150)
　　二　督促纠正行政违法行为面临的困境 ………………………… (151)
　　三　构建纠正行政违法行为督促模式 …………………………… (153)
　　四　健全督促纠正行政违法行为机制 …………………………… (157)

第七章　社会组织参与社会治理法治化研究 …………………………… (161)
　第一节　社会组织参与社会治理的理论依据 ……………………… (161)
　　一　社会组织参与社会治理的理论发展 ………………………… (161)
　　二　社会组织参与社会治理的价值 ……………………………… (163)
　　三　社会组织参与社会治理的主要路径 ………………………… (165)
　第二节　社会组织参与社会治理的实证样本 ……………………… (167)
　　一　社会组织参与社会治理的县级市样本 ……………………… (167)
　　二　社会组织参与社会治理的街道样本 ………………………… (170)
　　三　社会组织参与社会治理的制约性因素 ……………………… (173)
　第三节　社会组织参与社会治理的主要问题 ……………………… (176)

一　社会组织发展面临现实困境 …………………………… (176)
　　二　社会组织参与社会治理的法治难题 …………………… (181)

第八章　律师参与社会治理实证研究 ………………………… (184)
　第一节　律师参与社会治理的优势与意义 …………………… (184)
　　一　律师参与社会治理的优势 ……………………………… (184)
　　二　律师参与社会治理的意义 ……………………………… (186)
　第二节　律师参与和解制度的实证分析 ……………………… (187)
　　一　律师参与和解制度的产生与发展 ……………………… (188)
　　二　《意见》的规范解读及实践考察 ……………………… (189)
　第三节　律师参与调解制度的发展历程 ……………………… (191)
　　一　律师调解运作形式和特色 ……………………………… (191)
　　二　律师调解的四大问题 …………………………………… (195)
　　三　完善律师调解制度的建议 ……………………………… (196)
　第四节　律师参与化解和代理涉法涉诉信访案件的
　　　　　理论与实证 …………………………………………… (198)
　　一　理论基础：角色期待与价值分析 ……………………… (199)
　　二　实践考察：工作机制与运行效果 ……………………… (202)
　　三　完善路径：立法修改与制度保障 ……………………… (206)

下篇　地方社会治理法治化专题篇

第九章　地方社会矛盾治理法治化 …………………………… (211)
　第一节　拆迁类涉法涉诉信访案件实证分析 ………………… (211)
　　一　J区拆迁类涉法涉诉信访案件现状 …………………… (211)
　　二　拆迁类涉法涉诉信访案件的特点 ……………………… (212)
　　三　拆迁类涉法涉诉信访的成因 …………………………… (213)
　　四　解决拆迁类信访案件的对策 …………………………… (217)
　第二节　基层法院涉法信访问题及其治理 …………………… (218)
　　一　涉法信访的常态表现及其消极影响 …………………… (219)
　　二　基层法院涉法信访的治理 ……………………………… (222)
　第三节　基层检察院涉检信访及其治理 ……………………… (226)

一　基层检察院涉检信访的概念和范围 …………………（226）
　　二　基层检察院涉检信访的基本形势 …………………（227）
　　三　基层涉检信访产生的主要原因 ……………………（229）
　　四　基层检察院涉检信访治理的路径 …………………（231）

第十章　区县法律公共服务实证调研 ……………………（237）
第一节　宁海县公共法律服务状况 ………………………（237）
　　一　现状分析：瓶颈与困惑 ……………………………（237）
　　二　公共法律服务体系的发展契机 ……………………（240）
　　三　公共法律服务体系的建设路径 ……………………（245）
第二节　"互联网+"公共法律服务体系建设 ……………（249）
　　一　"互联网+"公共法律服务体系建设的重要性 ……（249）
　　二　"互联网+"公共法律服务体系建设的挑战与机遇 …（250）
　　三　宁海"互联网+"公共法律服务体系建设的
　　　　基础与不足 …………………………………………（250）
　　四　"互联网+"公共法律服务体系建设的建议 ………（252）

第十一章　地方法治文化的建设 ……………………………（255）
第一节　地方法治文化建设问题 …………………………（255）
　　一　法治的文化分析 ……………………………………（255）
　　二　地方法治文化建设的差异性问题 …………………（257）
　　三　制约地方法治文化建设的主要因素 ………………（259）
　　四　推进地方法治文化建设的主要思路 ………………（260）
第二节　城市化进程中法治文化培育 ……………………（263）
　　一　城市化与法治文化的关系 …………………………（263）
　　二　城市化进程中法治文化培育的重要性 ……………（264）
　　三　城市化进程中法治文化培育的途径 ………………（265）
第三节　农村法治文化建设的现状与路径 ………………（268）
　　一　农村法治文化的分析样本 …………………………（268）
　　二　农村法治文化建设的主要问题 ……………………（269）
　　三　农村法治文化建设滞后的原因 ……………………（271）
　　四　农村法治文化建设的基本路径 ……………………（273）

参考文献 ………………………………………………………（276）

导 论

本书是作者承担的国家社科基金青年项目的最终结题成果。从2013年立项至今，本课题研究用了近4年时间。社会科学的研究虽然不必借助各种仪器，但也并非如同想象中的那么容易，在本课题的研究中至少面临三个方面的困难。

一是要经历"时移则事异"的研究背景变迁。本课题原为"社会管理创新地方样本法治化研究"，申报之初所依据的时代背景是社会管理创新背景，原定的调研对象是以社会管理创新综合试点城市为样本的，随着党的十八大、十八届三中全会和四中全会，直至党的十九大的召开，社会管理创新逐渐转变为社会治理创新，社会管理创新综合试点城市也正在淡化色彩，因此，依循研究背景的变化，适时调整和延伸研究主题，是研究者必须尽到的研究责任。如果固化于之前的研究背景，本课题将会产生理论与时代之间的裂缝感，也将失去理论意义与现实意义。

党的十八届三中全会和四中全会的召开，作为新时代我国法治建设的新篇章，前者指明了全面推进依法治国的时代目标，明确了"法治中国"这一伟大法治建设目标，后者则从更加具体的面向和内容部署了依法治国的全面推进工作。从党的重要文件加以解读，我们可以发现其中的关键性话语，如"全面推进依法治国，基础在于基层，工作重点在于基层"，习总书记提出要"推进基层治理法治化"。

党的十九大报告指出，两个建设——即建设社会主义法治体系和建设社会主义法治国家，这是全面推进依法治国的总目标。为了实现这一总目标，党的十九大报告指出要成立中央全面依法治国领导小组，[①] 全面强化

---

① 目前中央依法治国领导小组已更名为依法治国委员会，办公室设在司法部。

统一领导法治中国的建设任务。这一领导小组，必将更好地实现党的领导与全面依法治国的有效结合，也必将有效统合全国人民在依法治国层面的认识与意志，由此形成全面推进依法治国的社会合力。

党的重要文件在表述上的变化，象征着党的执政理念和执政方式发生的变化。从社会管理创新走向社会治理创新，从社会管理综合试点城市走向基层治理法治化，从依法治国走向法治国家、法治政府与法治社会一体建设，这样的变化，必须引起学界的高度关注。因此，想要成功构建中国特色社会主义法治理论，就必须关注这些重要变化。

由此，本课题也出现了研究背景上的变迁和深化，对本课题的研究产生了以下两个方面的影响：一是课题的理论研究对象从原先关注的社会管理创新法治化转变为社会治理创新法治化；二是课题的实证研究对象从原先关注的社会管理创新综合试点城市逐渐转变为基层治理创新。从面上的关注，转变为点与面相互结合的实证研究。由此课题的研究任务进一步增加。

二是要经历理论研究的更新与深化。"每一个时代的理论思维，以及我们时代的理论思维，都是一种历史的产物，在不同的时代具有非常不同的形式，并因而具有非常不同的内容。"① 因循上述研究背景的变化，课题研究必须同时从理论上加以更新和深化。课题研究必须厘清什么是社会治理，什么是社会治理法治化，社会管理与社会治理之间是什么样的关系，从社会管理到社会治理的变化以及从社会管理法治化到社会治理法治化的变化意味着什么，如何从诸多社会主体参与社会治理的法治化走向全面的社会治理法治化和国家治理体系现代化，如何从地方基层的社会治理法治化走向统一的国家治理法治化，这些问题如果不能够全面正确地把握，想要在社会治理法治化方向有所突破是不可能做到的。

三是要经历实证研究的反复调研与论证。地方政府对社会治理理念的更新与深化是最先认识和实践的，因此在从社会管理创新到社会治理创新的过程中，很多地方政府首先探索社会治理理念的实践路径，并试图在社会治理中获得更多肯定。但是在这一探索中，理念的转变并不容易，地方政府容易固守阵地，不愿失去曾经在社会管理中的主导地位，因而对于社

---

① 《马克思恩格斯选集》第3卷，人民出版社1972年版，第465页。

会治理应当坚持的多主体多中心协调治理的探索有所不足，即便在已有地方社会治理中鼓励和提倡其他社会主体的治理作用，也是较为有限的存在。在地方政府社会治理探索中，还存在一些比较特殊的问题，比如部分地方政府宣称其治理已经基本实现法治化，那么这些地方实践是否真的已经实现了法治化，又是如何实践的，其中有什么经验或模式值得总结和学习的，这些都是实证研究所必须厘清的问题。

正是因为面临上述研究困难，本课题才具有更强的理论意义和实践意义。

一 研究意义

应当下中国发展的社会形势，从法治理论上对已有法治实践做出及时有效的回应与总结是极为重要的，这是法学研究工作者的社会责任。从本书主题看，法治化一直是学界研究的重要主题，而党的十九大更是强调建设法治国家、法治政府和法治社会，因此，这一主题的研究必将长期持续，具有较强生命力。而社会治理工作，同样是当下这一特殊历史时期的重要工作，是法治化实践的重要场域，我们可以期待以社会治理工作为基础，观察、分析和总结其法治化过程，由此产生中国特色社会主义法治理论。

（一）理论意义

1. 丰富和推动社会治理研究的体系化

国内社会治理的理论研究已经逐渐从治理理念的引入、社会治理的理念更新、社会管理到社会治理的变迁、社会治理实现的总体路径等相对宏观的研究逐渐深入到各地方社会治理工作的具体研究，尤其是建立在个案观察和分析基础上的社会治理研究，已经带来了社会治理理论的实践细化，但问题是，在目前相对广泛应用治理理论进行研究和实践的同时，治理理论究竟产生了什么样的实践成效，理论本身与实践是否匹配，是否真正有效地指导了实践，是否还存在什么问题，如何进行理论的丰富和深化等学界尚缺乏有力研究，很多研究尚停留于对治理理论的肯定和褒扬上，很多实践也多是表达对治理理论的有效奉行。本书从实证研究出发，不仅分析治理理论的正外部性，也同时分析治理理论在实践中存在的问题，并回归理论分析治理理论的完善，不仅丰富治理理论研究，而且更进一步推动社会治理理论研究的深化和体系化，为中国特色社会主义治理体系的构建提供基础。

与此同时，本书探寻多元社会主体参与社会治理的理论范式。当前我国在经济体制已有高度变革的基础上，正在极力推动社会结构变革、社会利益变革与思想观念的深化。在这种新形势下，公民社会不断发育壮大，社会政治体系变得更加复杂、动态和多样，尤其在面临全球化与逆全球化的挑战时，治理主体多元性在当下社会治理中具有客观必然性。实现政府传统治理范式的及时转变，构建符合中国社会转型期国情和政治语境的社会治理的理论范式，对于解决政府目前如何有效地治理公共事务，增进公共福祉，有效实现政府与社会的良性互动和全面合作，具有重要的理论意义。

2. 丰富和推进社会治理法治化的理论研究和体系化

学术界从政治学、管理学、社会学、心理学、经济学等角度对社会治理进行了较多研究，但从法学角度进行研究的成果较少。这与法治作为治国方略的重要地位显然不匹配。"法律作为社会控制的规范手段，与创新社会治理体系存在着密切的联系，创新社会治理体系推动社会变迁，要求法律做出回应。"[①] "法治既是现代文明的标识，也是社会发展的必然选择，是实现社会治理的基本手段和理想模式。"[②] 但法律上的回应是一种实践回应，实践回应如果缺乏法学理论的指导，很可能会导致乱动或者盲动，可能在一时有所成果，但从长期而言，缺乏法学理论指导的法律实践，会产生种种问题，诸如错误理解或浅层次理解法治理念与法治精神，实践工作机械僵化、侵犯基本人权等，将会严重削弱社会民众对法治国家的信心。因此本书的研究将建构在法治理论基础上，并用法治理论和实证研究去丰富社会治理理论，尤其是对社会治理中多元主体之间的法治关系、社会治理工作内容和经验的理论分析，能够初步构建起社会治理法治理论中的主体性和体系性，这对于中国特色社会主义法治理论的研究和完善而言是有极大推动意义的。

---

① [美] 瓦戈：《法律与社会》，梁坤、邢朝国译，中国人民大学出版社2011年版，第248页。

② 司春燕：《法治是一种较为理想的社会治理模式》，《行政与法》2009年第4期。

（二）实践意义

1. 探寻社会治理实践，有效推进社会治理工作

本书以地方社会治理实践及其法治化为实证调研对象，切合当下社会全面深化改革开放与全面推进依法治国的现实需求，拟通过实证调研发现当下地方政府社会治理存在的问题并找出解决对策，完善地方政府社会治理体制机制建设，有效推进其社会治理工作。尤其本书从法治理论角度分析上述问题，有助于促使地方政府反思更多其社会治理工作的法治性质，从法治思维和法治方式从事社会治理工作，更加有利于全面推进依法治国。

2. 加快推动政府职能转变，推进治理能力现代化

政府是社会治理的重要主体，但政府在社会治理中应当发挥什么样的作用？社会治理理念的核心要素是社会多元主体的共同治理，这一核心需要改变传统政府作为社会治理唯一主体的观念，因此社会治理理念强调政府应当妥善处理自身与社会关系，在正确认识自身功能时确保给予社会以最大自治空间。2010年以来学界不断探讨政府放权问题，目前权力清单与责任清单建设基本完成，但政府在社会治理过程中如何实现放权？邓小平同志曾非常严肃地批评道："我们各级领导机关，都管了很多不该管、管不好、管不了的事，这些事要有一定的规章，放在下面，放在企业、事业、社会单位，让他们真正按民主集中制自行处理，本来可以很好办。"[①]这提醒我们必须认真考虑政府与社会的关系，认真衡量在社会治理工作中政府如何有效处理社会自治与共治问题，如何通过政府自身的职能转变，从而有效减少干预公民自治领域内的活动自由和微观范畴内的经济活动，使"市场在资源配置中起决定性作用"，同时"加快实施政社分开，推进社会组织明确权责、依法自治、发挥作用"。[②] 政府治理能力现代化，其核心在于政府依法正确处理与社会、与市场、与企业的关系，其关键又在于如何实现政府职能转变，解决好与其他社会主体共治的关系，本书研究

---

① 《邓小平文选》第二卷，人民出版社1994年版，第177页。
② 《中共中央关于全面深化改革若干重大问题的决定》，人民出版社2013年版，第11、50页。

地方政府社会治理工作，既有助于地方政府清楚认识以往自身在处理与社会关系中的基本做法，认识这些做法中的主要问题，通过反思推动政府自身积极转变职能，从而更进一步明确社会治理工作在政府社会治理能力现代化中的重要地位，提升政府社会治理能力。

3. 探索多元主体社会治理路径，有效推进社会协同治理

在已有社会治理实践中，部分地方已经在积极推动多元社会主体参与社会治理，这些多元社会主体价值理念接近，治理功能相互补充，长期的合作探索为政府与其他多元社会主体共同参与我国社会治理实践提供了扎实的实证基础。多元社会主体协同治理，已经成为当下社会治理的一种基本模式，政府应当转变传统观念，通过有效的制度构建起政府与社会多元主体的合作关系，以此实现职能的相互补充和相互促进，这种良性关系有助于化解社会矛盾纠纷，减少社会危机，协调社会利益，从而有效促进社会发展和进步。

二 研究内容

在吸收课题原先设定的研究内容基础上，本书有所深入和发展，表现在以下方面。

首先是在理论上有所深入和发展。原先是一种社会管理理论，主要是从政府角度进行研究，而随着社会治理理论的兴盛，目前的研究更加关注社会治理创新。理论上的更新必然带来研究上的进步，本课题由此更加契合当下社会发展的现实需求，更能为当下社会治理创新提供理论指导。

其次是在实证调研上更加细致和深入。针对原有社会管理创新综合试点城市的调研重点发生了改变。课题原有内容拟整体性地研究10个以上的试点城市社会管理创新工作，通过实证调研，明确当时社会管理创新的主要措施、主要问题等。目前，随着社会治理理论的发展，课题虽然同样在这些原来社会管理创新做得较好的城市调研，但调研的对象已经不仅仅局限于整体性描述，而是更加深入地方实践，深入各个社会治理创新的主体，如党组织、政府、人民法院、人民检察院、社会组织、公民、律师等的社会治理创新工作，由此更加细致地了解当下社会治理创新的主要面貌和主要工作内容，从而为法治化反思与建构提出对策建议。

本书保持不变的是法治化的理论与基本想法。无论是在社会管理创新的研究中，还是社会治理创新的研究，本课题组始终坚持认为，唯有通过法治化，才是建构和推进国家治理体系和治理能力现代化的长效机制和有力保障。

三　研究方法

本书的研究思路仍然是坚持从实践中来到实践中去的思路，从实践中来是指以法律社会学的理论和研究方法为指导，实证调研实践中社会治理创新地方样本的现实做法、主要问题、主要经验等，以法治理论去检验这些具体做法和问题，并从中提出有利于实现社会治理创新法治化的路径。

本书的基本理论工具是治理理论。这一理论在近代以来的发展已经对传统管理理论提出了重大挑战，其理论的核心是社会治理的主体应当是多元且平等的，政府已经不是唯一的社会治理主体。通过这一理论基础，我们可以从更加多元化和法治化的角度去理解当下社会治理的主体制度和运行制度，从而提供更加丰富的，更具选择性的治理方式。

本书试图突破单一学科角度，以综合的视角去运用管理学、经济学、社会学、法学等不同学科的基本理论和主要方法，研究中展现出规范研究、实证研究的交叉，展现出多角度、多层次的综合研究，注重从研究"点上的问题"转移到"面上的问题"，有效展开地方样本中社会治理的法治化实证调研和理论分析。

具体研究方法主要有三种。

一是文献研究方法。通过全面收集现有研究文献，全面分析、梳理、归纳有关社会管理、社会治理及其法治化的研究文献，充分了解法治视域下相关研究领域的动态变化和最新发展。

二是实证研究方法。通过有针对性地选择若干在目前看来社会治理较为成功的典型地区与样本，从这些地方样本中具体分析多元社会治理主体的治理实践，注重对地方实践经验的分析与提炼。从法治理论角度分析总结其运行机制，试图寻找其中可借鉴的法治经验和法治化路径。

三是制度研究方法。本书将借鉴制度经济学的制度分析方法，运用制度分析法分析当下地方政府社会治理所构建的具体制度，并试图着眼于治道变革，探索具有更多可持续发展特性的，赋予社会民众更多自由和权利的，由适当的自治与共治、有限政府、宪政法治和民主形成的制度平台，以此促进未来地方政府社会治理的法治化。

四 主要创新

本书致力于从文献梳理和理论总结——实证调研描述和说明现状——理论分析和解构现状——建构和完善制度的一系列过程，研究地方社会治理工作。从创新角度而言，本书主要有以下三方面的创新。

一是研究视角的创新。本书从一开始的研究视角——社会管理法治化逐渐转变为社会治理法治化，这一变化直接反映了当下社会发展的最新形势，以建构社会治理体系现代化和法治化为核心的社会发展视角已经取代了从管理学、政治学等角度解读社会治理的视角。本书在最新社会治理视角下发展出社会治理的内容，重新展开地方社会治理的研究内容。

二是研究内容的创新。本书研究内容是地方社会治理样本的法治化，从文献角度而言，目前较少有系统化体系化的专门针对地方社会治理工作的法学研究成果。本书关注地方在社会治理和法治中国背景下的治理法治化问题，通过实证研究分析总结地方样本中多元社会主体之间的基本关系，理顺政府、人民法院、人民检察院、社会组织和民众在社会治理实践中的关系，并从法治理论分析这些具体的实践探索，有效总结地方社会治理中多元社会主体参与社会治理的主要内容和基本经验，实现从实践到理论的提升，由此至少能够在地方社会治理的多元主体层面实现治理的法治化探讨。

三是研究方法的创新。本书研究方法主要是从两个方面实现创新：第一个方面是采用多学科综合研究方法，即本书的研究不仅局限于法学研究方法，也注重运用其他学科如管理学、社会学、政治学等其他学科的理论和方法，通过上述方法，明确基本现状，以法治理论加以分析，从而综合研究地方社会治理；第二个方面是采用理论与实践紧密结合的方法，从对地方实践的具体调研与对微观工作的具体分析入手，结合法治理论，将之上升到法治理论层面的分析，并通过实践与理论层面的分析建构相应法律制度。

五 主要概念

本书主题涉及的主要概念有三个：一是社会治理，二是法治化，三是地方样本，这三个概念是本书所有研究的基础。

首先是治理的概念。这一概念的风靡乃至成为主流话语，是由20世纪中后期的公共管理理论的变革所引发的，20世纪90年代，联合国全球治理委员会对"治理"的界定是："个人和各种公共或私人机构管理其事务的诸多方式的总和"，并列出了治理概念的四个特征：其一，治理不是一套规章条例，也不是一种活动，而是一个过程；其二，治理的建立不以支配为基础，而以调和为基础；其三，治理同时涉及公、私部门；其四，治理并不意味着一种正式制度，但确实有赖于各方持续的相互作用。① 治理理论的主要创始人之一詹姆斯·N.罗西瑙认为，"治理是通行于规制空隙之间的那些制度安排，或许更重要的是当两个或更多规制出现重叠、冲突时，或者在相互竞争的利益之间需要调节时才发挥作用的原则、规范、规则和决策程序。"② 格里·斯托克指出，"治理的本质在于，它所偏重的统治机制并不依靠政府的权威和制裁。治理的概念是，它所要创造的结构和秩序不能从外部加强；它要发挥作用，是要依靠多种进行统治的以及互相发生影响的行为者的互动。"③

从国内角度而言，所谓治理乃是政府为了寻找危机或问题的多种解决方案，借助于多元社会主体，如社会组织、社区自治组织、公民、企业组织等的力量，共同管理社会公共事务的一种模式，"治理理论是政府与社会力量通过面对面合作方式组成的网状管理系统"。④ 从国内已有研究状况而言，治理可如此界定：多元社会主体，如党组织、政府部门、社区自治组织、农村自治组织、公民个人等，在社会治理中保持一种平权型的合作关系，依法管理或治理部分社会事务，规范和整合社会生活秩序的

---

① MBA智库百科：治理，http://wiki.mbalib.com/wiki/治理，2017年2月1日。
② ［美］詹姆斯·N.罗西瑙：《没有政府的治理》，江西人民出版社2001年版，第9页。
③ ［英］格里·斯托克：《作为理论的治理：五个论点》，《国际社会科学》（中文版）1999年第2期。
④ 张宝峰：《治理理论与社会基层的治道变革》，《理论探索》2006年第5期。

过程。

　　社会治理概念的认知与使用，并成为主流话语经历了一个过程。实现这一转变的主要原因是因为党的十八届三中全会《中共中央关于全面深化改革若干重大问题的决定》将"推进国家治理体系和治理能力现代化"确定为全面深化改革的总目标，由此强力推动了社会治理的概念与话语。"国家治理现代化"的提出，既是理论的突破也是方法的创新，这一提法是中国特色社会主义建设的全新总结和全新方向，具有划时代意义。因此它被称为继工业现代化、农业现代化、科技现代化和国防现代化的"第五个现代化"。

　　此后社会治理概念逐渐取代之前广泛宣传的社会管理概念，这样的变化从表面上看只有一字之差，但实际上确实"天差地别"——在治理的理念方面、主体方面、方式方面等都有较为明显的差别，这种差别首先是理念的进步，是从管理到社会协同治理的理念进步，其次是一种主体的变更，从一元管理主体到多元治理主体的变更，再次是一种治理方式的深化，从压制和管制的方式转变为平权协商的治理方式，上述变化，是我们党对新时期如何正确处理社会矛盾纠纷、如何正确对待社会问题和人民内部矛盾、如何保持改革开放与社会发展之间的平衡关系的深入总结，也是新一届领导人集体智慧和实践探索的重要成果。

　　这一项工作一直以来都是推动社会发展和进步的重要工作，备受关注。党的十六届四中全会首次提出要"建立健全党委领导、政府负责、社会协同、公众参与的社会管理格局"。此时已经是对社会发展形势和管理格局的基本总结和深刻提炼。党的十七大报告进一步提出，"要健全党委领导、政府负责、社会协同、公众参与的社会管理格局，健全基层社会管理体制。"此时目光更加聚焦在基层社会管理体制的建立健全问题上。2010年，社会管理创新逐步在全国推广，并以试点城市的方式展开。随后在党的十八大报告中，又明确强调"在改善民生和创新管理中加强社会建设"。延续这一思想，党的十八届三中全会决定"创新社会治理体制"，并从改进社会治理方式、激发社会组织活力、创新有效预防和化解社会矛盾体制、健全公共安全体系四个方面提出了原则性要求。紧随其后的党的十八届四中全会则提出社会治理的四大基本原则：系统治理、依法治理、综合治理、源头治理，并提出必须以法治化方式进行治理，提升法治化水平。党的十八届五中全会继续关注社会治理的创新，提出要关注平安中国建设，完善党委领导、政府主导、社会协同、公众参与、法治保障的社会治理体制，但提出了更新的理念——那就是从精细化方向推动社会治理工作，创建一种全民共建共享的基本治理格局。从上述各项会议内容可以看出，一个基本的逻辑已经逐渐形成，社会治理从概念的型构到逐步的加强，再到逐渐精细化，思想和理念的认识越来越清晰，重点工作内容也越来越深入。到2017年党的十九大，突出强调提高保障和改善民生水平，加强和创新社会治理工作。可见，社会治理将在未来很长一段时间内成为我国经济社会发展的重要主题。

其次是法治化的概念。如果从政治角度理解治理，作为一种政治过程，治理确实需要政治权威的支持。然而从社会学角度理解，治理的能量是分散到不同社会主体的，因此现代治理需要的是多元社会主体之间的相互协同和彼此合作。想要建构这样的现代治理方式，必须依赖于法治化提供的基本法治理念和制度保障。所谓法治化，其意义无非是治理从非法治的状态转为一个法治的状态，这种状态基本上是一种人治走向法治、法制走向法治的演进发展过程。

理论而言，虽然同为治国方略，但法治与人治却代表着两种不同的社会治理模式。人治的社会治理模式依赖于个人权威，虽然在某些情况下也依赖于法律治国，但这种依赖可以因个人喜好而废弃，个人拥有凌驾于法律上的特权与权威。法治化的治理是国家治理现代化的内在要求。学者研究指出，"法治化治理是在治理的过程中，更加注重运用法治思维审视治理中的各种问题，用法治方式破解治理中的冲突和难题，凭借良法和习俗构建结构严密、协调、有序的法律制度体系，实现国家和社会的良性互动，最终实现经济社会发展的帕累托最优状态及其过程。"[①] 由此可见，要实现法治化治理，必须通过法治思维和法治方式，也必须通过制度的构建与运用，当然同样要通过多元社会主体之间的良性互动。

最后是地方样本的概念。本书所涉及的地方样本，主要是指地方基层样本。所谓基层，其含义一般是泛指各类社会组织的最底层，这是与社会民众联系最为紧密最为直接的基础性层级。这一层级是所有社会组织的根

---

① 徐汉明：《推进国家和社会治理法治化》，《法学》2014年第6期。

本,离开这一层级,所有社会组织都将成为无根之木,无源之水,没有这一层级,所有社会组织将无从实现其自身组织目标和行动纲领。所谓基层政府,有观点认为是泛指地级市以下(不含地级市)人民政府,但这一观点所容纳的范围过于宽泛,也不符合基层的含义。本书将地方基层政府的范围做一限缩,在城市主要是指区、未设区的市和县,在农村主要是指乡镇政府。地方基层政府作为一个国家政府组织的末端,是政府政令最重要的实施基础。地方基层政府具有非常强的黏合性,在任何国家、任何社会制度、任何社会中,在经济、文化、政治等方面都具有结构的稳定性,是任何国家和社会制度都需要的基础,能够在任何国家制度下发挥作用而不会轻易解体。① 本书主要观察和研究的便是地方基层政府与地方基层中其他多元主体在社会治理中的表现、作用。

六　研究综述

为了更好地进行研究和实证调研,本课题做了大量文献调研,主要涉及以下问题。

(一) 关于治理理论的研究综述

西方对治理问题的研究开始于公共管理改革运动。这场运动的起因在于西方国家政府因为财政的长期赤字、管理效率的长期低效、公共资源分配不均等问题直接面临社会抗议和示威,迫不得已进行管理改革。改革的重要内容之一就是重新界定政府与公民的关系、重新理顺政府职能。这样的改革运动,因为"治理"概念正好吻合改变传统国家与公民关系,塑造新型国家与公民关系而备受重视,理论界逐渐对此开展深入研究。主要研究内容是对治理概念的界定。界定的方式主要有两种:第一种方式较为简单,就是从治理与统治之间的典型区别加以界定。两者的典型区别之一是,治理可以由政府也可以由非政府组织,甚至是公民来实施,而统治不行,其实施主体只能是国家权力机关。治理理论专家罗茨认为治理意味着"统治的含义有了变化,意味着一种新的统治过程,意味着有序统治的条

---

① 谢庆奎:《当代中国政府》,辽宁人民出版社1991年版,第304页。

件已经不同以前，或是以新的方法来统治社会"；詹姆斯·N. 罗西瑙将治理定义为"一系列活动领域里的管理规制，它们虽未得到正式授权，却能有效发挥作用。"① 第二种界定方式与上述完全不同，是从主体角度进行界定的，治理是多元主体之间相互协调合作的过程，库伊曼和范·弗利埃特指出："治理的概念是，它所要创造的结构或秩序不能由外部强加；它发挥作用，是要依靠多种进行统治的以及互相发生影响的行为者的互动。"②治理理论专家斯托克也指出，治理所求的终归是创造条件以保证社会秩序和集体行动。另一个治理专家罗茨则认为治理具有如下典型特点：组织之间的相互依存、相互交换资源，以及协商共同目的的需要导致的网络成员之间的持续互动、游戏式规则需经过参与者的同意以及保持相当程度的相对于国家的自主性。③

当然，除此之外，有些学者认为治理概念是很难界定的，并没有直接确定的边界。比如治理学者玛丽·克劳德·斯莫茨认为，国际社会出现的"治理"概念并无章法，这个概念并没有因为它的频繁使用而被界定地更加清楚，而是因为越频繁的使用成为一个内涵极为丰富的概念。也因此有学者直接批评道，治理概念实际上是一个没有确切定义的脆弱概念。治理概念与理论也并非万能，这一概念同样存在不合理之处，也存在诸多需要解决的难题。如学者斯托克认为，治理强调自治网络的构建，既然有这一网络，那么如何强调政府对社会负责这一原则，实际上，这也是治理概念必须厘清的问题，不同治理主体之间的责任界限究竟在哪里。正是为了解决上述问题，关于良好治理、善治、元治理、有效治理等概念不断提出，如联合国亚太经社理事会确认了善治的主要特征有：本质上是参与；具有公信力；透明；积极回应；公平和包容；法治等。④ 以上述这些褒义概念纠正治理作为一个中性词可能带来的问题。

因为学界研究存在非常之多的界定，所以全球治理委员会在1995年时，通过一份研究报告《我们的全球之家》，指出了这一委员会所理解的

---

① 吴家庆、王毅：《中国与西方治理理论之比较》，《湖南师范大学社会科学学报》2007年第2期。
② 申建林、姚小强：《对治理理论的三种误读》，《湖北社会科学》2015年第2期。
③ 同上。
④ 陈锡久：《"网络反腐"与政府"善治"》，《学理论》2014年第2期。

治理含义:"治理是各种公共的或私人的个人和机构管理共同事务的诸多方式的总和。它是使相互冲突的或不同的利益得以调和并且采取联合行动的持续过程。"①

当然,无论如何界定,治理在今天的含义非常接近"协同"的含义,国外很多学者认为,治理的目的是"指在各种不同的制度关系中运用权力去引导、控制和规范公民的各种活动,以最大限度地增进公共利益。"②从这一认识出发,可以发现国外学者认识到,治理无法脱离权力的运作,但治理中的权力运作是一种"善"的运作,应当有助于实现良性的国家权力与公民权利之间的互动,并通过这种互动达成社会利益的最大化。这种对治理的认可和推崇,其目的在于建构一种新型的国家权力机关、社会组织和公民的合作或伙伴关系,通过平等协商和探讨,有效解决社会发展带来的疑难复杂问题,以此推动社会进步和发展。

如何加强社会治理,国外学者也有不少研究成果:首先,治理强调多元社会主体的参与和合作共治。很多学者认为,治理改变了以往政府与其他多元社会主体之间的"领导与被领导,支配与被支配"的状态,取而代之的是一种"平等的伙伴关系",多元社会主体通过平等协商,实现合作共治,由此也最终有助于强化一种"小政府—大社会"的治理格局。其次,治理应当注重培育公民意识和依法治理。公民意识是一个有效治理社会的重要根基,一些国家通过价值观和价值观体系的宣扬,促成这种公民意识的形成,如新加坡的《共同价值观白皮书》中,提出了"国家至上、社会为先;家庭为根、社会为本;社会关怀、尊重个人;协商共识、避免冲突;种族和谐、宗教宽容"的公民价值观,有助于培养优质公民,同时治理也必须依法而行,通过建立完善的法律体系和监督机制,运用法治思维和法治方式,促成"依法治"而治理的模型之落地。最后,注重目的与手段的有效结合。从目的角度而言,治理在于保障公民的权利,不断促成公民福利的实现,因此学者研究成果也是西方国家建立福利国家制度的重要学理基础,为了达成上述目的,还需要比较重要的制度与手段配

---

① 陈刚:《治理理论的中国适用性及中国式善治的实践方略》,《湖北社会科学》2015 年第 2 期。

② 施雪华、张琴:《国外治理理论对中国国家治理体系和治理能力现代化的启示》,《学术研究》2014 年第 6 期。

套。比如西方国家学者非常重视风险研究,强调风险评估与预防,动态信息系统的构建等。①

西方社会治理理论在本质上是奠基于西方社会的历史与文明基础上,尤其是市民社会、民主政治等演化并不同于中国的历史和文明,即便近代以来我们存在相互借鉴的情况,但也必须鉴别西方社会治理理论与中国的国情。

我国学者对治理也有较高的研究热情。中央编译局俞可平教授有较多研究成果,其《政治与政治学》中对治理概念的界定尊重治理的原义,治理的主体可以是政府也可以是非政府,治理的目的是为了最大化地实现社会利益。② 在《走向善治:30年来中国的治理变迁及其未来趋势》中他对改革开放30年来的治道变革进行了分析梳理,有助于我们从整体上把握国内治理变革。除了俞可平之外,还有很多学者对治理理论有所研究,如学者分析了全球治理中非政府组织的治理问题,③ 本书无意做治理研究的全面梳理,但吸收了上述学者研究的成果,认为国内学者的研究,目前普遍倾向于肯定治理理论,对治理理论可能出现的问题较少关注和研究,这点可能导致对治理理论的研究并不全面,也可能导致对治理理论的盲目崇拜,因为并非是所有情况下都可以使用治理理论的。

(二) 关于社会管理及其法治化的研究综述

社会管理及其创新的研究一度是学界研究的热点问题,从社会学、政治学、管理学等学科角度进行的研究不胜枚举,总体研究主题集中在社会管理的概念、社会管理创新的概念及其意义、社会管理的问题及其创新的方式和举措、社会管理创新地方样本研究等,但从法学和法治角度研究社会管理及其创新的成果较少,零星地体现在社会学、政治学、管理学等学科的研究成果中,法学领域尚缺乏较为系统和深入的研究成果。

关于社会管理的研究。所谓社会管理,有广义和狭义之分,广义包含

---

① 黄家亮、郑杭生:《学习国外社会治理的基本经验》,http://news.xinhuanet.com/world/2014-05/04/c_126457604_2.htm#t1458796899384,2015-09-06。
② 俞可平:《政治与政治学》,社会科学文献出版社2003年版,第25页。
③ 王杰、张海滨、张志洲:《全球治理中的国际非政府执行》,北京大学出版社2004年版,第86页。

了经济、思想、行政、社会管理四方面内容,[①] 狭义上,社会管理主要是指对社会事务和社会活动各领域的系统协调、有机组织、有效监控与服务,从而使得各社会主体有序互动。[②] 还有学者认为,社会管理是"政府通过制定具体的、有效的、宏观的社会软法与硬法,来组织协调社会组织,促成理性社会的架构,平衡社会资本关系,响应社会热点问题,调和社会纠纷,保护正义和有序的社会环境。"[③]

　　基于国内早前对社会管理的强调和重视,学界对社会管理有较高的研究热情,相关文献也较多,这些文献既从理论上探讨了社会管理的含义、目的、功能和实现路径,也从实践中分析国内地方社会管理创新。总结国内有关社会管理方面的研究成果主要有以下方面:一是研究政府社会管理观念转变和行政职能优化,这一层面的研究认为政府应当与时俱进,转变以往单方的行政观念,同时改进和优化自身行政管理职能,以便为政府高效管理社会奠定基础。有学者因此指出,基层政府的职能转变是建设社会主义和谐社会的关键问题,应当不断加强社会管理职能。[④] 二是研究提倡在社会管理中的公共治理理念并研究其实现路径,这一层面的研究认为政府已经对当下社会的纷繁复杂应对发力,应当注重政府与其他社会主体在社会管理中合作关系,构建起社会共同体在社会管理中的共同责任体系,"共同治理是指国家与公民社会之间、政府与非政府之间、公共机构和私人机构之间的强制性或志愿性的合作。"[⑤] 三是研究政府现有社会管理体制存在的主要弊端和问题,并提出改革和完善建议。这一层面的研究首先聚焦于现有问题,其次关注如何建构一个良好的社会管理体制。从管理学角度而言,社会管理体制主要包括管理制度、组织、人员、方式和手段。具体到基层社会管理体制,有学者指出这是"一个包括功能、结构和信息三个子系统在内的开放的动态系统"。[⑥] 中央编译局的何增科结合当下

[①] 童星:《社会管理学概论》,南京大学出版社1991年版。
[②] 李学举:《加强社会建设和管理促进社会和谐与发展》,《求是》2005年第7期。
[③] 陈振明:《什么是政府的社会管理职能》,《新华文摘》2006年第8期。
[④] 唐铁汉:《强化政府社会管理职能的思路与对策》,《国家行政学院学报》2006年第6期。
[⑤] 俞可平:《全球治理引论》,《马克思主义与现实》2002年第1期。
[⑥] 谢庆奎等:《和谐社会与社会管理体制改革》,《北京行政学院学报》2006年第2期。

社会管理体制存在的主要问题，指出我国可以构建的十大社会管理体制，如社会保障、流动人口管理、基层社会管理等。[①] 最后是研究政府内部社会管理的运作机制和管理方式手段问题。这一研究相对具体化，需要详细深入政府内部对其管理机制和管理方式作详尽分析，强调政府社会管理既要实现多种方式方法的综合运用，同时也要实现政府社会管理方式方法的创新运用。通过综合和创新，提升政府管理社会的效益。

关于社会管理法治化的研究。社会管理的法治化是学者们的共识，这种共识的形成基础本身就源自于社会管理的复杂性。有学者指出基于社会主义民主法治的要求，社会管理走向法治化是根本趋势，这种法治化的实质是让社会管理回归社会，通过将社会管理真正回归社会的形式促成生产力的可持续发展，实现社会和谐幸福。[②] 学者孙立平指出，社会矛盾日益增加，利益关系趋向复杂化，必须通过正确认识和判断社会矛盾纠纷，并以健全矛盾纠纷化解的制度化方式也即法治化的方式化解。[③] 但何谓社会管理法治化？有观点认为，随着社会转型，社会管理的模式将由传统的行政主导的管理模式逐渐向法治主导的管理模式转变。因此，所谓的社会管理法治化，就是"推动公民与公民、公民与社会组织、公民与政府运用法治化方式开展对话、协商、辩论、谈判、政治参与、监督等，促使政府关注和实现全民或某些群体的共同利益与需要，形成社会秩序的民主化、法治化和相互和谐。"[④] 这一观点注重政府与公民之间、与社会组织之间在法治框架下对社会事务的共同治理。也有观点认为，法治国家建设在社会管理中的体现便是社会管理法治化，表现为运用法治精神、法治眼光、法治思维、法治手段和法治方法，在全局问题、具体问题、战略、难题和成果等方面发挥重要作用。[⑤]

（三）关于社会治理及其法治化的研究综述

从社会管理研究走向社会治理研究，这是当下社会研究领域出现的新

---

① 关于十大社会管理体制的论述，参见何增科《社会管理与社会体制》，中国社会出版社2008年版。
② 蒋德海：《社会管理应纳入法治轨道》，《人民论坛》2011年第34期。
③ 孙立平：《走向积极的社会管理》，《社会学研究》2011年第4期。
④ 陈用龙：《深化社会管理创新的法治思考》，《岭南学刊》2011年第1期。
⑤ 江必新、罗英：《社会管理法治化三论》，《理论与改革》2012年第1期。

变化和新问题。这一研究转变始于党的十八届三中全会对社会治理话语的重要表述,从而引发学术界与实务界重新思考社会管理与社会治理的问题,研究触角也逐渐深入到社会治理的概念界定、社会治理的重要主题、治理方式、治理法治化等问题。

首先,关于社会治理的研究。社会治理话语最权威的体现是在党的十八届三中全会的决定文本中。这一文本从实践出发,以社会发展和社会建设存在的相关问题为基础,认为应当不断探索社会治理的新观念、新方法、新制度、新机制,致力于推进国家治理体系的建设和治理能力的现代化水平提升。同时,这一权威文本还对如何提升社会治理能力和建构一个怎样的社会治理体制有较为具体可操作的表述:即"坚持系统治理,加强党委领导,发挥政府主导作用,鼓励和支持社会各方面参与,实现政府治理和社会自我调节、居民自治良性互动"。在这一表述中,明显蕴含着社会事务自治与共治的内涵。

如前所述,在社会治理概念进入学界研究视野之前,维稳、社会管理、社会管理创新、社会管理法治化等相关领域已经有了较多探索和研究,为社会治理和社会治理法治化的研究奠定了扎实基础。

学界研究首先从区分管理和治理开始。有学者认为,管理与治理可以从主体、权源、运作方式等方面加以区分,社会转型时期共识可以通过法治的可救济性、可操作性、可预期性来完成凝聚,不同利益主体之间可以通过上述共识求同存异,以此实现利益最大化。[1]

其次,分析社会治理的概念。学界目前尚未形成统一的社会治理概念,理解各有不同。郁建兴认为,"在我国,社会治理就是通过党的领导,凝聚社会各方面的力量,实现对社会公共事务的有效管理,推动公众利益的实现。"[2] 张康之指出,合理性与合法性这一对关系是社会治理的核心内涵,通过官僚体制的建立将公共生活分化为国家与社会,社会治理展现出合法与合理的分离。[3] 黄显中认为,"社会治理体现了中国共产党

---

[1] 江必新:《管理与治理的区别》,《山东人大工作》2014年第1期。
[2] 郁建兴、任泽涛:《当代中国社会建设中的协同治理——一个分析框架》,《学术月刊》2012年第8期。
[3] 张康之、张乾友:《合理性与合法性视角中的近代社会治理》,《河北学刊》2009年第4期。

治国之道，在市场经济条件下，应该充分发扬党善于协商、集中的传统，形成一个有序的社会治理格局。"① 无论概念界定有何不同，这一概念所蕴含的多元的共同的治理含义，排斥政府单方治理的意义获得了学界多数学者的赞同，从社会管理走向社会治理，是一种进步。

再次，研究社会治理如何改进和完善。社会治理的改善应当以这些为重要基础：公平正义是根本准则，改善民生是基本追求，社会和谐是重要表征，社会安全是底线保证。② 有学者指出，社会治理的改善可以通过创新治理方式，激发社会组织活力，创新化解矛盾体制，健全公共安全体系等方式达成。③

最后，关于社会治理法治化的研究。社会治理走向法治化同样是法治建设的要求，也是社会建设的要求。社会治理体系的创新，目的在于追求一个民主、文明、公正、和谐的法治社会，创新的走向虽然指向法治化，但法治化说到底也应当是以更好服务人民群众为根本宗旨。④ 在理解社会治理法治化目的的基础上，有学者认为，当前社会管理存在滥用权力、权利得不到有效保障等问题，因此创新社会治理必须走向法治化。⑤ 不过总结现有文献，并未发现学界对社会治理法治化有一个相对统一的界定，但在社会治理中运用法治思维和法治方式已经获得一致肯定。学者们在界定这一概念时多数受到上述观念的影响。

（四）研究综述评析

本书所涉及的主题十分重要，也较为宏观，研究文献汗牛充栋，在力所能及范围内，本书进行了上述文献综述，以此表明本书对当前学界研究状况的掌握。但综述至此，本书限于篇幅，仍有诸多文献未能完全纳入综述范围，殊为遗憾。

---

① 黄显中、何音：《迈向公共治理的共和路径》，《中共天津市委党校学报》2010年第5期。
② 马庆钰：《如何认识从"管理"到"治理"的转变》，《人民日报》2014年3月24日第7版。
③ 韩庆祥：《为什么要创新社会治理体制》，《光明日报》2013年12月12日第1版。
④ 贾宇：《创新社会治理体系法治保障》，《公民与法》2011年第8期。
⑤ 蒋传光：《法治思维：创新社会治理方式和手段的基本思维模式》，《上海师范大学学报》（哲学社会科学版）2012年第6期。

从研究综述可见，学术界对具有时代意义的政治话语已经做出了研究回应，并试图以更加可靠可行的理论影响当下党政部门的社会治理工作。不过，从中国知网和各出版社的出版物可见，目前关于治理、管理、社会管理、社会治理及其法治化的研究尚处于一个理论积累和实践改进的阶段。在理论上，尚有待于提升文献总量和研究水准；在实践上，尚有待于进行有效总结和改革完善。因此本书认为，至少在以下方面，仍然存有很大作为空间。

一是关于社会治理法治化的研究。这是一个命题宏大内涵深刻的时代主题，包含内容十分丰富，如本书所欲集中研究的社会稳定治理的法治化。目前无论是理论界还是实务界，都在期待社会治理法治化，但实务界对理论界有所"失望"，因为"理论与实践相脱节"的问题，导致目前理论界可参考的成果并不多，实务界或是带着"不屑"的眼光看待理论界，认为理论界的成果不足或不堪一用，或是带着"期盼"的目光聚焦理论界，希望理论界能够带来更务实、更有指导意义的研究成果，以使实务界转化，从而摆脱日益繁杂的社会治理工作，走向一种社会治理的"常态化、制度化、法治化"。因此，关于社会治理法治化的研究在未来一段时间内仍然将占据理论研究的高地，我们也应当保持这一研究主题的地位，以避免隔一段时间换一个主题，从而陷入"理论界来不及理论准备和理论深入，乏于应对实践"的现实困境。

二是关于研究方法的创新。从本书目前所掌握的文献看，多数研究文献都是管理学、社会学、政治学等学科的"自说自话"，各个学科之间的研究者相对缺乏有效的交流沟通，很难将各个学科研究成果融会贯通，由此形成一种"理论隔阂"，首先表现为缺乏跨学科的综合研究和交叉研究。其次是研究方法上，突出表现为地方经验研究，相对单一的研究方法使得经验研究较为局限。固然经验研究十分重要，有助于我们明确当下实务界的具体工作现状，有助于发现问题和改进问题，但过多的经验研究仅仅是"个案的积累""经验的积累"，离上升为"理论的积累"，转化为"理论成果"尚有一段不小的距离。因此，在研究的具体方法上，应当更加注重理论研究和经验研究方法的结合。本书拟在此有所突破，充分利用多学科研究方法，尤其是社会学研究方法，对本书所欲阐明的主题加以实证分析，以此奠定理论分析的基础。

三是关于社会治理法治化研究的体系化方面。社会治理法治化主题必然会在相对较长一段时间内占据研究主导,学界的研究也将从个案经验转向理论沉淀,从地方样本转向系统研究,这也是未来形成社会主义中国社会治理经验和理论体系的重要途径和方式,值得进一步深化和深入研究。本书选择部分地方样本中,多元社会治理主体的具体实践样本,以此探索社会治理法治化研究的体系性,至少在主体问题上形成体系化。

上篇

地方社会治理法治化基本理论

第一章　新时期社会治理法治化的法理反思

第一节　国内社会治理的发展进程

社会治理与人民的幸福息息相关。但何谓社会治理？这是一个复杂且内涵丰富的名词，也是一个时代名词。从内涵上而言，经历了长期历史与社会实践，我们已经积累了一定程度的社会管理和治理经验，但这些经验更多是从管理者的角度而非民众的角度总结的，是为政者的"为政之道"而非社会的"共治之道"。但是随着整个国家和民族的不断开放和改革，民众逐渐成为社会的重要力量，社会治理被赋予更加广泛的时代含义，成为更加重要的社会主题。

一　古代与近代的社会管理

在中国古代，我们也很容易找到社会管理的各种思想与实践，其中最为典型的是儒家思想及其实践。儒家以德治国的思想至今仍然有重要的影响力。从儒家思想出发，我们可以看到其社会治理的主要路径是：修身、齐家、治国、平天下，其最为核心的要义是通过自身个人修养的提升，通过个人影响家庭、家族、乡村和社会，最后是实现国家治理的愿望。因此尽管有军队、监狱等国家政权机构，但治理国家主要是依靠伦理道德、乡规民约等。这样的社会实施的实际上也是一种社会管理方式，通过儒家思想，实现了"皇权不下县"的社会管理方式。

社会管理的另一个代名词——社会建设这个概念在中国最早出现是在20世纪初。[①] 1919年孙中山先生试图改变传统中国长期以来的"有民无

[①] 万军：《社会建设与社会管理创新》，国家行政学院出版社2011年版，第4页。

权"的状况，试图教国民行使民权，这点体现在他的《民权初步（社会建设）》中。从近代史中我们可以发现，孙中山先生认识到积贫积弱的中国不可能一夜之间就实现西方自由民主，必须先从激发国民意识，提升国民素质开始，逐步实现社会渐进式变化。他所设想的是近代中国应当经历三个阶段的变革：军政、训政和宪政，通过以党建国、以党治国和还政于民三个时期，实现国富民强。1934年著名社会学家孙文本先生曾经创办了一本《社会建设》杂志，里面提到"依照社会环境的需要与人民的愿望而从事的各种建设，谓之社会建设。社会建设的范围甚广，举凡关于人类共同生活及其安宁幸福等各种事业，皆属之"[①]。

从20世纪初开始，以乡村自治、合作社和平民教育为主要内容的乡村建设活动逐步兴起，在30年代前后在全国范围内相继出现了千余处试验区，为一时之盛。晏阳初、陶行知为当时的杰出代表。

正如学者所说的，虽然上述乡村建设思想极为美好，但要真正实现社会建设理想，必须触动社会基本制度。在未实现社会基本制度改变的时候，想要获得根本性的变革是不可能的。[②]

二 新中国成立后的社会管理与治理变化

新中国成立后，我们首先是在计划经济体制下完成社会建设任务，计划经济体制下的社会管理模式是指由政府做出指令，政府在生产、消费、资源分配等各方面预先做出指令性安排。此时的社会管理体制是单位制加上街道居委会制度。单位是社会管理的细胞，在履行提供社会服务的同时，也是社会管理的体现。国家通过城乡二元分治，将大多数农民固定于土地上，依靠公社和生产队组织社会管理。对于城市居民，则通过政府机关、国有企事业单位等各种单位实施有效属地管辖，而对于无业居民，则通过街道和居委会加以管辖。由此形成一个以单位为主，以街居为辅的社会管理体系，可以有效进行社会控制和动员。

上述管理模式固然在较长一段时间内发挥了较大作用，如集中力量办大事，有效动员社会力量和调配资源参与社会建设。尽管如此，因为单位

[①] 转引自赵立彬《孙中山政治设计中的社会建设考量》，《广东社会科学》2008年第1期。
[②] 万军：《社会建设与社会管理创新》，国家行政学院出版社2011年版，第6页。

制与街居制实际上混淆了本应分离的政府、市场、社会的各自领域，由此带来了以行政管理代替社会管理，以行政力量代替其他力量对社会的建设，对专门的社会建设考虑不够，探索不够。由此也导致了社会建设滞后于经济建设。

改革开放后，为了快速恢复经济，经济建设为中心成为当时最重要的论点，全社会主要注意力在于集中力量搞经济建设，对于社会建设有所忽视，认识明显滞后。社会建设一词最早出现于权威党政文件中是党的十六届四中全会报告《中共中央关于加强党的执政能力建设的决定》，提出构架社会主义和谐社会的同时，强调要"加强社会建设与管理"。尽管这一概念真正写入文件的时间较晚，但自从这一概念进入党政视野之后，迅速铺开，整个社会对此高度重视，随后党的十六届六中全会通过《中共中央关于构建社会主义和谐社会若干重大问题的决定》以及后续十七大报告中，进一步明确了包括社会建设在内的社会主义建设四位一体的总体布局。

自此之后，政府、市场与社会的关系逐渐明晰起来。服务型政府、责任型政府等为了厘清三者之间关系的理论不断被提出，整个社会从原来的政府大一统逐渐走向多元化，从政府作为社会建设和管理的单一主体，不断走向政府、社会组织、党组织、个人等多元主体对社会的治理。

三 当前国内社会治理的重点内容

当下中国社会已经进入一个新常态发展时期。新常态是指在经过一段时间的发展或变化，整个社会再次进入一个正常发展状态，这一新的正常状态将会持续一段时间，相对稳定。因此所谓新常态，实际上是人类社会发展从肯定到否定再到肯定的发展状态，这正符合马克思主义原理所指出的，这是发展否定之否定，也即社会发展会经历正常——非正常——正常的发展曲线，"人类总是经历事物的正反面发展、总结正反面经验，经过感性—知性—理性、具体—抽象—具体的否定之否定后，才对事物有一个完整的认识，才能认识事物的规律与本质。"[①] 中国社会进入一个新常态，

---

① 陈世清：《新常态经济学的理论建构》，中国经济网，http://city.ce.cn/gdft_tp/201504/21/t20150421_2463909.shtml，2017-04-21。

"这是一种趋势性、不可逆的发展状态,意味着中国经济已进入一个与过去三十多年高速增长期不同的新阶段。"①

因此在当下加强社会建设是深入推进改革开放的现实需要。改革开放四十年时间,已经为社会重新塑造了一种发展基础,这种发展基础主要表现为社会经济的快速发展,初步现代化已经实现。但是当下改革已经进入一个深水区,存在很多问题。这些问题主要是各种利益主体多元且复杂,想要在整体上推进改革已经较为困难。利益的固化和分层带来了社会流动的困难,如何全面深化改革开放,已经成为当下最值得重视的问题。

全面深化改革开放,必须重视中国社会在新常态运行下存在的主要问题。已有的社会共识是,经济已经达到一个新阶段,但社会建设仍然是整个国家和社会的短板。美国管理学家彼得的"短板理论"提醒我们,必须补足社会建设这一短板,才能更加深入推改革开放。

加强社会建设之前主要关注的是和谐社会建设。和谐社会建设主要是为了纠正经济发展带来的收入差距、两极分化、社会服务滞后等问题,这些问题是为"中等收入陷阱"理论所涵盖的,也是学者亨廷顿所提到的"现代性带来稳定,现代化滋生动乱"。

但从目前社会状况而言,社会建设的主要目标是追求和实现国家治理的现代化,具体包括国家治理体系和治理能力的现代化。前者明显表现为国家治理制度体系的现代化,后者则表现为国家运用制度体系管理社会的各项能力的现代化。

国家治理体系和治理能力现代化,不仅仅是对党政部门的要求,更是对社会的要求。激活社会、赋能社会,是治理体系现代化的重要内容。相对于宏观社会治理,微观社会治理更加值得关注,地方样本中的社会治理实践更加值得重视。本书关注地方样本,不仅从整体上加以分析总结,也从微观上加以解构和表述。

四 国家治理体系现代化的基本内涵

国家治理危机是近代中国最为深刻的危机之一,表现为"经济危机、

---

① 习近平:《"新常态"表述中的"新"和"常"》,中国新闻网,http://www.chinanews.com/gn/2014/08-10/6477530.shtml,2017-08-10。

政治危机、社会危机、文化危机与民族生存危机一体化的总体性危机"。① 长期积贫积弱的中国社会，无力完成现代民族国家的的塑造与型构，也就没有办法通过一个稳定的国家政治中心领导、推动和批准在主权领域内的各种社会活动，有效管理国家。而后者正是现代国家的重要特征。② 新中国成立后，这种情况得到了根本性的改变，中国共产党在长期革命斗争中形成了强大的政治动员能力，建立起对全社会和整个国家的有效管理体制，在初期建设的时候，确实改动了传统中国积贫积弱的形象，巩固了社会主义政权。

在上述过程中，为了有效整合力量，一开始执政党就建立了高度集权的计划经济体制，这一体制的典型特点就是只有政府管理，没有市场和社会的空间，资源的全部分配工作都由政府掌控，公民个人被纳入单位制的网格体系中受到有效管理。从外在表现上看，这是一种全能主义的政府模型，能够通过强有力的政治中心实现社会管理，由此克服了近代中国散沙局面，促成了一个统一的现代国家的成型。但从法律角度看，因为全能型政府依赖于行政命令和政策治理社会，无须法律，法律在这里也无法发挥控制政府权力的作用，因此法律没有存在的土壤，更没有发展的空间。

上述管理模式也很快出现了问题，一方面政府难以承受全部社会管理之重，随着社会经济发展，政府越来越无力应对社会管理的复杂性；二是政府缺乏科学管理的手段和方式，胡乱干预经济发展造成了政府与社会、与市场之间的频繁矛盾；三是社会力量因为政府的控制缺乏生存和发展空间，与政府之间的矛盾冲突也就越发频繁。

由此改革国家治理体系成为必然的要求。这就需要重新认识政府、社会、市场、公民等多元社会主体之间的关系，重新确定这些主体之间的分工与职责，重新确定政府内部管理机构职责。这构成了国家治理体系改革的理念、核心、基础。重新构建政社、政企、政民之间的关系，合力确定这些多元社会主体之间的行动边界与分工职责，形成相互支持相互平衡的协同治理框架，是这一理念更新的根本内容。而政府部门如何确立自身的

---

① 何显明：《政府转型与现代国家治理体系的建构》，《浙江社会科学》2013 年第 6 期。

② ［意］波齐：《国家：本质、发展与前景》，陈尧译，上海人民出版社 2007 年版，第 135 页。

职责权限，建立起横向到边，纵向到底的合作关系，同样值得思考，这是提升政府治理整体绩效的重要基础。①

由此可见，国家治理体系现代化的根本内涵在于处理好政社、政企与政民之间的关系。在这一现代化的过程中，必须充分尊重市场自我调解功能，给予市场和社会相对足够大发展的空间，通过培育社会组织和现代公民，将政府不能承担的社会管理职责承接过来，与此同时，也要通过法治方式合理确定政府部门的职责与权限，明确其职能。必须明确的是，既不能放任政府过分强大，也不能放任市场过分强大。前者的后果已经从历史获得明证，后者也可以从资本主义发展史获得见证。"如果允许市场机制成为人的命运，人的自然环境，乃至他的购买力的数量和用途的唯一主宰，那么它就会导致社会的毁灭"。② 其原因正在于，市场过分强大，资本力量主宰社会，弱势群体和弱势个人将无法获得任何保障，这也是"市场失灵"的一种表现，其最终结果必然导致市场自身的毁灭和社会空间的消亡。

国家治理体系的现代化不仅需要上述方面关系的重新厘定，也需要通过建构一系列国家制度规范上述关系，从目前看，重点在于政治体制和经济体制这两大方面，其中政治体制改革更加关键，涉及权力运作问题时更需要谨慎，更需要依照宪法和法律的框架行动，政治体制改革中的行政体制改革与司法体制改革，尤其需要谨慎，不能以"摸着石头过河"的心态再度付出"高昂的学费"，必须通过谨慎的、理性的、充分的论证和考量方可行动。

第二节　国家治理法治化内涵与实现路径

党的十八大之后，社会治理话语逐渐取代社会管理话语成为社会主流话语，并获得更多肯定和支持。党的十八届三中全会，决定强调全面深化改革的总目标是完善和发展中国特色社会主义制度，推动国家治理体系和

---

① 何显明：《政府转型与现代国家治理体系的建构》，《浙江社会科学》2013年第6期。
② 科菲·安南：《2001国际志愿者年启动仪式上的讲话》。

治理能力现代化。① 这是新一届中央领导集体站在新的历史起点上,对国家治理在理论上的重要创新和重大突破,是实现中华民族伟大复兴中国梦的理论基石和政治保障。其后党的十八届四中全会将全面推进依法治国作为实现上述目标的主要路径,党的十九大认为全面依法治国是中国特色社会主义本质要求和重要保障,并再次强调法治国家、法治政府与法治社会三位一体建设,实际上同样是在重述国家治理现代化的法治路径。理论界对国家治理现代化和法治化开展了研讨,本书认为法治对于国家治理现代化具有根本意义和决定作用,国家治理法治化是国家治理现代化的基础和核心内容,因此本节主要探讨国家治理法治化的内涵与实现路径。

一 国家治理现代化与法治关系

法治是现代国家治理的基本方式,实行法治是国家治理现代化的内在要求,现代法治的核心要义是良法善治,为国家治理注入了良法的基本价值,提供了善治的创新机制。② 法治化是国家治理现代化的必由之路。

首先,现代法治为国家治理注入了良法的基本价值。就国家治理体系而言,良法就是良好的制度,法治为我国国家治理注入了秩序、公正、人权、效率、和谐等基本价值。

国家治理第一位的、最直接的目的是建立和维护安定有序的社会秩序。秩序的存在是人民安居乐业、国家长治久安最基础最根本的条件,所以,国家治理首先要建立和维护秩序。我国内部秩序的基本形态包括公共生活秩序、市场经济秩序、民主政治秩序、意识形态秩序;外部秩序包括国际经济秩序和政治秩序。法治化维度下,国家治理要实现的秩序是"包容性秩序",就是能够使一切有利于社会进步的创造愿望得到尊重,创造活动得到支持,创造才能得到发挥,创造成果得到肯定,全社会的创造能量充分释放,创新成果不断涌现,创业活动蓬勃开展的有活力的秩序。

公平正义是现代法治的核心价值追求,也是中国特色社会主义的内在要求。国家治理的核心价值必然是体现党和国家执政为民的理念和社会公

---

① 《中共中央关于全面深化改革若干重大问题的决定》,人民出版社 2013 年版,第 3 页。
② 张文显:《法治与国家治理现代化》,《中国法学》2014 年第 6 期。

众的公平诉求，保障和促进社会公平，建设公平中国。党的十八届三中全会《中共中央关于全面深化改革若干重大问题的决定》（以下简称《决定》）进一步把"促进公平正义""增进人民福祉"作为全面深化改革的出发点和落脚点，强调让发展成果更多更公平惠及全体人民。① 在国家治理范畴内，社会公平主要包括权利公平、机会公平、规则公平、司法公正。

确认和保障权利是法治的真谛，尊重和保障人权是国家治理的精髓所在，也是国家现代性的根本体现，将法治精神融入国家治理，就是要确立和强化人权和公民权利神圣的观念和信念，确保在各种考量中，人权和公民权利具有优先性，这是使人活得自由且有尊严的内在要求。尊重和保障人权，最重要的是保障公民的基本权利，后者通常有三种类型：第一是公民政治权利和自由；第二是经济社会文化权利；第三是特殊人群社会相对弱势群体的权利。

与秩序公平正义和人权一样，效率也是一个社会的核心价值。一个治理良好的社会必然是有秩序的、社会公正的、社会人权有保障的社会，也应当是高效率的社会。国家治理的效率通过法治可以更好地实现。

构建社会主义和谐社会，努力促进人与人之间、公民与国家之间、群体与群体之间、阶层与阶层之间、区域与区域之间乃至国家与国家之间和谐，实现各主体各得其所又和谐相处，毫无疑问应当是国家治理的核心价值。以和谐作为法治和国家治理的核心价值，就是要把和谐价值融入法律规范体系和国家治理制度体系之中，致力于构建社会主义和谐社会。

其次，现代法治为国家治理提供善治机制。善治，是就国家治理能力而言的，国家治理是不是善治，关键看治理的目的、机制、方式、方法。善治是个典型的外来语，在中国语境中，善治基本特质一是以人为本，二是依法治理，三是公共治理。

以人为本，就是一切从人出发以人为中心。就是要把人作为观念、行为、制度的主体，把人的解放和自由、人的尊严、兴趣和全面发展，作为每个人、每个群体乃至每届政府、每届领导人的终极关怀。以人为本是根植于当代中国特色社会主义实践并超越传统中华文明，符合中华民族和中国人民根本利益的法治和国家治理理论，体现了法治和国家治理理论的本

---

① 《中共中央关于全面深化改革若干重大问题的决定》，人民出版社2013年版，第3页。

土化、综合化、政策化和国际化多重元素。以人为本理念在中国政治和法治系统中的贯彻，标识和引导着国家治理的现代化进程。

依法治理之所以是善治，首先在于法治优于人治。其次在于唯有依靠法治，依靠宪法和法律制度体系才能在多样化中凝聚共识和力量，保证中国社会可持续的发展与稳定。再次，法治是公开透明的规则之治和程序之治，具有可预期性、可操作性、可救济性，因而能够使人民群众对自己的经济政治、社会文化规划和生产生活有合理预期和安全感，确保了国家治理的公信力。最后，宪法和法律是由国家制定并依靠国家强制力作为终极力量保证实施的，它能够克服政策等治理制度体系的局限性，确保制度体系运行的效能。实行法治合乎规律地成为治国理政的第一选择。

公共治理，就是让公众以主体身份参与到国家治理当中，既管理国家事务经济社会文化事务，又对自身事务实行高度自治。公共治理是国家治理现代化的重要标志。公共治理之所以是善治，在于治理优于管理，公共治理的优势，一是它更加充分地将民主理念和民主机理融入到国家治理当中，最大限度地吸收公众参与，扩大公民及其组织的话语权和决定权，体现了人民当家作主；二是它以对话沟通协商等方式，保证不同党派、不同阶层、不同群体、不同利益集团、不同社会界别平等自由地表达利益诉求和政策主张，在此基础上最大限度地凝聚共识，消解或缩小分歧，使不同阶层不同群体在利益分化的格局中仍能各得其所又和谐相处；三是多元主体合作共治，公共治理与政府治理相辅相成，两类治理在党的领导下有效衔接协同配合，创新了国家治理模式，增添了国家治理的正能量；四是它为社会自治开辟了广阔空间，把不应或不宜由执政党和国家机构管理的事务交由社会自我治理。

最后，法治化是国家治理现代化的必由之路。推进国家治理法治化，是国家治理现代化题中应有之义。改革开放以来，我国各项治理制度的创新发展始终与法律制度体系完善发展同步，国家治理现代化的过程也就是国家治理法治化的过程，国家治理现代化必然要表现为国家治理法治化，并通过法治化引领和保障现代化。推进国家治理法治化，是中国共产党执政理念的必然要求。党的十七大、十八大、十八届三中全会相继提出，要全面落实依法治国基本方略，全面推进依法治国和加快法治中国建设，实现国家各项工作的法治化。在实现国家各项工作法治化当中，最重要的当属实现国家治理法治化，使国家治理在法治轨道上运行。党的十八大以来，以习近平为总书记的党中央更加强调依法执政依法治国依法行政依法治理社会，更加鲜明地提出法治是治国理政的基本方式，各级领导干部要提高运用法治思维和法治方式深化改革推动发展化解矛盾维护稳定的能力，将法治国家法治政府法治社会一体建设。党的执政理念和法治理论深刻揭示出了法治在国家治理中的决定性作用。

推进国家治理法治化，也是人民群众的共识，无论是党的执政活动国家机关履职活动，还是人民行使民主权利参与国家治理的活动，都应当遵循法治的规则和程序。推进国家治理法治化也是国际社会的潮流，当今世界，国家之间区域之间乃至世界范围内的很多问题越来越多地被纳入法治轨道。习近平总书记主张共同推动国际关系法治化，推动各方在国际关系中遵守国际法和公认的国际关系基本原则，用统一适用的规则来明是非，促和平，谋发展。加快推进国内法治，尤其是推进国家治理法治化，毫无疑问是顺应历史潮流的正确选择。

二 国家治理法治化的发展阶段

新中国成立后的社会管理与社会治理，基本上可以分成这样三个发展阶段：一是改革开放前的社会管理模式，这是一种"人治"形态的社会管理模式，经历了较长时期的社会混乱；二是改革开放后到2004年党的十六届四中全会提出和谐社会理念和概念，这是给予社会、市场充分自治的社会发展阶段；三是从2005年开始到当下，对各种社会矛盾纠纷、社会利益分化、社会发展问题等给予积极有效回应的发展阶段。可以说，这三个阶段，正符合法的发展三个阶段——压制型法、自治型法和回应型法的发展。

第一阶段的社会管理模式是一种压制型法，"以阶级斗争为纲"必然产生政府管辖一切的冲动和根基，以避免出现任何敌对势力破坏社会主义。政府管制模式下的"大政府"，对一切社会资源都是计划分配的，社会和市场受到完全的压制，没有任何发展的空间。

第二阶段是一种自治型法。之所以说是自治型的，是因为此时通过改革开放，迫切需要释放原本属于社会和市场的自治空间，这种释放是伴随着依法治国战略的认识展开的。1992年党的十四大提出建设社会主义市场经济，随后五年的发展，市场经济所产生的能量获得了社会认可，需要通过法治方式加以保障，1997年党的十五大遂将这一认识写进党的最高文件中，提出要建设社会主义法治国家，这一目标是建立在市场经济对生产力解放的基础上，并需要法治保障的认识上。而1999年的依法治国写入《宪法》，更是对上述认识的法律肯定。当然，在这一阶段，政府仍然努力在进行社会管理，其主要表现是：积极转变政府职能，不再是全能型政府，而是聚焦于宏观调控、社会管理和公共服务三个方面；积极推进政府管理体制改革，在分配体制、教育体制、服务体制等方面探索改革路径；积极推进基层民主自治，尤其是农村自治和城市社区自治，这些努力的目的在于社会管理为社会自治营造一定的发展空间，保障社会自治的发展。这一阶段的社会建设模式非常明显地展现出从社会管制的压制型法向社会管理的自治型法的转变，社会管制走向社会管理，也是政府努力协调与社会关系的一个重要标准，而这里所提到的社会管理，其含义便是政府和社会组织依法对社会生活、社会事务进行管理、维护、规范和协调以维护社会秩序、创造良好社会环境。①

第三阶段是一种回应型法。回应的对象便是社会对改革开放成果分享的公平需求。改革开放确实取得了举世瞩目的成就，效率优先兼顾公平的原则却饱受诟病，尤其是那些被当作改革"代价"的弱势群体的利益无法获得保障，公平的观念没有得到贯彻实施，加之社会发展带来利益多元分化，不同利益主体的需求越发复杂，需要政府应对的社会形势也随之复杂化，党和政府孜孜以求，不断探索有效回应社会需求的治理方式，党的十八届四中全会以最高党政文件的形式提出了全面推进依法治国，这是对社会需求最为有效的回应方式，"法律是治国之重器，良法是善治之前提。"通过建设社会主义法治国家，实现法治为民的重要理念。党的十九大提出要建立全面依法治国领导小组，通过更加全面系统性的领导，推进依法治国，推进法治国家、法治政府与法治社会三位一体建设。

由上述历史回顾可见，在经历了社会管制的压制型法、社会管理的自

---

① 王勇：《改革开放以来中国社会治理创新的历史考察》，《科学社会主义》2013年第6期。

治型法和社会治理的回应型法,如今我们的社会治理模式已经焕然一新,走向一种善治的法治化模式,从党的十六大到十九大,时间并不长远,但执政党因时因势不断更新理念,调整自身与社会关系,促成社会治理模式走向法治和善治,这是非常值得肯定的发展走向。

由上可见,我们正在努力建构一种法治型的社会治理模式,一种法治型的善治。付子堂认为,法治型社会管理模式是以法治理念和法律制度为基础的社会管理模式,其核心目标是实现社会管理的"善治"。他认为,法治秩序不仅有赖于合乎法治理念的制度建构,还必须有赖于有效的社会管理。法治型"善治"作为社会管理的理想状态,表现为国家与社会、政府与公民之间,在社会生活中的合作管理中,如何经由"法治"达致"善治"。①

因此我们可以将法治型社会治理模式定义为:一种与传统人治型社会管理模式相对应的社会治理模式,意指一种在法律的主导和引领之下,通过对社会治理的主体、权限进行制度化的安排和社会公众对社会事务的决策、执行和监督等过程的参与,实现对权力的有效治理和权利的有效保障,最终达致一种理想的生活状态的社会调控方式。

三 国家治理法治化的基本内容

国家治理是指在国家基本政治制度和基本权力安排既定的前提下,如何使国家权力运行得合法、顺畅、高效,并得到社会认同,如何充分调动各方面的积极性,以激发国家权力体系、社会组织体系与市场结构体系的活力,促使三者积极互动以实现国家治理的目标。②

根据《决定》的精神要义,国家治理现代化是国家治理体系现代化和治理能力现代化的有机整体,是法治化的现代国家治理模式。国家治理现代化既是一个政治概念,又是一个法治概念,是国家政治与法治的融合,国家治理现代化就是国家治理体系制度化、科学化、规范化、程序化。归结起来就是实现国家治理的法治化,使国家治理者善于运用法治思

---

① 付子堂:《论建构法治型社会管理模式》,《法学论坛》2011 年第 2 期。
② 方军贵:《论法治视野下的国家治理现代化》,《湖北经济学院学报》(人文社会科学版) 2014 年第 6 期。

维法治方式、法律制度治理国家,从而把中国特色社会主义各方面的制度优势转化为治理国家的效能。①

国家治理法治化包括治理体系法制化和治理能力法治化两个基本方面。

1. 国家治理体系法制化

国家治理体系是规范政府市场社会权力运行和维护社会秩序的一系列组织制度体系和程序,是由治理体制,治理主体,治理客体,治理行为,治理依据,治理流程,治理效果,治理救济等诸多要素构成的国家治理组织架构体系和治理制度体系,包括政治体制、行政体制、司法体制、经济体制、社会体制,也包括规范行政、司法行为,市场行为和社会行为等一系列组织制度体系和程序体系。

国家治理体系本质上就是国家制度体系,中国特色社会主义国家治理体系由一整套制度构成,包括以中国共产党党章为统领的党内法规制度体系,以党的基本路线为统领的政策制度体系,以宪法为统领的法律制度体系。国家治理的各项制度总体上最终都要表现为法律制度体系,即法制化的制度体系。国家治理制度只有通过法制化,才能定型化精细化,把国家治理制度的分子结构精细化为原子结构,从而增强其执行力和运行力。

国家治理制度法制化的路径一般是:党和政府先是以党内法规和政策形式宣示确认其治国理念、治国道路、治国路线、治国经验等,待这些党内法规和政策在治国理政的实践中进一步成熟后,再通过立法程序将其上升为法律,由宪法或法律加以确认完善。通过宪法,进而通过法律和行政法规而得以法制化、定型化、精细化的路线方针政策作为国家治理制度具有了普遍性、强制性、长效性、可诉性等特点,既便于民众遵守,也便于国家机关执行。

2. 国家治理能力法治化

国家治理能力,既指各主体对国家治理体系的执行力,又指国家治理体系的运行力,还包括国家治理的方式方法。习近平总书记指出:"必须适应国家现代化总进程,提高党科学执政、民主执政、依法执政水平,提

---

① 吴传毅:《准确把握国家治理现代化的新内涵》,《湖南日报》2013年12月12日第10版。

高国家机构履职能力,提高人民群众依法管理国家事务、经济社会文化事务、自身事务的能力,实现党、国家、社会各项事务治理制度化规范化程序化,不断提高运用中国特色社会主义制度有效治理国家的能力。"① 提高这些能力,最重要最关键的就是提高运用法治思维和法治方式的能力,解决法治缺位情况下治理动力不足和能力不够的问题。

善用法治思维和法治方式治国理政,就要把法治理念、法治精神、法治原则和法治方法贯穿到政治治理、经济治理、社会治理、文化治理、生态治理、治党治军等国家治理实践之中,逐步形成办事依法、遇事找法、解决问题用法、化解矛盾靠法的良好法治习惯,特别是在化解社会矛盾维护社会稳定方面,要通过法治方式回归法治途径,把社会矛盾的解决建立在法治基础上,把维稳建立在维权的基础之上。

善用法治思维和法治方式治国理政,应当正确处理改革与法治的关系,要善于以法治凝聚改革共识,以法治引领改革方向,以法治规范改革程序,以法治确认巩固和扩大改革成果。

提高依法执政、依法治国、依法行政、依法治理社会的能力是国家治理能力法治化的紧迫任务和时代课题,培养和提升这种能力要比建立一整套制度困难得多,推进国家治理能力法治化要比推进国家治理体系法制化艰巨得多。

四 国家治理法治化的实现路径

完善和发展中国特色社会主义制度,推进国家治理体系和治理能力现代化,一方面需要法治的引领和推动,另一方面也是法治发展和法治现代化的强大动力。法治现代化必将使法治在国家治理中发挥更好更大的作用。

1. 加快推进法治现代化进程

法治是国家治理的基本方式,所以推进国家治理现代化内在地要求推进法治现代化,唯有现代化的法治才能匹配现代化的国家治理。要围绕完善和发展中国特色社会主义制度,驱动法治现代化,使法治现代化的目标

---

① 习近平:《完善和发展中国特色社会主义制度 推进国家治理体系和治理能力现代化》,《人民日报》2014年2月18日第1版。

更加明确，路径更加清晰，重点更加突出，措施更加有力，进一步坚定中国特色社会主义法治的道路自信、制度自信和理论自信。目前，我国的法治水平和能力尚不能满足国家治理的现实需要，要以时不我待的紧迫感和使命感，以改革创新的姿态和锐气，抓住有利时机，加快法治建设，在积极应对国家治理迫切需要的同时，紧紧跟进国家治理现代化的步伐，从法治国家转型升级为法治中国，从法律之治转型升级为良法善治，从法律大国转型升级为法治强国。

2. 加快构建中国特色社会主义法治体系

法治现代化的当务之急是构建中国特色社会主义法治体系，构建中国特色社会主义法治体系，是推进国家治理现代化和法治现代化对法治建设必然提出的新任务。中国特色社会主义法治体系可以从各个层面透视，第一个层面是法律体系，依法治国，前提是有法可依，所以，法律体系是法治体系存在和运行的基础。但是，法治体系与法律体系不同，法律体系是法律的规范体系，法治体系则是法律的运行体系，一个是静态，一个是动态。第二个层面是法律运行与操作过程，通常包括立法、执法、司法、守法、法律监督等环节，强调法律运行各个环节的有序性、有效性以及相互之间彼此衔接良性互动。第三个层面是实现依法执政、依法治国、依法行政、依法治理社会和社会依法自治共同推进，法治政党、法治国家、法治政府、法治社会一体建设；实现国家法治、地方法治、行业法治协调发展；推进国内法治、国际法治、全球法治有效衔接相辅相成。第四个层面是党领导人民民主依法治国的有机统一，这是中国特色社会主义法治体系最鲜明的本质特征。

3. 抓住国家治理法治化的关键

在国家治理中，一定要懂得只有政府认真对待人权和公民权利，人民才会认真对待政府法律和秩序，这样才会形成官民和谐型社会。党的十八届三中全会《决定》设立了政府权力清单制度和公民、法人社会组织市场主体权利负面清单制度，认定国家机关和公权力部门"法无授权不可为"，公民法人社会组织"法无禁止则自由"，就是对政府及公权力的治理进行法律制度化的创新和规范。

国家立法机关应逐步扩大法律的立法范畴，缩减行政性制度的覆盖面，不断完善国家治理的法律制度体系，要针对现行法律行政法规以及行政性制度上的不规范、不规制、有漏洞和难以操作等缺陷或不足，进行充分的调研和论证后，制定出科学规制权威的国家法律，从而形成人人尊重法律信仰法治，积极认同法治并自觉遵守的法治环境。

4. 提升治理主体的法治素质和法治能力

国家治理的主体是多元的，有政府、企业组织、社会组织、居民自治组织以及各组织成员等，提高治理主体依法治国的能力，必须要培育提高治理主体的法治素质和法治思维能力，培育提高其尊法、守法、依法亦事、严格执法的法治能力。重心是提高公权力机关干部的法治素质，通过以控权为核心的法治理念培育，逐步提高党政干部的法治文化、法治信仰、法治素质和法治思维能力进而提高他们的法治执行力，通过法治教育提高领导干部运用法治思维和法治方式深化改革、推动发展、化解矛盾、维护稳定的能力，营造干部尊法、守法、依法办事和严格执法的法治环境。

必须重视对社会主体、市场主体法治素质和法治理念的培养和提升。要全面深入持久地开展形式多样、内容丰富多彩的社会法治宣传教育活动，培养社会主体知法、尊法、守法、维法的自觉性进而逐步提高社会主体的法治意识、法治观念、法治信仰和法治思维能力。

5. 加快推进司法改革

现行司法地方管理体制为中央领导下的独立于地方管理的司法体制，为确保依法独立公正行使司法权，党的十八届三中全会决定已明确规定改革司法管理体制，推动省以下地方法院检察院人财物统一管理，探索建立与行政区划适当分离的司法管辖制度，保证国家法律统一正确实施。

可以尝试探索宪法实施体系，实行对政府抽象行政行为的司法审查，监督行政行为，包括具体行政行为和抽象行政行为。对抽象行政行为的合法性审查监督，有行政诉讼法为依据，可通过行政诉讼途径来救济，但对抽象行政行为是否合法的问题，目前仍是处于真空地带，这就需要探索构建宪法法院体系，专门对政府，尤其是地方政府及政府职能部门出台的文件制度等抽象行政行为，进行是否违宪和违法审查，其目的是规制抽象行政行为，以保证政府及政府职能部门制定的政策文件的合法性，把权力关进制度的笼子，使权力无法滥用，以确保中央和国家政令法令畅通，以确保宪法和法律的尊严和权威地位。

探索司法对地方公权力机关和公权力行使运行的司法监督，要从法律上探索扩大对公权力运行的司法管辖领域和范畴，把公权力尤其是行政权力的不当作为、不作为和行政违法行为，纳入司法审查和监督的管辖范围，目的就是促使公权力机关依法办事、秉公执法使国家法律得以统一实施，实现维护宪法和法律的尊严和权威，以保证依法治国和法治中国建设的顺利实施。

第二章 地方社会治理法治化的多重维度

第一节 地方社会治理法治化的理论逻辑

国家治理根本路径在于法治，法治化是国家治理的根本趋向。但是要实现国家治理的法治化，尚需依赖于"一城一地"的治理法治化，中国的法治化进程，并无法瞬间或同时在全国取得成功，唯有依赖于地方社会法治化的推进，逐步实现全国治理法治化。因此本章主要讨论地方社会治理法治化的问题与路径。

一 地方社会治理法治化的内涵与功能

地方社会治理作为整个国家治理的基础和前沿，一直是国家治理目光聚焦所在，地方社会治理状况和水平如何，深刻反映出一个国家整体社会治理状况和水平。想要在全国实现社会治理法治化，必须依赖于地方治理法治化。

有学者认为，所谓地方治理法治化，是指"在坚持党的领导、人民当家做主、依法治国有机统一的前提下，在县级以下（县级、乡级、村、社区等）行政区推进依法执政、严格执法、公正司法、全民守法，将政治、经济、文化、社会等各项工作纳入有中国特色社会主义法治体系，促进国家治理体系和治理能力现代化。"[①] 本书认为，这一概念更多关注的是地方治理的实践场域与实践内容，相对宏大和抽象些。本书的理解是，所谓地方社会治理法治化，是指多元社会治理主体在地方治理中的地位、

---

① 江必新、王红霞：《社会治理的法治依赖及法治的回应》，《法制与社会发展》2014 年第 4 期。

权限、行为及其相互关系等均有法律调整，并且沿着一种法治化的趋向在严格实施。地方社会治理法治化首先必须妥善处理地方多元社会主体之间的关系，承袭国家治理法治化的理念，妥善处理政企、政社与政民之间的关系，并予以规范化和法治化；再者是必须有一系列的制度体系，促成上述关系的有效实践。

地方社会治理法治化无疑是地方社会治理现代化的有效路径。后者要求的是在政府、企业和市场、公民之间有一个平衡的关系，而通过法治思维和法治方式，能够塑造上述平衡关系。法治思维和法治方式从根本上要求不能因为地方领导人意志的改变而改变，它强调的是规则思维、程序思维和制度思维，强调的是地方权力的运作必须有法律规则和法律程序，以此避免随意破坏上述平衡关系的情况出现。

如今地方社会治理出现了诸多复杂社会矛盾，这些矛盾纠纷的有效解决，也不能单纯依赖于地方行政首长的意志，还必须通过更多的法治思维和法治方式，更多的规则加以协调和平衡这些矛盾纠纷中的利益关系。同时，也需要更多的社会主体参与到矛盾纠纷的解决中来，地方行政的单方意志已经不再具备传统型的强权威特点，现代社会治理模式更加强调多元社会主体的协同治理，通过相对平等协商，实现多元共治，促成地方社会秩序走向法治化和善治。

从现代法治观念来看，传统的行政方式已经越来越不适应当下社会发展的需求，社会发展和治理都要求以体系化、规范化的方式应对。地方社会治理体系本身极为复杂，它自身也需要法治的保障，唯有通过法治，才能促成地方多元治理主体的合意，实现地方社会治理的善治效果。

二 地方社会治理法治化是全面法治化的基础

司马迁在《史记》中记载："县集而郡，郡集而天下，郡县治，天下无不治。"郡县即为当下本书所强调的地方样本，从地方样本出发，调研和发现这些地方社会治理中的主要问题是极有现实意义的。因为这些地方样本是当下社会治理中最为集中的问题域所在，也是社会治理的基础。我国从提出依法治国口号之后，逐渐在法治建设上取得不少成就，2010年年底宣布建成社会主义法律体系。2012年党的十八大报告提出要建设法治中国，必须坚持"依法治国，依法执政，依法行政共同推进，坚持法治国家、法治政府、法治社会一体建设"。党的十八届四中全会提出推进基层治理法治化,"全面推进依法治国,基础在于基层,工作重点在于基层。"党的十九大认为全面依法治国任务仍然繁重,其关注点仍然集中在地方社会治理法治化层面,通过地方社会治理法治化的点推及全国治理法治化的面,实现全面法治化。

从本书角度而言,基层即为地方样本,即为郡县治理,需要以基层治理法治化也就是地方社会治理法治化作为所有工作的重点。本书的研究也以地方样本治理法治化,尤其是多元社会主体参与社会治理的法治化为重点。

目前作为我国关于法治建设最顶层的设计,法治中国具有着十分丰富的内涵。郑成良教授对法治中国的研究是从时空维度展开的,他认为从时间维度看,法治中国是从传统人治走向现代法治治理模式,从空间维度看,这是一个有国际视野的全国全行业法治的概念。[①] 从概念体系上而言,姜明安教授认为法治中国是对法治国家、法治政府和法治社会的整体概括,是前面这三个概念的上位概念,[②] 汪习根教授则从法治主体的意识层面出发,指出这一概念是主体法治自觉、自信、自立和自强的统摄,也是权力权利之间的关系从二元对立走向互信和谐的关系。[③] 从社会维度而言,传统社会管理更加侧重于管理,具有较为浓厚的"人治"意识和色彩,表现为统治与控制,与之不同的是,现代治理更加强调合作共治,所谓合作共治,需要多元社会主体之间基于某种规则共识基础上的合作,而这种合作是为了实现规则共识中所蕴含的价值共识。一个典型例子就是社区公约,社区公约中的规则"一道形成一整套规则体系,这与法治即规则之治意涵相契合。"

但是这些治理并不一定就是法治化的治理方式。特别是在转型时期,为了获得一时的和谐稳定,很多时候以牺牲当事人合法权益为代价,由此导致"案结事未了",社会矛盾纠纷仍然存在。这也是为何要推进法治中国建设,推动地方社会治理法治化的意义所在,只有通过法治思维和法治

---

① 郑成良:《法治中国的时空维度》,《法制与社会发展》2013年第5期。
② 姜明安:《论法治中国的全方位建设》,《行政法学研究》2013年第4期。
③ 汪习根:《论法治中国的科学含义》,《中国法学》2014年第2期。

方式，在社会多元主体之间达成互动与合作的共识，由此平衡权利义务，实现善治目标。

地方社会治理法治化是全面实现社会治理法治化的根基。以空间角度而言，社会治理不仅仅是城市的治理，也包含农村的治理，社会治理法治化，不仅仅是城市治理法治化，也包含农村治理法治化。从实践而言，法治中国的建设关键在于顶层设计，但基础在于地方推进。法治建设的思路，并非一定要在全国全域同时实现法治目标，而是可以通过一城一地率先实现法治目标。这一城一地的法治化，首要在于地方基层法治化。基层主要是指城市基层和农村基层。城市基层随着法治建设的深入推进，已经在很大程度上解构了传统的人际关系，整个城市基层社会趋向于陌生化，这正是法治建设依托的社会环境。陌生人社会更加有利于法治推进。而传统的农村基层，具有强烈伦理色彩的民间法依然发挥着重要作用，这种民间法仍然高度重视情理内容，将之作为调整熟人社会的主要标准，但是随着现代化对传统社会的冲击，这种民间法越来越凸显其对陌生化社会的"力不从心"，以法治方式调整农村基层社会已经成为现实需求。

三 地方社会治理法治化的法治逻辑

有学者指出，"当前中国基层治理存在的突出问题集中表现为基层政府的治理思维、治理方式与基层经济社会发展的多元化、多样性构成了现实或潜在的对立、矛盾和冲突。"[①]确实，上述观点是当下基层治理主要矛盾的准确表述，不过，这一表述仅仅是现象层面的，至少是非法学层面的。从法学角度而言，目前基层治理最大的问题是地方治理的权力与权利并未能够构建起良性的互动和互信关系，两者很容易表现出对立甚至是对抗状态，因此，法学角度的地方社会治理，落脚于权力规制权利保障这两个层面，并注重协调两者之间的关系。

首先是对地方治理权力的规制。这是实现地方治理法治化的关键所在。现代社会治理是一种多元主体与多中心的合作治理，政府应当改变以前那种"大包大揽"的行政管理方式，要转向政府适当放权，把本应由社会、市场配置和支配的还给社会和市场本身，这实际上是要求政府重新

---

① 王增杰：《推进基层治理法治化的思考》，《山西省直机关党校学报》2015年第1期。

摆正自己的位置，做到"有所为有所不为"。政府通过运用权力实现社会经济繁荣、和谐稳定，这是权力存在的必要性与正当性，但是很多时候，政府在提供此种公共服务之时，忽视了权力本身的制约，权力的范围不确定，权力行使方式不合法等，由此出现了最为严重的以权压法现象，次之的以权压民现象，都是权力滥用、权力失范的表现，严重损害了人民的信任和利益。因此未来地方社会治理法治化过程中，严格以法治制约权力，避免权力出现不受控制和不受监督的情况。

这种规制体现为两个方面，一方面是要明确权力的范围，目前地方实践中主要是以列举权力清单来具体界定政府的权力范围，以清单之权力督促政府履行职责；另一个重要方面，也是容易被忽视的方面，就是权力如何运作的问题，权力清单有助于权力内容的明确，但并未直接规定权力运作的方式，因此在地方社会治理中，明确权力运行方式和具体程序，以此规范和监督权力运作，是一项极为重要的制度创新。

其次是地方治理法治化必须注重保障权利。这是地方社会治理法治化的根本目标。社会治理区别于社会管理的重要特点之一就是，以权利保障为核心，而非以权力运行为核心，是一种平权化的运行模式，而非是自上而下的单向度运行模式，是一种市民社会的运行方式，而非政治社会的运行方式。当下社会人们的权利要求非常广泛，甚至出现了"权利爆炸"的说法，这些权利主要来自两个层面：一是社会发展带来的权利发展，不仅权利观念获得肯定，而且权利类型不断多样化；二是来自地方政府不断出现的侵害权利的行动，这些行动强化了人们的权利观念。

最后，权力与权利有序互动是地方社会治理法治化的核心。从社会治理的变革看，治理从来不应当被视为一个静态意义的概念，它更加强调一个动态的治理过程，法治化便是一个动态治理过程。所谓动态，便在于权利与权力之间的良性互动，表现为权利无法离开权力的保障，后者是实现前者的重要基础，而权利同时也是权力的目的，所有权力运行理应以实现权利为目的。这两者的有效和良性互动，构成了当下地方社会治理的运行起点。治理本身就是一个互动过程，需要权力尊重权利，需要权利积极参与治理过程，两者在治理的决策、执行、知情、参与、监督等方面达成共识，开放渠道，完善机制，实现互动，共同完成社会治理任务和目标。

第二节 地方社会治理法治化的基本向度

地方社会治理法治化,首先需要明确的是法治化既是目标,又是过程。法治化是在地方社会治理这一实践场域内运作和实现的。而何谓法治化,这又是一个重要的基本概念。有学者指出,"可以通过形式、实质和程序这三个相辅相成又相互制衡的维度进行指要式表述。相应地,每一个基本实现法治的社会,也应该能在这个三维法治空间内,找到自己立足点。"① 这一观点描述了法治的三个面向,这对地方社会治理法治化带来启示,本书也将从这三个层面加以分析。

一 地方社会治理法治化的形式向度

社会治理的基础在于有一系列共识性规则的存在。共识性规则的形成与当下社会的利益分化和多元化有一定的冲突,因此社会治理的一个重要前提是必须有一系列共识性法律规则。作为共识性规则的法律,从定义而言是国家制定和认可的行为规范体系,具有普遍的约束力和强制力。通过法律,我们可以明确多元社会主体之间的权利义务和法律责任,确立起法律面前人人平等的基本原则。因此从地方社会治理法治化的形式向度而言,有两点需要注意:一是建构起系统完整的法律体系;二是真正发挥法律效用。

我们国家已经建立起相对完善统一的法律体系,但是法律的实施长期以来困扰法治建设。在基层社会中,很多地方政府并未具备法治观念和法治思维,仍然依靠传统的行政思维和情理思维治理基层社会,要么管过头,要么放任不管,或者仍然是传统型的管理方式,注重人情关系和交易谈判,这种非制度化、非正式化的管理手段,不仅提供了寻租和腐败空间,而且直接损害了多元社会主体之间的信任感。因此,在地方社会治理中,应当"最大限度地信奉法律的权威,通过法律的实施建立严整的社会秩序,并通过发挥法律的最大作用来追求社会的安定与和谐。"②

---

① 陈林林:《法治的三度:形式、实质与程序》,《法学研究》2012年第6期。
② 同上。

二 地方社会治理法治化的实质向度

形式建构起来后，必须关注形式上的内容问题。实质意义的法治是"追求实现自由、平等、博爱、公平、正义等价值目标，实质法治是良法之治。"① 从法治与法制区别而言，实质法治注重的是前者，是将法治作为社会的一项重要价值对待，其目的在于通过法治实现人权和自由的保障，因此不能容忍任何破坏上述人权和自由的"恶法"，任何法律都应当接受这些实质价值层面的考量。实质法治是治官而不是治民，通过规制权力来实现保障权利。

地方社会治理法治化的形式向度与实质向度虽然均为法治化的体现，但两者是具有较为明显的差别，前者注重"依法治国"（rule by law），这种观念是从工具角度理解法治的作用，这就意味着有某些人或团体在依法治国，他们可能会有凌驾于法律之上的特权，即"有人在法律之上"，是一种"人治下的法治"表现，这种情况对国家和社会都是有危害的，典型例证就是德国和日本的法西斯政权。后者则高度重视"法的统治"（rule of law），强调法律至上的观念和思想，要求"人人在法律之下"，是一种真正的"法治下的法治"，甚至我们可以用这种观念和思想去衡量实证法的"正当性"。

从管理意义上形式法治目的在于有法可依，并且做到有法必依，这种形式法治依靠国家机关的立法、执法和司法工作，更多偏向于一种从上到下的社会管理，对国家机关尤其是政府机关的权力运作和监督、对公民权利保障并未有较多关注。而后者恰恰是实质法治的核心问题。实质法治要求对国家机关的权力及逆行有效的限制和监督，以避免出现权力滥用的问题，同时采取积极措施保障公民权利，因此其主要是一种"治官"，通过"治官"达成"保民"。

形式法治所强调的法律的规范性、普遍性、一致性等形式要件，虽然同样具有重要法治意义，但其并不直接关心法律的精神和法律的价值，甚至从某些学派的角度而言，形式法治还排斥对上述问题的考量，严格要求

---

① 车传波：《综合法治论——兼评形式法治论与实质法治论》，《社会科学战线》2010年第7期。

法官以及其他执法者尊重法律形式主义,避免超越法律的字面含义或逻辑进行司法或执法,形式法治本身并未解决自身正当性问题,这也是形式法治容易成为某些"阴谋家"利用的工具,成为害人和谋私的恶法,法西斯时期的法律便是典型例证。

因此,我们在地方社会治理中,运用法治思维和法治方式,必须具备两种思维:一是形式法治思维,通过构建形式法治为人们的行为提供一种相对准确的行为预期,减少人们因为行为的盲目性带来的法律风险;另一种思维是必须更加重视实质法治观念的思维,尤其是在面对一些疑难复杂的社会问题时,所考虑的角度不能过于形式主义,有时必须超越形式法治观念,结合地方实质,考虑社会道德观念等,对社会弱势群体,长期处于不利地位的群体或少数群体给予法律上允许的特殊关照,这种实质法治的观念,是为了调整地方形式法治观念可能存在的问题与不足而特别设置的。

三 地方社会治理法治化的程序向度

程序法治是非常重要的法治观念,也是我国在长期法制实践中较为缺乏的法治观念。程序法治是实现实质法治的前提与基础,实质法治并不会自己实现,除了依赖于立法者、司法者和执法者的考量之外,实质法治的重要实现基础就在于程序,具备程序正义的程序法治,可通过法定的步骤、方式、方法、手段等实现实质法治所保障的权利,这种转化,是将实质法治的根本内容置于特定的时空环境下,运用程序法治所确立的理性规则,查明法律实施,分析法律问题,具体实现法律上的权利义务的方式。

当前地方社会治理,必须关注的一个重要问题就是如何健全地方权力运作的程序制度,如何健全保障公民权利的程序制度,这两大问题,都必须以程序法治的面向体现出来,因为只有"在公正的法律程序中,不同的主张或异议可以得到充分表达,各种利益要求能够得到和平解决,这就极大地减少了对立法结果事后怀疑和对抗的危险。"[①] 尤其是传统的地方"官民"之间的矛盾,更是需要以程序法治的方式展现其解决方式,通过

---

① 丁寰翔:《论程序法治及其实施》,《社会科学论坛》2007年第10期。

设定特定程序制度，容纳官民的矛盾议题，允许双方以相对平等的地位讨论、质证和做出最后的决定，这种程序制度有助于避免传统官方解决矛盾纠纷的单向性，以及饱受诟病的"黑箱操作"——不民主、不听取意见等。

在地方社会治理中推进程序法治，首要在于地方政府必须建立健全程序制度，自我约束，尊重程序，能够乐于接受因为程序所带来的权力运作的"不便利性"；其次在于为公民权利保障设置一系列的程序制度，以便于公民以更加广泛的方式参与到自身权利保障和制约权力的活动中。

第三节 地方社会治理法治化中多元主体的法律关系

当下地方社会治理强调发挥多元社会主体的治理功能，通过国家释放治理空间，培育多元社会主体的治理能力，构建起多元社会主体协同共治的法律关系。这种理想型的治理关系，直接关乎地方治理目标的实现。因此，在地方社会治理中，我们必须认真考虑当下多元社会主体之间的关系是什么，如何促成理想型关系的实现等问题。

一 多元主体在地方社会治理中的权利义务

多元社会治理主体中备受关注，并且在以往社会管理以及当下社会治理中仍然起主导作用的是地方政府，从理论角度而言，地方政府与地方多元社会主体之间应当形成一种相互合作、相互补充的治理关系。政府本身职能所无法到达的地方，可交由多元社会主体加以实现。政府与多元社会主体之间的关系不是竞争或相互取代的关系，而是不同治理力量之间的分工、协调和相互配合的关系，共同目的都在于实现良好的社会治理。

从宪法和法律的角度而言，政府权力受到约束，不仅自身要认识到这种约束，而且还要认识到多元社会主体可通过宪法和法律的规定，对政府权力加以约束。不过，政府毕竟是掌握大量社会资源的强力机关，因此法律上对政府的要求是，积极运用这些资源培育和发展多元社会主体，比如提供资金保障、良好的公共服务，引导甚至在早期主导多元社会主体的发展。

从目前地方社会治理实践情况看,当下社会治理格局已经基本形成这样一种态势——地方政府作为主导的主体,是地方社会治理的首要负责主体,地方政府会借助多元社会主体,如社会组织、公民、非营利组织等的力量来实现合作共治。多元社会主体在这一治理格局下,有着自己的定位和功能,有着相对明确的权利义务内容。从地方政府自身定位而言,它们更加期待的是这样一种理想状态:地方政府作为地方社会治理的主导力量,适当开放空间,构建政府、社会、市场三者之间的有效合作关系,三者都获得了较为合理的职责划分,能够在社会治理问题上各司其职,各负其责。但是这种理想状态,首先是要解决一个空间的问题,也即管理空间和自治空间究竟应当怎么样协调的问题,开放多大的社会自治空间是适当的,不会导致混乱和无秩序;其次要解决的是其他多元社会主体的职责问题,在开放社会自治空间后,这些多元社会主体如何在这个空间中活动,需要承担哪些责任,有什么样的权力和义务,如果出现对社会的损害,又如何让这些多元社会主体承担法律责任。这两个问题,也是当下地方社会治理中最为核心的问题,为了解决上述问题,目前地方政府主要在以下方面进行实践。

一方面,履行政府法定职责,充分行使政府权力,制定社会治理的相关地方立法或规范性文件,以维护地方社会公共秩序和安全。地方政府有一定程度的立法权和规章制定权,在社会治理过程中,如认为确有必要,可依法通过这种地方立法行使,划分管理空间和自治空间,确定多元社会主体的治理职责。当然,这些地方立法或规范性文件,本身也是对地方政府自身的一种约束。

另一方面,政府必须通过自身行政效率的提升促成社会治理效率的提升,以有效维护公民权利。公民权利在地方社会治理中很容易受到忽视,尤其是一些正常表达意见建议的行为,往往被地方政府视为一种对权威的"挑衅",这是传统管理观念仍然在发挥作用的表现。地方政府必须注意到,在法治化时代,公民的权利意识和法治意识的增强,已经带来了地方社会治理背景的深刻变化,这种变化促使地方政府时刻反思自身行动,要求地方政府提供更加高效、更加有回应力的公共服务,以成为让人民满意的政府为目标。

当然,那些多元社会主体,尤其是社会组织,应当通过自身的组织性、民间性、多元性和自治性等特点，积极协助和补充政府社会管理存在的不足，积极填补社会自治空间，努力成为社会治理的重要力量。此时，社会组织的权利义务应当是：最主要的权利表现为——参与社会治理的权利，社会组织可以通过队伍建设、人才培养、担任代表等方式积极参与社会治理，充当社会各个阶层对话的桥梁。最主要的义务表现为——参与社会治理的义务，参与社会治理既是社会组织的权利也是它们的义务，社会组织应当积极在社会治理中发挥作用，通过履行自身社会治理职责，有效促进社会治理走向善治结果。

与此同时，公民作为多元社会主体之一，其主要权利是知情权、参与权、批评、建议、控告、申诉等权利，这些权利，是公民参与社会治理的重要途径，也是履行其公民职责的基本方式。当然，在义务上，公民积极参与社会治理应当尊重宪法和法律，在宪法和法律的框架内参与社会治理，避免出现违宪或违法的参与，公民的参与也要尊重社会公德和善良风俗，避免参与出现损害社会公德和善良风俗的情况。最后，公民的参与也要尊重他人的合法利益，参与是一种尊重基础上的参与，而不是自我独断专行，权力滥用的参与。

二　多元主体在地方社会治理中的联系与合作

在地方治理中，多元社会主体共存于一个地方，共同解决地方社会治理难题，对地方社会治理负责。这些多元主体相互之间应当具有非常紧密的联系。

这种紧密联系的建构是在政府职能转变的基础上实现的。地方政府从原来全能型政府转变为政府积极主导，社会多元主体积极参与的治理格局。政府职能的转变为多元社会主体之间构建紧密联系提供了前提。适度的社会管理与高度的社会自治相互结合，政府与市场、社会良性互动关系由此成为可能。

其他多元社会主体，如社会组织，在发展过程中无法脱离政府的支持与帮助，政府能够在资金保障、队伍建设、制度构建等方面给予社会组织大力支持，这也是社会组织在早期能够发展起来的重要原因。当然，在社会组织相对成熟的中晚期，我们必须认识到，社会组织应当发挥自己独立的作用，避免过度依赖政府力量而失去自身应有地位与功能。

公民在当下社会治理中与地方政府也有紧密关系。社会自治允许公民广泛参与社会事务和社会活动，这是当下公共管理发生的最重要的变革之一。政府应当通过开放各种渠道，积极容纳公民参与，吸收公民意见建议，只有反映民意的政府决策和行动，才能获得民众的理解和支持，从而降低决策和行动的执行成本。当然更加重要的是公民力量在今天已经发展成为一种无法忽视的力量，自下而上的公民力量，具有较强的爆发力和冲击力，地方政府必须关注这种公民力量，通过与公民的良好合作，共商共治，促进地方经济与社会和谐发展。

三 多元主体在地方社会治理中的竞争与博弈

一个基本现实是，地方多元社会主体不仅有紧密的合作关系，同时也会产生竞争关系，存在着博弈行为。

竞争与博弈产生的主要原因在于多元社会主体具有多元利益。利益的分化导致需要在合作共治中进行利益磋商和妥协。多元社会主体为了实现自身利益的最大化，难免会只从自身角度考虑，较为忽视他人的利益，这必然导致利益主体相互之间需要更多讨论。尤其是社会组织，在获得地方政府资金、人力和政策支持问题上，往往会相互竞争，存在较为明显的博弈行为，不敢或不愿意充分表达自身意见，不敢或不愿充分地作为公民代言人。而公民往往在不同议题上表现出完全不同的态度和行动，很容易受到不理性因素的影响，造成公民之间的意见分裂，甚至最终可能造成社会分裂。

政府有时候为了更好达成自身目标，也会通过某些官员在社会组织中兼职的方式，在某些情况与社会组织内部的不同意见相互竞争，影响社会组织的意见和行动。

竞争与博弈是现实存在的，但我们也必须看到，竞争与博弈有良性的也有恶性的，地方社会治理中必须积极发挥政府的引导作用，对其他多元社会主体的竞争和博弈行为进行有效引导，避免出现竞争过度、恶性竞争、无效博弈等情况。与此同时，其他多元社会主体也必须认识到自身的功能与定位，确保各多元主体之间能够实现良性互动和平衡。

四 多元主体在地方治理法治化中的现实状况

多元社会主体的现实法律关系是对理论最好的反映。从现实而言，我国多元社会主体在地方治理中的主要法律关系如下。

首先，社会治理权利未得到有效分配。无论是何种社会建设形态，我们都很容易发现政府在这其中的主导地位，政府始终处于掌握权力和使用权力的核心位置，政府社会治理理念的转变并没有那么容易，要让政府重新释放社会自治的空间也非轻而易举，一方面是政府不是那么愿意让渡出社会自治的权利，另一方面是逐渐成长和成熟起来的社会组织和公民个人，要求越来越广泛的社会自治空间，这两者之间正在相互冲突，逐渐失衡的状态中运作。我国行政体制改革，所强调的也正是有效协调政府与社会之间的治权平衡，政府审批体制改革，从原来的审批逐渐释放空间为许可登记，简政放权就是一个协调的重要举动。

其次是社会组织的发展面临法律制度上的障碍。从数量上看，我国社会组织的万人拥有量远远低于世界平均水平[①]；从质量看，我国社会组织多数属于小型社会组织，草根性和基层性社会组织为主，极其缺乏高质量的，在地方和全国、国际社会有较高影响力和活动能力的社会组织。从支出规模看，"1998年几乎90%以上的民间非营利组织的支出规模都在50万元以下，有5%的民间组织每年支出额甚至在1000元以下，而每年支出额在100万元以上的非营利性组织还不到2%，这也反映了社会组织实力的弱小"[②]。

之所以会有上述问题，一方面原因在于，我国社会组织的成立和登记较为严格，首先必须取得业务主管部门的同意，然后再去民政部门登记，这就限制了社会组织资格的获得；其次是很多社会组织由于不愿意受到业务主管部门的制约，采用了规避的方式，导致其合法性不足，不得不接受政府的安排，"虽然社会组织生存于体制之外，但决不意味着它可以完全

---

① 我国每万人平均拥有民间组织数量为1.45个，而法国为110.45个，美国为51.79个，巴西为12.66个。

② 王名、刘国翰：《中国社团改革——从政府选择到社会选择》，社会科学文献出版社2001年版，第81页。

摆脱政府而生存在自己的'独立王国'。"①

另一个比较突出的问题是社会组织的非政府性不高。这点很明显可以从多数社会组织依附于政府业务主管部门而得出。多数社会组织,需要从政府业务主管部门中获得经费、人员、政策和办公场所的保障,而这种保障就体现出官方色彩,甚至有些社会组织以自身的官方色彩为荣。一些学会、协会在早些年的官办色彩尤其浓厚,行政化倾向较为明显,甚至成为社会管理的"二政府"。

而社会组织的直接主管部门,很容易以业务指导和监督的名义加强对社会组织的管理,对社会组织的领导班子、人事问题、财务问题、制度运行等方面多方干预,尤其是选派人员在社会组织中担任重要职务,严重影响社会组织的健康发展,使这些社会组织职能依附于相应主管部门,无法获得独立发展的空间。

还有一个比较典型的问题是,即便社会组织获得了一定程度发展,但政府与社会组织间并未有足够有效的良性互动。政社之间的边界虽然早就被认为应当厘清,但迄今为止仍然有较多不清晰之处。政府虽然在建立权力清单制度,但清单同样存在问题,如清单中的权力本身还是模糊的,采用的语言表述也是模糊的,这对于厘清与社会和市场的边界并不利。除此之外,我们也应当看到,政府并未构建起与社会组织有效沟通、合作共治的制度体系,以联席会议名义或其他联动名义,实际上都是政府自身在起主导作用,社会组织一般是处于配合、协助、服从的地位。政府部门与社会组织并没有法定的联系渠道,两者互动并非如理想中那么频繁,更加关键的是,地方政府为了自身意志的贯彻,往往是以命令方式与社会组织联系,这种命令性并非是沟通,而是将社会组织作为下属对待,导致社会组织难以发挥有效治理作用。

最后是公民的权利无法获得有效保障。我国公民的权利在宪法和法律中有着较多规定,这些法律上的权利是否能够转为现实中的权利,需要各种制度和程序的落实。法律权利的实现,也是对社会矛盾纠纷的有效预防和化解,是保障社会治理效果的重要路径。但这一主题还存在不少问题:

---

① 邓莉雅、王金红:《中国NGO生存与发展的制约因素——以广东番禺打工族文书处理服务部为例》,《社会学研究》2004年第2期。

一是公民自身对政治权利的意识较为薄弱。虽然改革开放以来，法治建设带来公民权利意识的高涨，但这种高涨更多是在经济权利方面，比如财产权利等，在部分社会权利上也有较高程度的认识，比如就业权利等，但是在政治权利方面公民的认识程度较低，往往局限于一个最为简单的认知——即政治权利在国内并不容易实现，很难获得保障。尽管这一认知确实有社会根基，但公民却缺乏对政治权利的较高意识，并不清楚有哪些政治权利，如何行使，我们已经为公民政治权利实现提供了较多条件，但公民仍然因为担忧而不愿意行使。二是政府层面有意或无意地忽视公民权利。政府层面为了施政之便利，在某些地区某些问题上刻意忽视公民权利，如高考平等问题，再如不同地区的就业平等问题，更加突出变现为征地拆迁问题。政府的这种忽视，很容易造成公民权利的减损，加大干群之间的不信任和矛盾，引发社会的不稳定。

值得肯定的是，虽然存在上述种种问题，但与问题相比，我们在社会治理层面的制度建设上也正在不断进步，尤其当下注重构建政府与其他社会主体之间的对话和沟通，扭转传统社会管理中的二元对立局面，这种进步还是比较可喜的。

第四节　地方社会治理法治化中法治精神的建设

法治精神维度是法治社会的基本构成要件，[①] 与法治是规则之治的传统观念结合起来看，法治应当呈现出两个基本维度：一是物质维度，以法律形成基本社会结构和主要社会关系；二是精神维度，以法律承载重要的价值观念。[②] 前者体现为一国外在的基本法律体系，后者体现为一国内在的法治精神。国内在以往法治建设中，比较注重以法律体系构造社会结构和社会关系，已于2010年建成社会主义法律体系，这是法治社会物质维度建设的重要成就，但目前国内对法治精神维度的建设有所忽视。[③] 法治精神迄今仍未获得充分内化和本土化。这严重不符合全面深化与推进依法

---

① 蔡枢衡：《中国法理自觉的发展》，清华大学出版社2005年版，第126—130页。
② 高鸿钧：《法律成长的精神向度》，《环球法律评论》2003年第4期。
③ 姚建宗：《信仰：法治的精神意蕴》，《吉林大学社会科学学报》1997年第2期。

治国的时代要求。当下国内地方法治精神维度建设究竟现状如何,为何会出现精神维度与物质维度的二元割裂,如何才能在未来法治社会建设中深化精神维度建设,这是本书所欲探究的三个基本问题。

一 地方社会治理法治化中法治精神建设的基本现状

法治精神维度建设的基本现状如何测量与评价,这是一个很难的问题。它不像法治物质维度建设,可以从法律规则是否自洽、法律部门是否完备、法律体系是否完善等外在明显的指标判断。法治精神维度建设"无形无相",唯有通过对法治运作具体环节——立法与法律实施的深入调研与体会,才能窥探到法治精神维度建设的基本痕迹。

从立法层面探究法治精神维度的现状并非易事,其指标更多为主观性指标,如社会民众对立法的基本态度等。本书曾实证调研地方立法状况,较为关注民众对地方立法的接受性问题,以此管窥法治精神维度建设在立法层面的现状。在本书所调研的 5 个曾被列为社会管理创新综合试点城市中,2011—2015 年共出台地方规范性文件 217 件,参见表 1。这些规范性文件的主要内容多为强调政府的社会管理职能与责任。民众对此态度各异,表示肯定的仅占 24.7%,表示否定的占 36.1%,表示无所谓的占 21.2%,还有 18% 带有厌恶情绪,参见表 2。

表 1　　5 个城市 2011—2015 年出台的地方立法文件　　（单位：件）

名称	数量
地方性法规	27
市政府规章	76
其他规范性文件	114

表 2　　1000 份民众问卷对地方立法的基本态度　　（单位：件;%）

态度	数量	百分比
肯定	247	24.7
无所谓	212	21.2
否定	361	36.1
厌恶	180	18

为何有 54.1% 的民众产生否定与厌恶情绪？他们在受访中经常提到的典型话语是："政府只是想管，它并不关心我们真正需要什么。"那么民众真正需要的是什么？从人的需要层次理论分析，民众有生理需要、安全需要、爱和归属需要、尊重需要和自我实现需要。在上述需要中，真正引发人类思考和进步的是两端的生理需要和自我实现需要的矛盾和协调。① 生理需要是自然性体现，自我实现需要是社会性体现。处于两者间的其他需要，是个人走向群体并谋求群体地位的体现。法律为生理和安全需要提供了物质维度——法律规则与法律制度，但对爱和归属需要、尊重需要与自我实现需要，法律并未提供更深刻的认知、更广泛的共识和更有效的建构。这些精神需要的法律缺位，正是民众产生否定与厌恶情绪的根本原因。可以说，民众正在用自身社会实践所积累的"合理的可接受性标准去建构一幅存在于'精神世界'的法治图景，并且不断依据这幅图景来修正他们对法治的可接受性标准"。②

从法律实施层面探究法治精神维度的现状，同样是一件难事。法律实施是将法治精神从书本具体到现实的重要途径，其前提在于法治精神是否得到有效的宣传与推广，也即法治精神是否在一定程度上成为社会共识。遗憾的是，承担普法重任的司法行政部门在法治精神维度的建设上并未给予充分重视。如前述 5 市司法局六五普法期间共举办活动 126 场，其中与法治精神直接相关的是全面依法治国精神专题学习，占全部活动的 11.9%，其他活动均局限于法律法规中的法条宣传与法律运用咨询活动等。参见表 3。

法治精神维度在法律宣传和实施层面中不受重视，不仅体现为上述司法行政部门重视不足，更体现为地方其他行政部门对法治精神的屡次践踏。如在农村土地维权问题调研中发现，地方政府忽视维权农民对公平正义的渴求是农民采取维权行动的重要原因。③ 在基层信访问题调研中发现，90% 的上访者在提出物质性诉求时必然伴随明显的要求公平正义的精

---

① 胡家祥：《马斯洛需要层次论的多维解读》，《哲学研究》2015 年第 8 期。
② [美] 普特南：《理性、真理与历史》，童世骏、李光程译，上海译文出版社 2005 年版，第 145 页。
③ 何跃军：《基层农户的公平观——基于浙江省 2000 农户的实证调研》，《北京航空航天大学学报》（社会科学版）2016 年第 5 期。

表3　　　　　　　5市司法局六五普法活动主题　　　　（单位：次;%）

活动主题	场次	百分比
法律法规宣传与讲座	37	29.4
司法局工作人员技能培训	25	19.8
全面依法治国精神学习专题	15	11.9
免费法律咨询活动	23	18.3
法律法规下乡（社区）活动	26	20.6

神性诉求，这些处于特殊困境下的农民或市民并非完全"无理维权""无理上访"，而是有着正当的精神诉求。并且，90%以上的维权农民或上访市民认为，如果这些精神诉求得到满足，即便"钱赔得少点"，他们也不会采取维权或上访行动。

诚然，从顶层设计而言，法治是治国理政的基本方式，但从基层而言，法治是"生活之治"——它规定了普通民众的基本生活方式。法治与普通民众是相扶相依的紧密关系。民众的物质生活和精神生活需要法治保障和关照。在物质生活层面，法治提供了最稳定最明确最可靠的基本生活方式，这是民众大胆行动、自由行动谋求丰富物质生活的制度基础。在精神生活层面，法治同样是终极目的和生活意义的一部分。① 在每个人都被深深镶嵌于时代网格的特殊时期，"我们被外部各种各样的方式支配着，就像逆风吹起的波浪，我们只能徘徊摇摆，不知道这到底是为什么，也不知道自己的命运和前途。"② 在这样的时代中，如果缺乏法治对民众精神世界的善良关照，实证法可能流于恣意，甚而可能变成暴政。③

法治同样需要民众发自内心的支持。卢梭指出，"一切法律之中最重要的法律既不是铭刻在大理石上，也不是铭刻在铜表上，而是铭刻在公民

---

① ［美］伯尔曼：《法律与宗教》，梁治平译，中国政法大学出版社2003年版，第18页。
② ［美］威尔·杜兰特：《哲学的故事》，梁春译，中国档案出版社2001年版，第183页。
③ 唐丰鹤：《法律的民族精神正当性》，《浙江学刊》2016年第4期。

们的内心里，它形成了国家的真正宪法，它每天都在获得新的力量，当其他法律衰老或消亡的时候，它可以复活那些法律或代替那些法律，它可以保持一个民族的精神。"① 法治如何赢得民众发自内心的支持以维系其生命力？"法律必须靠原则的公正以及国民对它感兴趣才能获得支持。"② 民众对法治的内心支持，根源于法治的公正性和对民众精神需求的有效回应，这是法治保持长久生命力的基础。唯有民众发自内心支持的法治，才是有血有肉、有体有灵、鲜活有神的法治，那些缺乏民众支持的法治，最终不过是雕刻出来的没有灵魂的呆板塑像。

二 地方社会治理法治化中法治精神缺失的主要成因

国内地方社会治理法治化中精神建设较为缓慢，其原因究竟何在？本书认为可从以下三个层面加以解释。

首先是理论成因，源于中西方法理学对"法律是行为规范"命题的强调。西方法理学认为法律治理对象是人类外在行为而非精神世界，由此形成"法律是行为规范"命题。③ 国内经典法理学教科书亦认为：法律调整对象是外在行为，并引用马克思的论述强调："对于法律来说，除了我的行为以外，我是根本不存在的，我根本不是法律的对象。我的行为就是我同法律打交道的唯一领域。"由此形成"法律是行为规范"的命题，并借此阐明法律面前人人平等之法理："法律一般不以主体作为区分标准"，④ 不因人而异，人人平等。可见，近代法治以主体行为而非主体身份为核心，通过对行为法律属性和法律责任的法定化，最终形成以人人平等为基础的社会治理机制，摆脱奴隶社会、封建社会等以主体身份为基础的社会管理机制，实现从身份到契约的转变。⑤ 这被法学界认为是法治史

---

① [法] 卢梭：《社会契约论》，商务印书馆1980年版，第20章。
② [美] 潘恩：《潘恩选集》，马清槐译，商务印书馆1991年版，第265页。
③ 这是近代法治被西方世界广泛认同的重要原因。西方法治发达国家对"法律是行为规范"早有认知，对这一论断未见系统专论。从资料看，除马克思外，似只有斯宾诺莎、康德、黑格尔、奥斯丁、凯尔森等人对法律与行为的关系有一些论述，但并不系统，而康德、黑格尔的论述旨趣主要在法哲学方面。此正如本书所引用的，都是较为简单和直接的陈述，并不是论述，也没有详尽说明为何法律只能针对行为，而不能有其他对象。
④ 张文显主编：《法理学》，高等教育出版社、北京大学出版社2008年版，第47页。
⑤ [英] 梅因：《古代法》，沈景一译，商务印书馆2010年版。

上的巨大进步。

因此从西方和国内法理学看,将法治对象圈定为行为似乎更加符合时代价值观念。目前后发建设法治的国家中,也逐渐形成了"法律是行为规范"的思维定式,在建设法治时更容易将建设资源首先集中在本国法律体系的构建上,而对法治精神维度的建设有所忽视。

其次是历史成因,源于对国内法治建设整体历程的基本判断。① 始于清末变法修律的国内法制改革,因为特殊历史时期"救亡图存"的特殊目的,从清末开始的法制改革先从学习与移植法律规则和制度体系开始,以法律物质维度的变革为首要,再图人心与精神之变革。这样的法制建设思路在"赶超英美"的思维主导下仍然是当下法治建设之主旋律。自1978年恢复法制建设后,国内急于建设法律体系以拨乱反正,急于回应社会现实需求以建章立制,并在其后相当长一段时间内,沿袭"法制建设"思路,并未见对西方法治建设进程有较为深入的实地考察与理论整理,也未见对西方法治建设中物质维度与精神维度有较为充分的理论反思,也由此割裂了两者之间的内在联系,导致国内法治建设在精神维度层面迄今未有显著成就。历史惯性巨大,虽然在法治建设中未必就会出现"注重法治物质维度建设而必然忽视法治精神维度建设"的逻辑,但因特殊历史时空所存在的巨大惯性——治乱之间的变革需求,使得无论是理论界还是实务界均未有充足时间和稳定空间反思法治的精神维度与物质维度之间的关系,以至于迁延当下,法治精神未能深入人心,民众对未来建设法治国家目标的接受性存疑。

最后是现实成因,源于法治建设中最强大的主体力量——国家机关工作人员的现实要求。这可从本书在2015年关于设区市地方立法权的一项调研中获得证明。② 参见表4。

---

① 历史成因中也有我国长期以来的重伦理轻法律的文化传统影响,但本书无意在此深究。
② 本书2015年在浙江省针对立法质量问题发放1000份问卷,调研对象包含立法机关/政府机关/司法机关工作人员(统称国家机关工作人员)300人,城市社区居民400人,农村村民300人等。回收有效问卷921份,其中国家机关工作人员283份,普通民众638份,包含城市社区居民371份,农村村民267份。在问卷所设置的选项中,给予了较为详尽的说明和举例,加上工作人员对被访谈人员的解释,以使问卷和访谈对象明白专业术语和选项具体含义。

表4　　　　　　　你觉得法律中最应该规定什么内容？　　　　　（单位：人；%）

问题	类别	答案数	百分比
规定立法目的	国家机关工作人员	34	12
	城市社区居民	112	26.1
	农村村民	93	23.6
规定法律原则	国家机关工作人员	39	13.8
	城市社区居民	103	24.8
	农村村民	76	28.5
规定法律行为	国家机关工作人员	101	35.7
	城市社区居民	86	23.2
	农村村民	51	22.8
规定法律责任	国家机关工作人员	109	38.5
	城市社区居民	70	25.9
	农村村民	47	25.1

从表4可知，国家机关工作人员更关注法律行为和法律责任，因为他们是以具体可操作的"实践"理性实施法律，更加关注法律规则和法律责任等物质维度的明确性与确定性。与此不同，普通公民（居民和村民）更关心法律法规是"用来干什么的"。这是关于法律价值与精神的提问。在访谈中他们认为可以用法律法规"最前面的几句话"来理解整部法律法规的精神和内容，并以此评判他们所不理解的法律行为和法律责任。从两者力量对比而言，国家机关工作人员从立法到法律实施都具有强大优势，主导了整个法治建设进程，强力地构建起更具操作性和实践性的——以法律行为和法律责任为核心的法律体系。而那些长期被视为对象与客体的普通公民，更加期待具有善良立法目的和立法价值的法律，以实现对权利的保障，他们会不断以这种内在精神需求（超实证法的需求）去批判那些实证法，并在不断的批判中逐步形成法治精神共识。

可以说，国内近40年的法治建设较为重视法治物质维度建设，相对忽视法治精神维度建设的现状导致了当下社会民众对未来法治社会建设目标的可接受性质疑。将法治物质维度作为自洽的逻辑体系建设本身并无问题,但因先行建构制度体系缺乏后续相应手段,如发布宣示性文件等用以构建社会主义法治精神内核,割裂法治"物质维度与精神维度"一体两面的完整性和系统性,已经造成当下法律体系"有法而无心"的"空心菜"状态,并造成目前全面推进依法治国的"深化"难题。有学者早已指出,"可以肯定,只有物质的、制度化的'硬件'系统而缺乏相应的精神意识、观念和情感等'软件'系统支持的所谓法治,不是真正的法治,它只有法治的外表和骨架而没有内在的灵魂。"[①] 这也正是本书反思法治社会建设精神维度并试图厘清其现状与成因的意义所在。

三 西方国家法治化过程中法治精神建设的借鉴

法治表现为制度,但内在于精神。[②] 西方法治获得国内法学界高度肯定,有学者认为西方法治无论是理念还是制度,都源于对人生意义、价值的认知和关怀。[③] 本书并无意抬高西方法治的地位,也并不迷信西方法治,只是想要从中寻找西方国家建设法治进程中可资借鉴的历史经验。学术史的梳理证明,西方社会确实从古希腊时期就开始关注人的精神需要。有论者指出,"全部希腊文明的出发点和对象是人。它从人的需要出发,注意的是人的利益和进步。"[④] 诸多希腊哲学家,如伯里克利、德谟克利特、普罗塔格拉、苏格拉底、柏拉图等都曾高度关注人存在的物质世界和灵魂世界。"这是古希腊最吸引人注意的地方,因为它是以人为中心,而不是以上帝为中心。"[⑤] 但是随着西方中世纪和封建时代的到来,宗教神权和封建王权严重束缚和压制人的精神世界与精神

[①] 姚建宗:《信仰:法治的精神意蕴》,许章润等:《法律信仰——中国语境及其意义》,广西师范大学出版社2003年版,第43页。

[②] 杨金颖:《法治的人文精神论析》,《江西社会科学》2013年第1期。

[③] 汪太贤:《人文精神与西方法治传统》,《政法论坛》2001年第3期。

[④] [瑞典]安·邦纳:《希腊文明》,转引自[苏]鲍·季·格里戈里扬《关于人的本质的哲学》,生活·读书·新知三联书店1984年版,第28页。

[⑤] [英]阿伦·布洛克:《西方人文主义传统》,董乐山译,生活·读书·新知三联书店1997年版,第14页。

自由，由此引发了西方历史上著名的"3R"运动，① 向整个人类社会展现了追求自由这一基本精神需求所能爆发的生命力和战斗力。通过长期的宗教改革、思想启蒙、资产阶级革命与改良，西方国家将神权和王权赶下统治神坛，代之以法的治理（rule of law），将自由作为最主要的法治精神，通过宪法和法律捍卫和实现自由。而宪法和法律，其治理对象便是人的外在行为，而不是其他。

因此，当我们重新审视西方国家法治建设史可见，西方法治强调法律是行为规范，明显抗拒统治阶级利用法律（rule by law）侵犯人的精神世界有其历史合理性，这是西方社会对自身历史的应有反映。这种担心法律侵入人的自由精神，导致人性丧失的观念，② 在斯宾诺莎的论述中获得证实："若是法律侵入思辨领域，把人的意见加以法律审判、定罪，必然激起反抗，若是一个人判断事物不能完全自由，没有拘束，则从事于科学与艺术，就不会有什么创获"。③ 而按照康德的说法，法律只应涉及人们外在的和实践的关系，不应涉及愿望和意志的具体内容。④ 更加极端主义者如凯尔森认为，法律秩序"只严格地指人们的行为符合法律的秩序。其中丝毫不涉及关于这一行为的动机，尤其不涉及来自法律秩序的'精神压迫'"。⑤ 这些学者旗帜鲜明地支持将法治的治理对象限定为行为。不仅如此，还有很多学者遵循和尊重最为基本的人性需求，认为西方国家的法治精神应以自由为第一要义。如费尔巴哈就指出，追求幸福的愿望是人首要和基本的愿望，而追求幸福，就是追求自由。⑥ 这些西方国家法治建设史也证明了，人的精神自由是无法被抹灭和忽视的。

---

① 3R 运动指西方世界 15、16 世纪末向近代转化时期出现的文艺复兴、宗教改革、罗马法复兴的总称。因英文首字母都以 R 开头而得名，其英文是 Renaissance，Religion reformation，Revial of Rome Law。

② ［德］黑格尔：《法哲学原理》，范扬、张启泰译，商务印书馆 1982 年版，第 220—225 页。

③ ［荷］斯宾诺莎：《神学政治论》，温锡增译，商务印书馆 1963 年版，第 277—279 页。

④ ［德］康德：《法的形而上学原理——权利的科学》，沈叔平译，商务印书馆 1991 年版，第 38—40 页。

⑤ ［奥］凯尔森：《法和国家的一般理论》，沈宗灵译，中国大百科全书出版社 1996 年版，第 14 页。

⑥ ［德］费尔巴哈：《基督教的本质》，荣震华译，商务印书馆 1984 年版，第 113 页。

在西方国家法治建设的历史进程中，有以下三个重要经验值得借鉴：一是理论准备较为充分。通过古典自然法学家的鼓与呼，整个社会对法治精神有较为充足的理论准备，社会民众对国家未来法治建设所需要的法治精神有较为深入的认识与理解，并迫切想要将法治精神转化为社会实践。理论界准备充足、阐述充分，实务界与普通民众对法治精神有较为扎实的社会认知，两者之间形成有效互动，共同推进法治精神的实践转化；二是宣示文件较为明确。通过宪法、宪法性文件（各类宣言等，如美国《独立宣言》、法国《人权和公民权利宣言》等①）直接向社会民众宣告国家所珍视的法治精神，如自由、正义、平等、人权等，这些重要文件最直接的作用就是重申和深化了从古希腊时期开始，但在中世纪被打断的，对人的精神世界的善良关照，并以此为基础建构资产阶级国家，赋予资产阶级法律以精神内核。三是宣传与推广较为有力。通过不间断的立法与司法活动，通过塑造各类典型判例，深入解释、实现和捍卫法律中所蕴含的法治精神。以上述三者为基础，西方国家如今已经形成这样的"法治状态"——内则以法治精神为核心实现人的精神需求，外则以法律规则为基础规范人的外在行为，两者协调一体，在构建资产阶级法治的过程中几乎同时实现，一体两面未被割裂。这种法治精神的生成与实现几乎与法治实践和物质维度同步的情况，极大地推动了西方国家法治建设历程，也是其取得法治成功的关键所在。

在西方国家建设和实现法治精神维度进程中，因为政治体制、经济状况与社会状况等方面的趋同性，在法治精神维度的建设历程上也相互影响、相互借鉴，具有较大相似性，法治精神也具有较为宽泛的普适性与开放性，如自由、民主、平等、人权等精神即被西方国家认为有普世价值，值得广泛传播。我国作为后发法治建设国家，最易取得法治成就的是先行

---

① 美国《独立宣言》指出："我们认为这些真理是不言而喻的：人人生而平等，造物者赋予他们若干不可剥夺的权利，其中包括生命权、自由权和追求幸福的权利。为了保障这些权利，人民才在他们之间建立政府，而政府之正当权力，是经被统治者的同意而产生的。"参见［美］菲里森《美利坚共和国的成长》（上），南开大学历史系美国史研究室译，天津人民出版社1980年版，第432页。法国1789年的《人权和公民权利宣言》第2条亦指出："任何政治结合的目的都在于保护人的自然和不可动摇的权利。这权利就是自由、财产、安全和反抗压迫。"参见［德］耶里内克《人权与公民权利宣言——现代宪法史论》，李锦辉译，商务印书馆2012年版，第3页。

构建和完善社会主义法律体系，但也因此存在法治建设的"深化"难题。因此在建设法治国家这一宏伟目标之时，除了应当吸收和转化西方法治可资借鉴的制度体系之外，也应当逐步建构有中国特色的社会主义法治精神体系，通过法治精神维度的建设和完善，有效推进和深化法治建设，也更有效地提升法治国家目标的正当性和社会可接受性。

四 地方社会治理法治化中法治精神的外在建设路径

建设法治社会精神维度的正当性已经毋庸多言，目前最主要的难题是：如何建设法治精神维度，换而言之应当如何促成法治精神维度的成型与落地？

一般精神或价值观的建设需要通过外在和内在的合力，所谓外在，即借助各种主体、制度、文化等的力量，实现法治精神的认知与认同；所谓内在即法律体系内部、法治运行诸环节内部如何建设法治精神的问题。内外区分的视角有助于我们明确法律外部与法律内部在建设法治精神上的分工。本部分先探讨法治社会精神维度的外在精神过程。

精神层面的外在建设过程很容易找到相似点，无非是经历了一个"精神或价值的导入——精神或价值世界的演变——精神或价值影响主体行动"的历程，法治精神的作用机理与此相同，只是在导入法治精神时，必须满足三个基础条件：首先，必须确立法治社会之基本精神，哪些是契合中国法治社会建设需求的法治精神，这些法治精神与社会主义核心价值观体系的契合体现在哪些层面等等，必须加以分析和梳理，以此作为法治社会精神维度建设的基础；其次，法治精神必须借助特定的外在表现形式，如建筑、装饰、氛围、器物、制度、组织等，这些外在表现形式能够彰显法治与其他社会治理方式之不同，并借助这些外在形式感受法治精神，凝练法治精神之内核；最后，通过确立法治国家、法治社会、法治政府等法治蓝图与目标，以目标形成精神凝聚力，逐步促成法治精神转化为具体法治实践。

法治社会精神维度的建设要满足上述基础性条件，说易行难，基础性的理论工作包括对已有的精神观念的识别与扬弃，新的法治精神的导入与宣传，系统表达新的法治精神体系；实践性的工作，如建章立制、行为培育、宣传网络的构建等，以具体行动践行法治精神，以求精神的更新；最后是通过宣示性的工作，以某些权威性或规范性文件宣示法治精神，以精神产生动力，形成全社会对法治精神的共识与忠诚，促成法治社会的建设。

法治社会精神维度的建设实际是一个精神观念认知、辨异、认同、实践和习惯的过程。它要求诸社会主体对法治精神有足够的感知和需求，在探索和认知法治精神的过程中，找到与法治精神同向运行的契合点，形成法治精神认同的基础。同时，在法治社会建设过程中，通过法治精神的导入、宣扬，通过具体的法治实践，法治精神能够转变成为一种具体而实证的行为，并经过行为的不断实践，最终转变为一种精神习惯。

精神习惯的养成过程，就是要使法治精神在法治实践中得以真正渗透，并内化在诸多社会主体心灵深处，外化为社会主体的具体行为、习惯和性格，固化为制度和机制。法治精神对社会主体起着一种非正式的控制系统的作用。良好精神习惯的养成过程就是法治精神建设的过程。

法治精神的建设过程需要对法治精神进行广泛的宣传传播。因此一个法治精神传播的网络极为重要，在这一网络中，其基本单元包括：法治社会建设的主体行为（尤其是法治社会的领导层行为）、法律制度与规范体系、法治故事与典故、法治先进人物或榜样、法治的仪式或典礼等，这些从物质、制度、文化、主体等角度构建起法治精神维度的宣传与传播单元。

在建设、宣传法治精神的过程中，领导层的行为最为重要。因为领导层是法治精神的积极倡导者，也是法治精神的发现者和创造者，在法治精神维度的建设传播上居于核心位置。要想在社会形成具有广泛影响力的法治精神，领导者的言与行就必须使得全社会相信他们所坚持和忠诚的法治精神是具有重要意义的，唯有领导层将抽象的法治精神转化为具体的法治实践和行为，起到示范和引领作用，法治精神才有望在社会中形成。这一建设方式，与人治观念无关，与国情和人情有关。

法律制度与规范体系的建设也极其必要。法治精神终究属于柔性和软性之物，需要刚性和硬性之制度保障，只有制度保障才能促成法治精神成为一种行为，发展成精神习惯，缺乏制度保障的法治精神虽然不会空洞，却是乏力的。每一种制度背后都有其法治精神，将制度与法治精神结合在一起，制度就会有力量。

法治文化对法治精神维度建设具有特殊意义，通过对历史传统中与当下法治社会建设中的先进人物、榜样模范等的塑造与宣传，可以将法治精神具象化在某些代表性的人物身上，这种角色样板有助于引导社会诸多主体对法治精神的直接认知。与此同时，通过各种法治故事呈现出法治精神的内涵、价值观等，甚至可以将上述先进人物、榜样模范、法治故事编织成法治文化手册，成为法治精神传播的重要载体。

典礼或仪式也是法治精神的体现，如宪法宣誓、法治任命宣誓仪式等，法治精神隐含在这些外在形式中，以正确的外在形式进行活动是法治精神的表现。没有外在形式的法治精神容易衰弱和消亡，缺乏典礼和仪式，法治精神就难以展现。典礼或仪式可以多样化，但必须正式化，以正式化的方式促成法治精神的展现。

五 地方社会治理法治化中法治精神的内在建设路径

以内在方式建设法治精神，实际上是要明确如何从法律体系自身出发去建构法治精神，这就需要追问：建设法治社会精神维度，是否需要打破现有法律框架，重新界定体现法治精神的法律体系？内在建设的最大难题是寻找适合当下法治框架的可行路径，本书所设想的内在建设路径是：以法律原则为基础，通过法律原则的立法与实施，逐步实现法治精神维度。

法律原则是建设法治精神维度的直接路径。目前学界对法律原则的研究成果量多且成熟，正是基于法律原则的特性，我们才能够借助法律原则建设法治精神维度，实现法治对人的精神世界的关照。

首先，法律原则是法律价值的集中显现，也是立法目的与立法精神的集中体现。法理而言，法理原则是法理规则的指导性原理，规则不得出现与原则相互冲突和背离的情况。"有什么样的法律原则，就要求有与之相适应的规则形式，法律原则的发展要求规则或迟或早总要发生变化。"[①]法律规则受到法律原则的指导和评价，从而促使法律规则具备原则所要求的精神正当性。因而，法律原则能够从价值上确立法治精神目标，避免出现法律规则对精神世界的强制。

其次，法律原则对法律规则的续造功能使其更易实现法治精神。拉伦

---

① 张保生：《法律推理的理论与方法》，中国政法大学出版社2000年版，第441页。

茨认为,"法官的法的续造,有时不仅在填补法律漏洞,毋宁在采纳乃至发展一些——在法律中至多只是隐约提及的——新的法律思想,于此,司法裁判已超越法律原本的计划,而对之作或多或少的修正。这种'超越法律的法的续造'当然也必须符合整体法秩序的基本原则,实际上常是为了使这些原则能(相较于法律所规定者)更普遍适用,才有法的续造的努力。"① 法律原则的续造功能将进一步减少和克服法律规则生硬僵化与形式主义的弊端,提升法律适应人的各种精神需求的可能性和现实性,从而促使实证法更好地满足人的精神需求。

以法律原则建设法治精神维度,在立法领域大有可为。目前立法层面仍以法律规则为核心。虽然各法律法规在立法时均会宣示相关法律原则,但这种宣示过于简短和抽象,司法者、执法者在法律实践中既不敢解释,也不敢实施。因此,未来提升立法质量,不仅应当关注法律规则科学化,也应当关注法律原则的可实践性,以便于法律原则能够真正在现实生活中起到指导作用。

以法律原则建设法治精神维度,在司法实践中值得反思和运用。当司法判决直接冲击了民众心中正义观念,出现了价值缺失和意义漏洞时,原则就必须出场,否则容易陷入形式主义困境中,导致法院脱离社会正义需求而出现"法治的尴尬"。国内少数运用法律原则裁判的案例显示运用法律原则有一定风险,法官在解释法律原则时必须很谨慎,但却不能因为需要谨慎就讳疾忌医。

以法律原则建设法治精神维度,在行政执法领域中更加迫切和现实。行政执法与民众的关系最为密切,当前行政执法领域充斥着各种侵犯权利、忽视民众法治精神需求的现象,如征地拆迁、环保执法、城管执法等。政府机关通过自身制定的行政性法规,强行开启了侵犯宪法法律所保护的公民基本权利的渠道,也践踏了法治社会所珍视的法治精神,从而导致民众形成了"效力误解"——"行政性法规＞法律＞宪法"。因此如果能以法律原则审查那些可能侵犯公民权利的行政性法规,不仅有助于规范权力运行,也有助于强化执法的正当性,提升法治的可接受性。

透过法律原则建设法治精神维度,能够避免法律规则直接强制人的精

---

① [德]卡尔·拉伦茨:《法学方法论》,陈爱娥译,商务印书馆2003年版,第246页。

神世界，而以一种比较和谐自然的、温情脉脉的方式去树立法治精神和法治价值，这样则可期待法治最终成为人的精神依归。当然，如何在立法上强化和明确法律原则，如何具体运用法律原则，如何解决原则之间的冲突等问题还需要更多研究。本书的设想是，法律原则的立法和实施以保护公民基本权利为最终目的，当出现法律原则冲突时，当以目的解释为基本方法。立法目的是法律原则解释和运用的基本依据，也是其解释依据，立法目的与法律原则相配合，有助于提升法律原则的解释力，促进法律原则的具体运用。

从国内法治建设具体实践看，我们虽然期待出台宣示社会主义法治精神的基本书件（如《中国法治精神宣言》），但这在短期内难以实现。因此我们有必要在今后立法文件中改变以往对立法目的的简单宣示和对法律原则的过度抽象，更多地增加立法目的说明和法律原则内容，通过这两者表述和体现法治精神，形成对整个立法文本的实质性约束，以有效实现法治精神维度，促成法治对人的精神需求的实现与满足。

正如学者所言，"当代法治难以凭借激情之下的权利和自由口号来成就，中国的法治进程必须贯彻渐进主义和现实主义的精神，探寻特有的中国法治道路。"[①] 与此同理，国内法治社会精神维度的建设，同样是一个长期渐进过程，需要提升重视程度，并寻找合适实现路径，协调法治社会精神维度和物质维度这一对重要关系，唯其如此，中国的法治之梦才有可能真正实现。

---

① 马长山：《当代法治的平衡取向与中国法治的渐进主义道路》，张文显、徐显明主编：《全球化背景下东亚的法治与和谐——第七届东亚法哲学大会学术文集》（上），山东人民出版社2009年版，第74页。

中篇

地方多元主体社会治理法治化实证研究

第三章 地方社会治理与法治化探索的实证样本

第一节 地方社会治理的宁波样本

国家治理体系与治理能力现代化是党的十八届三中全会后的重大命题，这一命题的解读和实现不仅需要高度的理论智慧和政治智慧，更需要以具体社会实践加以阐释和完善。党的十九大强调上述主题仍然存在不少问题与困难，这就更加需要我们深入一城一地的样本进行具体分析。本书选择曾被作为中央和浙江省委确定的社会管理创新综合试点城市和样板城市的宁波市作为样本，解读新常态背景下宁波社会治理的主要成效和经验，这对于进一步完善宁波社会治理体制机制和进一步丰富上述命题具有重要现实意义。

一 宁波社会治理面临的新常态

习总书记在河南考察时曾经用新常态这一表述来形容我国经济发展的重要阶段，由此"新常态"这一重要表述引发各界的高度关注，越来越多的人用这一概念来分析和解释中国社会遇到的新问题。宁波市在改革开放之后所形成的社会治理形势，同样可以用"新常态"来概括。

宁波社会治理面临以下七大新常态：

1. 依法治理是宁波社会治理必须遵循的基本框架

法治化治理是当下社会治理最重要的思路和方法，如何通过把社会治理与新时期的法治建设十六字方针有效结合起来，全面建设法治国家、法治政府和法治社会，已经是当下时代最为重大的理论和实践命题。宁波市社会治理无法脱离这一时代背景，必须在法治框架内完成社会治理任务，这是必须面对的法治新常态背景。

2. 重视基层治理是宁波社会治理的重要内容

基层治理是社会治理的重要组成部分，是社会治理的重点和难点所在。宁波经济发展快速，已经形成了高度工业化、城市化和市场化的基本现状，在这一过程中，宁波形成了较为成熟的城乡社区，已经取代了传统的单位制，因此社会治理的主要空间必然发生改变。近年来宁波市着力构建基层社会治理网络，便是重视基层治理的集中体现。

3. 重视实现权利是宁波社会治理的法律依据

从法治角度而言，权力的来源是权利，因此广大人民享有权利是法治的基本态度，而政府必须提供保障和实现人民群众所享有权利的基本公共服务，这也是法治所确立的基本职责。近年来，因为宁波市场经济快速发展带来的人民群众权利意识的快速提升，要求实现权利保护的呼声日益深入民心，而宁波市也正是注意到来自民间的需求，从而将更多社会治理的权力下放到基层，下放到社会组织。

4. 多种手段综合治理是宁波社会治理的基本路径

综合治理同样是当下社会治理的一种重要思路和方法。综合治理的内涵在于应当建立多种社会规范体系，运用多种社会治理手段，法治是其中最为重要的手段，却并不一定是最有效的手段。社会治理的规则体系可以由不同性质、不同类别、不同效力的社会规范所组成，可以吸纳乡规民约、社区公约、行业规范等，综合促进社会治理效果。因此，宁波市社会治理体系构建必须关注多种手段的综合运用，这是构建与创新社会治理体系的基本路径。

5. 公共安全和应急管理是宁波社会治理的前提保障

法治关注秩序和安全价值，公共秩序和安全是法治运行的前提也是目的。个人安居乐业、社会稳定和谐、国家长治久安，都需要建立在公共秩序和安全基础上。社会治理体系构建应当以公共安全和应急管理为基本保障。因此宁波市社会治理体系构建应当特别注重建立健全安全的生产与监管制度、建立健全食品药品的安全监管制度、流动人口管理制度、社会治安综合治理制度等。

6. 重视和培育社会组织是宁波社会治理的主要创新

现代社会治理不仅要求完善政府部门的治理权力，同时也要求完善社会组织的治理权利。尤其是在政府部门治理权力无法满足日益膨胀的社会治理需求之时，培育和发展社会组织，通过政府购买社会组织服务的方式，有效发挥社会组织的治理作用，弥补政府公共服务能力不足的缺陷，这才是精明政府应当采取的治理之道。

7. 重视互联网治理是宁波社会治理的时代要求

互联网自产生以来就问题不断，互联网治理问题已经成为当下政府和社会极为关注的治理新内容。互联网作为一种工具和手段，既是社会治理的对象，也是社会治理的手段。党的十八届三中全会以来国家按照"积极利用、科学发展、依法管理、确保安全"的原则，建立和完善互联网管理体制机制。从镇海和北仑发生的事件而言，宁波在应对互联网问题上较为迟滞，对互联网这把"双刃剑"的治理还比较缺位。

二 新常态带来宁波社会治理的三大挑战

1. 依法治理的基本要求带来宁波社会治理法治化的挑战

近年来，法治宁波建设取得了较多成绩，通过完善立法，如出台《宁波市预防和制止家庭暴力条例》（2008年11月实施）、《宁波市住宅小区物业管理条例》（2010年1月实施）、《宁波市城市供水和节约用水管理条例》（2010年6月实施）、《宁波市医疗纠纷预防与处置条例》（2012年3月实施），规范执法，如出台《宁波市人民政府重大行政决策程序规定》《关于深化行政审批制度改革推进行政审批标准化建设的实施意见》等，但法治宁波建设仍然存在不少问题，主要体现在社会管理领域的立法偏少、执法规范有待完善、公众参与和社会协同法治水平有待提升、社会治理主体法治水平还需加强、法治文化还需深入宣传等方面。

2. 基层治理的复杂性带来宁波社会治理基层化的挑战

宁波社会的基层结构近年来有较多深刻变化。如人口结构变化带来本地居民与外来人口之间的治理复杂性。根据宁波市外来人口办公室的统计，截至2011年底，外来人口在宁波的登记人数已经达到了430万，这一数量已经超过杭州成为全省榜首，这一人口总数已经相当于全市户籍人口的75%还多些。而根据劳动保障部门所统计的外来务工人员已经达到349万，大量外来人口带来宁波社会治理的巨大挑战。例如大型商圈不断兴起，带来企业之间、企业与员工之间矛盾纠纷治理的复杂性。

与此同时，目前基层社会治理体系基本上是一种"扫帚型"的治理体系，社会治理从省—市—县—乡镇—村或省—市—区—街道—社区，社会治理意图从上到下的传达结构如同一把"扫帚"，基层社会治理的愿景寄托在各个基层组织——村与社区，但作为发挥"扫帚"主要作用的基层组织，却有着"难以承受之重"。

3. 互联网治理能力缺乏带来宁波社会治理网络化的挑战

互联网已经成为当下社会新常态的重要内容，互联网所带来的生活方式、利益诉求表达、抗争方式等变化已经深刻影响了人民群众的生活。"今天你不重视互联网，明天互联网就让你高攀不起。"从宁波社会治理体系中对互联网的关注而言，已经将互联网列入重要议程，并构建综合信息网络系统，利用互联网发挥社会治理作用，但从实际应对——镇海与北仑事件而言，非常明显地凸现出宁波网络治理能力不足、网络危机管理能力不足、电子政府作用力度不强、公共关系处理能力脆弱等问题。但因为互联网治理存在的非时空性问题，单纯依赖于一省一市已经难以应对当下网络问题的复杂性，因此更加重要的是提升网络风险预警能力、网络治理能力和危机管理能力。

三 新常态背景下宁波社会治理的主要典型

宁波在创新社会治理体系的进程中，作为代表性试点的主要有：创新基层社会服务管理模式、建立健全社会矛盾联合解决机制、全面推行重大事项信访维稳风险评估制度、创新完善县域社会治安动态防控体系、建立健全网络社会综合监管体系、探索新经济组织管理服务机制、探索新社会组织培育管理机制、建立完善外来务工人员服务管理体系、建立完善公共安全基层监督管理体系、建立完善城市管理综合执法机制、积极构建公共服务平台、建立社会管理综合信息系统等方面。从治理理念而言，宁波社会治理体系主要是合作治理与协同治理、系统治理与源头治理的体现，因此从现有工作成效而言，宁波社会治理体系的主要建设经验是：基层化，民间化，规范化，系统化，比较符合党的十八届三中全会《决定》中所强调的，改进社会治理方式，坚持系统治理、坚持依法治理、坚持综合治理、坚持源头治理。限于篇幅，本书这里主要介绍大调解的经验。

宁波市大调解体系是规范化与综合治理的典型体现。规范化是宁波社会治理的又一重要经验,所谓规范化,主要是对政府权力进行规范,通过制度和程序的塑造规范政府权力运作。所谓系统治理,既有大系统治理,也有小系统治理。所谓大系统治理,是指整合所有社会治理主体,如党委、政府、社会、基层组织、个人等力量等形成一个多元主体系统,这些主体相互之间是一种平等合作关系,通过平等协商、利益分享的方式,形成有效和良性互动机制,共同推进社会治理。小系统治理,指的是权力系统的治理与权利系统的治理。前者指社会治理的权力主体完善自身治理系统,形成联动治理、综合治理,对自身治理能力进行系统提升。后者是指社会治理的权利主体相互之间形成一个有效的民间治理系统,成为当下政府治理的重要补充。宁波市系统治理的一个例证是原江东区大调解机制的系统构建。

宁波市原江东区为宁波市老三区之一,辖区有 8 个街道,77 个社区。作为宁波市重点建设城区和重点金融商业区,江东区的经济发展程度在宁波市各县市区中排名较为靠前。自 2000 年以来,江东区经济发展进入快车道,但在经济发展之时,江东区面临两个重点难题:一是经济发展带来企业之间的冲突增多、劳资冲突增多;二是外来人口激增,在为城区建设做出贡献的同时,也产生了诸多社会冲突。因此从 2003 年起,江东区开始探索民众参与、公民自治的矛盾纠纷解决方式,积极培育民间调解力量,形成"老娘舅"调解组织,调解家庭矛盾、邻里纠纷、劳动争议等。

2004 年,党的十六届四中全会提出构建和谐社会的目标引发了全社会对矛盾纠纷化解机制的思考,2005 年理论界顺势提出"大调解",法学界也开始了对大调解的法理研究。2007 年各地开始践行党的十七大提出的"建立健全党委领导、政府负责、社会协同、公众参与的社会管理格局"。这期间江东区坚持对基层民间调解的探索,并且发现很多矛盾靠"老娘舅""单打独斗"难以有效化解。首先是难以应对因城区建设、土地征用、拆迁安置、旧村改造等带来的群体性纠纷,如 2004 年东港波特曼工程群体性纠纷涉及人数 398 户,涉及金额达 2320.8 万元;其次是难以应对大量外来人口纠纷,江东区外来人口数量从 2000—2009 年以 48.51% 的年平均增长率增至 11.4373 万人,占全区人口三分之一,外来人口纠纷大量产生;再次是难以应对新类型纠纷,如餐饮娱乐等第三产业引发的企业间矛盾纠纷是"老娘舅"以前未曾接触过的,也是他们无力解决的，这需要多部门的联动与合力，也正是基于此，从机制层面破局被提上了大调解的日程，江东区委区政府开始着手整合各种调解资源，逐步建章立制，形成大调解的初步体系。

2010年江东区大调解成为宁波市社会管理创新的重点区域之一，开始走上了体系化构建与完善的进程。大调解的体系化、机制化的精髓逐渐凸显——社会协同、各方参与、整体联动、及时化解、法治保障。2010年开始，江东区社会管理创新综合试点工作领导小组开始建章立制，以制度推进大调解工作，进一步完善街道调处化解矛盾纠纷的制度流程，全力打造具有江东特色的大调解机制。

自2011年至今江东区已陆续成立72个调解中心，发展至今，江东大调解机制日趋完善。目前江东区治理机制中各类治理组织共138个，其中社会组织占84.8%，行政组织占14.5%，司法组织占7%，由此江东区已形成一个以社会组织为主，行政与司法组织为辅助和保障的治理格局。这一格局的好处在于：第一，能够最大程度发挥社会组织的作用，真正有效减轻行政与司法的压力，有效实现社会秩序的稳定。作为广布于江东区的民间力量，已经突破了传统治理范围与内容，不仅治理传统邻里纠纷与社区纠纷，而且还调解城市建设、土地流转、环境保护、劳动争议、医疗保险、生产事故等社会难点与热点纠纷，以开放性社会组织有效容纳了各类矛盾纠纷，提供各类矛盾纠纷当事人"说理"与"释放"的场所，避免了矛盾纠纷的积压与加剧，真正从数量到质量上减轻了行政与司法的压力，有效地维护社会稳定。

第二，能够避免以行政为主导的治理体系的负作用。以行政为主导的治理体制，已经被实践证明容易产生三个问题：其一是以行政为主导的治理很容易走向权力单边化，[①]导致社会公众质疑结果的公正性；其二是以行政为主导的治理体系无疑再次增加行政压力，违背了构建社会矛盾纠纷治理机制减轻行政压力的初衷；其三是以行政为主导的治理机制无疑回到了行政权力扩张的老路，压缩了社会自治空间。因此，江东区以社会组织为主的治理体系，既能发挥行政力量的正面作用，又不至于让行政不堪

[①] 李桂红、龙海燕：《中国法文化语境下大调解的脉络梳理与冷思考》，《江西行政学院学报》2014年第1期。

重负。

第三,能够有效维护法院作为矛盾纠纷治理体系中最权威的地位。以法院为主导的治理体系,要求法院能动司法,维护社会稳定,已经弊端丛生:一是这一做法严重背离法院应有的中立裁判地位,法院很容易在调解不成之后的裁判中失去公正立场;二是当事人在法院调解无效的情况下,很容易丧失对法院的信任,质疑司法不公,转而寻求信访甚至是暴力,由此导致群体性事件的爆发。[①] 现实中以法院为主的治理体系中,法院无法真正作为独立力量发挥自身作用,真正具有决定权的依然是党政力量,法院很多时候成为党政意志的辅助力量,并无助于矛盾纠纷有效解决,更严重的是给社会公众造成司法不公、司法无能印象,导致法院丧失作为矛盾纠纷最权威裁判机构的地位。因此,摆正法院在纠纷治理体系中的权威地位,是当前矛盾纠纷治理体系构建中应当做的事情。

第二节 新常态背景下宁波社会治理的问题与建议

一 宁波社会治理的总体问题

在肯定成绩的同时,我们也清醒地认识到,社会管理创新综合试点工作中仍然存在不少薄弱环节和问题,与中央的目标要求和人民群众的期待还有不少差距,总体而言存在的主要问题是:

1. 宁波社会治理缺乏统一整合型的理念与顶层设计

虽然宁波于2010年9月19日出台《关于开展社会管理创新综合试点的实施意见》对社会管理创新做出8大内容项目的部署,并相继出台17个规范性文件对社会管理创新的具体内容进行规定,但这些规范性文件并未有统一的、整合型的社会治理理念,也没有更加清晰明确的顶层设计,因此社会治理虽有分散的部署和试点,但整个社会治理体系和基层建设试点稍显零散和碎片化,体系化与系统化程度不强。

2. 宁波社会治理体系呈现部分人治化特点,法治化深度不够

宁波社会治理的有关试点与党政领导干部的重视密切相关,具有

---

① 刘澍:《社会结构紧张视域下大调解对法院司法的影响》,《重庆大学学报》2014年第2期。

"人治特点",因此一旦失去党政领导干部的重视,试点工作可能就会陷入发展瓶颈。并且从目前已有体制机制的创新看,内容不少,却缺乏有效的法治保障,法治化程度不够深入,也正是因为法治化程度不够深入,社会管理体系理念更新缓慢,因此社会管理容易走向更加严厉的社会控制体系。这也是所有社会治理存在的基本问题,如何将人治化转向法治化,是接下来的中心工作。

3. 宁波社会治理体系经验缺乏有效总结和推广

从2010年开始到2014年,宁波已经建设了较为完善的8大社会治理体系,其典型试点遍布辖区各县市区。但对这些治理体系和试点的有效总结仍然比较欠缺,更多只是政府部门及其工作人员的感性认知,缺乏对成功经验的有效总结和推广,尤其是在学习总结和推广上较为欠缺。

4. 宁波社会治理体系的配套行政体制改革不够深入

宁波目前已经探索出较多的社会治理创新举措,并取得良好成效,但这些社会治理的创新做法真正要发挥作用还需要更加现实的条件,尤其是需要配套制度的完善,需要政府系统内部行政管理体制的改革和完善,如考核制度的完善、行政系统内部的信息共享、县市区职能部门与乡镇权责的匹配、各大社会治理的机制与平台和县市区职能部门的关系、街道与社区、县市区的关系等问题,都涉及政府系统内部管理体制的改革和完善,需要政府更进一步推动行政体制改革。

二 宁波社会治理的具体问题

从具体方面看,在社会治理体系构建过程中,存在的具体问题主要有:

1. 社会治理理念仍然较为滞后

当下社会治理从理论上已经发展到善治理论的第三个阶段,尤其强调合作治理与协同治理,强调发挥社会主体的作用,但从实践检验中,宁波政府的社会治理理念事实上仍然停留于第一个阶段——社会管理阶段,主要表现为:一是人治化的理念和现象仍然有一定程度的体现,在治理手段上偏向于运用维稳框架,尤其是在维稳工作中,更多地习惯于管理型。管理者在心态和道德上具有较高的优越感,这在很大程度上影响了社会管理的双向互动;二是经济建设重于社会建设的思想仍然比较突出,经济建设虽为社会建设基础,但如果政府在引进大项目,试图快速增长GDP的过程中,忽视社会建设,忽视民众意见,很容易造成矛盾纠纷,引发群体性事件,这从镇海PX事件可以看出;三是在重视基层自治和社会组织发展的过程中,党政部门在一开始的培育过程中起到主导地位是必要的,但在社区和社会组织发展到一定程度的时候,党政部门却没有及时转变地位,没有及时实现从主导者到引导者,从建设者到监管者身份的转变,从而导致社区和社会组织对党政部门的依赖程度依然很高;四是在维护社会利益时,对弱势群体的保护比对强势群体的保护较弱,尤其是在处理劳资纠纷之时,更加偏重企业利益保护,在处理征地纠纷之时,更加偏重政府意志的贯彻,在处理环境事件中,更加偏重于企业利益等。

2. 社会治理方式不够灵活

一是社会管理仍然是行政化方式,由上到下的行政命令虽然具有执行力,但很容易陷入简单粗暴、不适应现实的境况;二是社会治理资源挖掘不够,政府依托行政性硬管理,对其他社会治理资源,如乡规民约、习俗等的挖掘力度不够,缺少法治手段之外的辅助方式,如道德、习俗等;三是社会矛盾化解纠纷的出力方法欠缺。高位运行的社会矛盾纠纷数量说明,现有化解方法仍然存在低效情况,创新才是化解社会矛盾纠纷的出路。

3. 社会治理法治化程度较为欠缺

社会治理的基本领域十分广阔,内容极为庞杂,不少治理问题还缺乏法律规范。一个典型例证就是社会组织监管法的缺失,目前只有行政法规、部门规章以及地方性政府规章等。再如地方性法规和规章,对地方新出现的情况缺乏有效规制,以宁波为例,全市关于社会管理的地方性法规和规章有51件左右,但对于新问题,如新型社会组织、互联网问题、信访问题、公共舆论问题等还是缺乏规范。立法制度供给不足,执法层面和守法层面也并非尽如人意,有法不依、执法不严的现象也经常存在。

4. 社会治理能力有待大幅度提升

从理论而言,地方社会治理能力主要包括善治能力和法治能力,前者内容较为广泛,包含了信息收集与管理能力、敏锐判断能力、快速应变能力、舆论引导能力、科学决策能力、组织协调能力、公信力重塑能力、学习评估能力。后者主要包含立法能力、司法能力、执法能力。虽然在近年来，宁波在应对经济建设与社会建设中发生的问题已经积累了丰富经验，具备了较强领导能力，但从对部分群体性事件的处置上看，宁波社会治理的具体能力还存在以下问题：一是风险预警能力不足；二是应变决断能力滞后；三是社会动员能力相对匮乏；四是主动回应的思想与能力不足；五是舆论引导能力不足。

5. 社会治理主体的作用发挥不够充分

在社会治理进程中，政府大包大揽的社会管理模式已经遭遇严重挑战，社会主体多元治理或多中心治理已经成为当下社会发展的新常态。宁波在构建社会治理体系过程中，注重发挥民间社会组织的协同治理力量，注重基层社区的合作治理力量，但同样存在以下问题：一是社会组织作用的发挥不够充分，很多社会组织成立之后，其社会运作行为乏善可陈，真正能够发挥社会治理作用的社会组织仅占少数；二是基层社会不堪重负，"扫帚型"的社会治理体系将最终的社会治理责任落实于社区，社区在实践中被当作行政管理部门，承担起诸多行政管理任务，由此带来社区力量的分散化与碎片化；三是公民参与的程度严重不足，公民同样是社会治理的重要力量，但目前宁波社会治理体系中，开放给公民进行有效参与的渠道较少，不仅影响着公民对所在社区与村委会的认同感和归属感，更影响社区和村委会作为社会治理主体作用的发挥。事实上，设置必要渠道提供公民参与，也是当下善治理念的重要体现；四是在部分区域内，社会组织、社区和公民均难以发挥有效作用时，政府管理同样存在缺位，如城乡结合部、城乡出租屋等，因为上述社会治理主体的缺位，导致一些非主流力量，甚至是黑恶势力的趁虚而入，极大影响了社会治安状况。

6. 社会合作治理与协同治理的配套行政改革还需进一步实践

已有实践证明，社会合作治理与协同治理所依赖的社会组织、社区、公民个人，都是体制外的力量，目前来说体制内与体制外的力量仍然处于失衡状态，因此在宁波社会治理体系构建过程中，一方面是政府不断通过机制创新来增强政府的回应性，但这同时增加了体制外力量对体制内力量的依赖性，削弱了体制外力量的自主性，并造成部分机制运作的失效；另一方面，我们也关注到宁波正在不断增强体制外力量的"博弈能力"，不断投入人力物力财力培育社会组织，加强社区力量等，但效果并不明显。因此，要想真正落实合作治理与协同治理，必须进一步实现体制内的行政改革，唯有不断改革和完善政府体制以及"科层组织"整体结构，才能在政府不同层级间、不同部门间保持有效沟通与协调，从而实现社会治理体系的功能。

三 宁波社会治理体系的发展建议

从社会发展的角度而言，无论是社会管理创新还是社会治理体系现代化，其中都蕴含着新常态背景下如何正确认识社会发展根本目的的基础性问题。因此宁波社会治理体系构建首先应当从人本主义法律观出发，通过法治化保障，实现新常态背景下宁波社会治理体系的长效运行。

(一) 宁波社会治理的根本目的——人本化

社会管理创新到社会治理体系现代化，实际上转移变迁的是一种价值观念，从"权力为本"（权本），到"经济为本"（物本），再到"人文为本"（人本）。在宁波构建社会治理体系的过程中，应当注重避免"只见事不见人""因事废人"的现象。社会矛盾纠纷多发，归根结底还是因为人与人之间的社会关系发生了冲突与断裂，因此无论是社会管理还是社会治理，目的都应当是以人为本，修复正义，还原关系。人本法律观要求以人为导向而谋事，而非因事而管人，人本法律观的核心就在于，通过法律制度和规范，塑造良好公共行为和秩序，以此弘扬人性、保障人权，实现全心全意为人民服务的宗旨。

(二) 宁波社会治理的根本保障——法治化

社会治理应当在法治框架下进行，社会治理应当实现法治化，这是党的十八届三中全会和四中全会共同提出的要求。社会治理法治化，即通过完善科学的立法，对政府等公权力加以规范和约束，对社会组织和个人等私权利加以保护和促进，有效协调社会关系，解决社会问题，应对社会风险，形成一种决策科学化、流程标准化、监督制度化、考核系统化的社会治理体系，从而促成社会和谐，形成既有秩序又有活力的社会发展环境。社会治理法治化包含了科学立法、公正司法、严格执法和全民守法等主要内容。社会治理体系构建可看作是社会主义法治理念在社会治理领域的具体化，是整个法治建设的组成部分。

未来宁波社会治理体系法治化可以从以下四个方面入手：一是将法治理念作为宁波社会治理体系构建的顶层设计，并对领导干部与工作人员进行法治理念的教育培训。二是填补社会治理领域的立法空白，如民生保障、两新组织管理服务、网络管理等社会管理领域的法律法规制定还存在缺位现象。尤其网络管控方面，法规建设明显滞后。三是总结已有的成功经验并将之上升为法规。如重大事项社会稳定风险评估制度、社会矛盾联合调解制度等。四是为执法机制创新提供明晰的制度支撑。城市管理综合执法机制是宁波目前行之有效的社会管理创新举措之一，但严格从法治角度考量，还需进一步完善制度设计，厘清权责配置等问题。宁波以海曙为试点，现已逐步推行城市管理综合执法机制，尽管实践效果很好，但并未在更高层面将各条线的行政执法职能综合于一体，实际上停留在各部门"联合"执法层面，未能实现真正的"综合"执法。

社会治理的本质要求是法治化，加强社会治理的法治化，将有助于提升社会治理的品质，巩固社会治理的效果，建构社会治理的长效机制。

综上所述，宁波可以借此形成一个以合作治理理念、协同治理理念、综合治理理念为指引，以人本化为根本目标，以法治化为根本保障，以基层化、民间化和规范化为手段的基层社会治理体系。

（三）一个可能的创新——社区社会企业

1. 社区社会企业的提出

宁波社会治理体系主要通过合作治理与协同治理的体系构建来完成。因此培育社会组织成为重要内容。但什么样的社会组织能够满足基层社区治理需求？本书认为，应当寻找一种能够融合进社区、提供更多基层服务、工作积极性更高的社会组织，社区社会企业就能够满足上述要求。所谓社区社会企业，是指以满足社区基本需求为目的的新型服务组织，其手段可以是商业化的，也可以是非商业化的。它的功能包括提供社区服务、塑造社区文化、保护社区环境等。

发展社区社会企业可以成为宁波社会治理创新的重要工作内容。这一社区服务组织属于较新的概念，目前国内尚较为缺乏这一新型组织的实践内容。宁波可以在此基础上积极探索，就如何发展社区社会企业，如何发挥其积极功能进行实践，有可能在这一层面成为社会治理的典型经验。

2. 宁波市社区社会企业发展现状及存在的问题

真正意义上的社区社会企业实际上在宁波极为少数，更多是以"准社会企业"的方式在运营，如一些社会福利企业、民办非企业单位和社区服务中心。这些在很大程度上承担社会公共服务的准社会企业,并不具备社会企业的法律资质,其运营多半依靠自身努力。比如宁波美乐门家庭科技服务公司,其目的是满足社会家政服务需求,其运营方式就是通过对外来家政人员的培训,满足社区内家庭需求。但它并非是公司,并未取得法人资格,也不是公益组织,身份定位上有疑难。

整体而言,宁波社区社会企业发展滞后有以下问题:

社会对社区社会企业的认知程度较低。虽然从近些年的实践看,宁波公益组织的发展较为迅速,但社会尚未完全接受这种公益观念,社区社会企业想要满足公益认知,还有很长的路要走。

社区社会企业的运行经费不足,严重限制发展。从性质而言,社区社会企业主要从事公益性活动,资金来源较单一和困难,加上面向社区居民,获得资金手段更少。由此导致这些企业难以扩大宣传、提升社会认知,也难以有效拓展业务。

法律供给不足。社区社会企业究竟处于一种什么样的法律状态,并没有专门的法律法规加以规范,缺乏法律规定,是社区社会企业发展的法律困境。

3. 发展宁波社区社会企业的建议

宁波目前的民间非企业单位、福利企业、社区服务中心,都是立基于社区、服务社区的社会组织,将这些社会组织改造为社区社会企业,将是一个极具可行性的路径。同时,要加快发展社区社会企业还必须关注以下方面:一是制度创新,通过借鉴国外经验,将目前较为零散、混乱的社区社会组织有效整合起来;二是建立健全社区企业发展的法律法规,明确其法律性质和法律地位,加快建立扶持机制,提供资金和政策的支持。

第三节 宁波市社会治理法治化的实践与探索

近年来,宁波始终坚持按照建设"法治宁波"的要求,把社会治理创新纳入到法治化、制度化轨道,不断深化"法治宁波"建设各项工作,全力提高社会治理法治化水平,取得了积极成效。但是,由于推进社会治理法治化任务任重而道远,也还存在不少需要面对和解决的问题。

一 宁波推进社会治理法治化的主要做法

自2001年以来"法治宁波"的建设卓有成效,奠定了整体法治环境的基础,结合社会治理创新试点工作,宁波的社会治理法治化建设也获得了有效的推进。

1. 逐步完善社会治理领域立法

重视社会治理,立法规划向社会领域倾斜。2007年在市第十三届人大常委会五年立法规划项目库中,立法建议项目共有53件,其中社会事务类13件,如慈善事业促进、预防制止家庭暴力、促进行业协会发展、养老事业促进等,财政经济类12件,城建农资环保类14件,教科文卫类14件①,目前基本都已完成。2012年宁波市第十四届人大常委会五年立法规划项目库,共有50件立法建议项目,其中社会事务类12项,财政经济类13项,农业农村类7项,城建环资类7项,教科文卫类11项②,这些立法项目已经基本落实。实际上,教科文卫类和城建农资环保类的许多立法项目也属于社会治理领域的立法,如物业管理、医疗纠纷调处、食品安全监督等。

积极分析与总结地方治理创新实践,通过立法方式固定有效的经验。作为社会治理创新的综合试点城市,宁波在试点工作过程中创造了许多新做法好做法,探索出许多新经验好经验,并通过地方性法规规范和固定部分经验。其中一个典型就是2008年宁波在全国率先出台政府规章《医疗纠纷处置暂行办法》,引入以医疗纠纷人民调解委员会和保险理赔处理中心为核心的第三方调处机制,由此塑造医疗纠纷依法解决的社会氛围,被国内媒体称为"宁波解法"。2012年3月1日《宁波市医疗纠纷预防与处置条例》正式实施,将这一"宁波解法"升格为地方性法规。

针对现实问题,制定具体领域法规。新形势下的社会治理遇到了许多新问题,主要集中在资源保护、社会保障和公共事业促进等与广大人民根本利益密切相关的领域。面对这些现实而迫切的问题,宁波不断探索,出

---

① 关于征求《宁波市十三届人大常委会五年立法规划项目库(草案)》意见的通告,http://www.nbrd.gov.cn/art/2007/8/15/art_ 5043_ 271527.html,2017 – 08 – 15。

② 《宁波市十四届人大常委会五年立法规划项目库(草案)》,http://daily.cnnb.com.cn/nbrb/html/2012 – 08/31/content_ 517514.html,2017 – 8 – 31。

台了一些法规规章,强调了解决地方社会发展的需要,体现了地方立法的针对性:针对近年来家庭暴力现象呈逐年上升趋势的状况,制定了《宁波市预防和制止家庭暴力条例》(2008年11月实施);为调处业主与物业服务企业的纠纷和对物业管理进行指导、监督,制定了《宁波市住宅小区物业管理条例》(2010年1月实施);针对供水企业与物业公司和用户之间存在很大争议和纠纷的突出问题,制定了《宁波市城市供水和节约用水管理条例》(2010年6月实施)等。

2. 全面规范社会治理领域执法

宁波市各级行政机关依法履行社会治理、公共服务职能,做到不失职、不越权、不推诿。据统计,2011年上半年,全市行政执法机关承办行政处罚案件744953件,办结705708件,办结率为95%;受理行政许可案件955615件,准予行政许可951650件,不予行政许可3965件,办结率100%。

规范行政与执法程序。一是健全市政府重大行政决策工作机制,出台《宁波市人民政府重大行政决策程序规定》,其中特别提及专家论证、公众参与、合法性审查和集体讨论决定是重大行政决策的必经程序。二是积极推动标准化的行政审批制度,出台《关于深化行政审批制度改革推进行政审批标准化建设的实施意见》,目前由行政审批服务通用基础标准、服务提供标准、服务保障标准等3个母体系和10个子体系组成的行政审批标准体系框架基本形成,行政审批标准化建设取得突破性进展。三是鼓励和倡导各级政府、部门建立健全法律顾问制度。成立市政府法律顾问团[①],印发《关于加强政府法律顾问制度的意见》和《宁波市人民政府法律顾问工作规则》,规范专家学者有序参与政府和政府部门的行政决策、规范性文件制定及其他涉法事务的处理和咨询服务。如余姚农村客运公交化改造的风险评估与预防化解过程中,所有相关处理方案、通知以及与客运车主所签订的协议等各类文书,全部请律师参与,并在制订处理方案时注意找寻法律依据,确保处理行为依法依规。

扩大社会共同参与。一是保障公众对社会治理决策的知情权、参与

---

① 首届市政府法律顾问团,聘请宁波市部分院校、律师事务所的15名法学专家学者为市政府法律顾问。

权。落实《关于公众参与规章制定工作若干意见》，开发运用地方立法草案意见征集网络系统，拓宽地方立法草案征集公众意见的渠道，公众参与政府立法的深度和广度进一步提高。二是依法充分吸收社会组织和公众力量参与社会治理。通过服务外包的形式，转移政府职能、促进社会组织参与社会治理，如由政府购买食品药品检测服务，有效区分监督管理和检测服务的不同职责；引导并规范普通群众参与社会治理执法，如交通协管员协助民警管理城市交通秩序，但不得直接从事交通违法处罚、开具法律文书等路面执法工作。

加强行政执法行为的监督与检查。一是落实依法行政报告制度。每年，市政府都要向市人大报告政府依法行政工作，各部门则向市政府报告。依法行政、法治政府建设。二是严密组织行政执法责任制年度目标管理考核。市法制办会同市考核办印发行政执法责任制目标管理考核办法，对县（市）区政府和市级行政执法机关依法行政工作进行全面部署和考评。三是开展各类专项检查活动。由市法制办牵头，开展规范行政处罚裁量的专项检查活动、行政处罚案卷的定期评查活动等，及时检查、纠正和指导行政执法中存在的问题。四是构建网上行政执法暨电子监察系统。2011年10月市政府下发《关于宁波市网上行政执法暨电子监察系统建设的实施意见》，构建科学、简便、实用的行政执法业务和行政执法监察一体化网络平台，实行全过程、全覆盖的监督、预警、评估，规范执法流程。

注重提升执法人员的素质。着力"治权""治官"，规范行政、执法等权力的行使。一是着力改进作风。切实加强各级领导班子制度化、规范化、程序化建设，做到依法履职、规范用权、照章理事。2014年在全市范围内开展"三思三创"和服务型政府建设活动，进一步深化"阳光热线"和96178投诉中心建设，依法处理公民、法人和其他组织提出的投诉和举报。二是提升一线执法人员的执法水平，坚持"持证上岗"制，定期组织新任行政执法人员综合法律知识培训、执法资格培训与考试，各部门结合工作实际组织各种行政执法业务培训。突出卫星城市和中心镇等基层执法人员乡镇专题和综合法律知识的培训考试。

3. 注重司法参与社会治理的积极功能

作为社会治理重要力量和组成部分的司法，在加强和创新社会治理中独具特殊性。司法机关的作用除了依据本身职能之外,还被社会赋予了法律援助,化解社会矛盾纠纷,维护社会和谐稳定等积极功能。

重视人民调解功能,创新司法与人民调解有机结合的机制。宁波开展联席联动创新机制,即在主要司法部门,如法院、检察院、公安等与信访、综治及具体行政部门联席联动,共同建立矛盾纠纷联合调处机制,有效衔接司法调解与行政调解、人民调解,提升了矛盾调处的效率和司法资源的效能,通过努力,2014年法院案件受理量下降40%,信访人数下降50%,劳动争议案件下降48.5%。主要工作有:一是根据纠纷性质建立各类联调组织和平台。针对交通事故纠纷、医患纠纷等突发频发的情况,根据矛盾纠纷的性质,分类建立了劳动争议人民调解委员会、交通事故纠纷人民调解委员会、医疗纠纷人民调解委员会等行业性专业人民调解组织,以物业服务纠纷快速处理机制为例,区级物业主管部门、人民法院、属地街道办事处组成物业服务纠纷快速处理工作小组,三家单位依托各自职能进行综合化解,其中人民法院担任司法调解工作,发挥其在矛盾纠纷化解中的终局性作用。二是建立根据一般区域和特殊区域的不同建立联合调解组织。一般区域的基本单位是以村、居(社区)、乡镇(街道)为基础,通过基层联合调解组织的全面覆盖,基本实现了"小事不出村、大事不出乡镇、矛盾不上交"。特殊区域是中央商贸区、风景旅游区、高校园区等特定区域人民调解委员会,其中天一中央商贸区是率先在全国建立的区域性联合调解委员会。

完善法律援助,促进司法服务深入群众。一是成立各级法律援助机构。目前全市法律援助机构的沿街"落地"窗口建成率基本达到100%,形成"一小时法律援助服务圈",甚至"半小时法律援助服务圈"。仅2015年1—6月,全市各级法律援助中心即接听电话11901人次,接待来访13865人次,受理案件4827件。二是扩大援助范围。2009年起对法律援助经济困难标准放宽至最低工资标准(2009年起施行),受案范围向农村倾斜扩大,并出台《宁波市法律援助案件补贴细则》(2009年3月起施行)以补贴法律援助工作。三是开展各类法律便民服务。便民就在于"送法进村""送法进社区",通过送法上门、律师进村和进社区等活动,开展法律为民和法律便民服务。

4. 积极优化社会治理法治化环境

法治化社会治理是一个长期过程，整个过程离不开社会共同努力，应当通过多方努力形成一个讲法、懂法、信法的文明法治环境。

健全公务人员学法用法机制。与普法有机结合，通过形成常态化、制度化的学法用法机制，促成公务人员法治意识提升。一是大力加强关键少数即领导干部的培训工作，"市长学法日"、常务会议学法等制度形式应当一以贯之，而不能成为一时风景。将基本的法律知识列为中青年培训、处级干部轮训、新录用公务员培训、军转干部培训的必修课程。将学法用法情况纳入目标管理考核体系，强化日常检查考核。二是突出行政执法人员培训。市法制办每年集中力量组织各类行政执法人员执法资格培训班，市政府各部门结合工作实际组织各种行政执法业务培训。2014年共有1866名新上岗执法人员参加了行政执法资格培训和考试，考试合格率达到80%，11000多人次执法人员参加了法律知识更新培训。三是创新和丰富学法形式。通过课题研讨、专题培训、会议学法、网上学习等形式，并整合政府网络平台资源，推行全市公务员统一学法考试。

完善法治文化传播体系。一是进一步加强法制知识和法治文化的传统宣传方式。如广场活动、发放资料、上门普法以及户外广告、媒体展播等。2011年市法制办编制完成2010年宁波市法规规章汇编册，发行国、省、市法律法规规章汇编1610套（册）。通过"法律进楼宇"等上门普法方式，企业员工在劳动就业、社会保障、生产安全、收入分配等方面的权利意识和依法维权能力普遍增强。二是积极通过新媒体、新方式向社会公众提供法制信息和服务。2011年正式开通宁波普法网。市政府法制办通过其门户网站（宁波政府法制信息网）向社会公众提供法制信息和相关服务，2015年全年发布法制新闻1495条、公开政务信息146条、发布法制工作信息和图片信息1093条，并办理群众网上（信函）信访件157件。

营造公众参与社会治理法治的氛围。一是开放渠道扩大公众直接参与，通过直接参与增强公众对社会治理法治化的认知。目前人大正在积极建设基层立法工作点联系制度，通过立法论证会、听证会和座谈会等多种方式联系基层社会，充分听取基层意见，进一步加强立法工作与社会实践、基层群众的联系。二是加强面向全社会的法治文化建设。宁波出台浙江省首个《关于加强社会主义法治文化建设的实施意见》并配置相关行动方案,从法治文化阵地建设、法治文化活动、法治文化传播、法治文艺创作、法治理论研究、法治文化建设合力六个方面提出具体建设要求,推动全市公民法律素质的持续提高,努力营造良好法治氛围。

二 宁波推进社会治理法治化的不足

在各县(市)区、各部门的共同努力下,宁波社会治理法治化整体水平有了较大程度提高。但是与社会治理发展的未来形势和要求相比,与先进城市的发展成就相比,还存在着较大的不足。总体看来,不足之处主要表现在以下四个方面。

1. 社会治理领域立法有待加强

就目前的情况来看,宁波未能把法治化作为社会治理的顶层设计内容放在先行考虑的位置,未能充分、及时把社会治理创新与地方立法建设结合起来,整体规划和配套立法在一定程度上滞后。

顶层设计还存在缺位现象。整体而言,宁波虽然对基层社会治理和基层建设出台过文件,但并未对系统推进社会治理法治化有专门的纲领性文件。而有些城市在社会治理法治化方面已经有纲领性文件,如长沙已经率先推出了《长沙市推进社会治理法治化实施纲要》。从实践看,宁波的社会治理主要是以项目形式推动,固然有利于从局部和试点推动社会治理工作,但从整体意义上就比较缺乏高层面、系统性的设计,相关调研和部署虽然已经展开,但还未能形成有具体部署和任务安排的专项规划或纲领性文件。

部分社会治理领域立法存在空白。和全国其他城市一样,宁波社会治理面临着不少新问题新情况,还有不少领域的法律法规存在空白,或缺乏及时清理、更新。如民生保障、两新组织管理服务、虚拟社会治理等社会治理领域的法律法规制定都还存在缺位现象。尤其虚拟社会管控方面,法规建设明显滞后。由于网络的种种特性,网络社会治理的许多标准和规则不明确,由此带来公众不理解、政府操作难等一系列问题。除了欠缺有针对性和实践性的法规,与现有法律的对接也有困难,以至于相关管理难以充分实现有法可依、有据可循。

一些社会治理创新经验未通过立法固化、稳定。在社会治理创新中,宁波偏重实践，在政策探索和服务创新上都已形成不少积极有效的经验，甚至广为其他城市所学习和借鉴。但这些证明了有效的举措、方法、模式，往往停留在经验层面，尚未通过进一步整理、总结和提升，以法律法规的形式明确、稳定下来。立法跟进有所欠缺，也导致了一些好的经验未能以更规范的形式有效推行开去。

2. 社会治理执法规范有待完善

当前社会治理面临的形势复杂，执法原本就有相当难度，宁波社会治理执法中存在部分欠规范、欠到位的问题。

执法权责不到位或不对应。在社会形势不断变化、政治改革正在探索的背景下，现实中存在一部分行政执法权责不对应的问题。一是权责未能完全到位。如有些派出机构没有真正将行政执法权下放，内部授权没有充分到位，其派出机构负责人和执法人员没有行政许可、行政处罚等的决定权，只有检查权，其具体执法过程运作还是比较复杂，需要层层审批把关。二是委托执法不规范，造成权责不对应。存在受委托单位不符合法定要求的情况，例如中心镇委托执法时往往未将行政许可和行政处罚分别委托给行政机关和事业单位，这是违背法治要求的。

执法机制创新缺乏明晰的制度支撑。城市管理综合执法机制是宁波目前行之有效的社会治理创新举措之一，但严格从法治角度考量，还需进一步完善制度设计、厘清权责配置等问题。宁波以海曙为试点，现已逐步推开城市管理综合执法机制，尽管实践效果很好，但并未在更高层面将各条线的行政执法职能综合于一体，实际上停留在各部门"联合"执法层面，未能实现真正的"综合"执法。这就使得"综合执法"这一制度设计的效果打了一些折扣。要进一步改良现有机制，有待于在执法体系设计上进行一定突破，为实现真正的综合执法提供支撑。

3. 公众参与社会治理的协同性有待提升

协同治理是当下社会的重要理念，公众参与是协同治理的一个典型要求。通过公众参与的社会治理决策和行动，比那些没有公众参与的决策和行动更具有正当性和合法性，这也是现代民主的一个重要体现。从实践看，当下宁波社会治理在某些领域仍然存在政府过度主导，公众参与不足的问题。

社会治理决策领域并未开放足够的公开渠道。包括在起草阶段哪些草案应当公开征求意见的决定权还在决策机关，缺乏正式、明确、稳定的标准；在审议阶段，审议记录基本上是在政府有关部门内公开。总的来说，整个决策公开制度由于缺乏细则而不够规范、健全、有效。

公众参与、社会协同的实效还不高。由于原有的决策听证制度不够细化，未明确哪些属于必须听证的重大决策等关键细节，导致征求民意尚未固化程序性环节，实践中存在随意性，决策听证制度有一定架空现象。同时，当前仍存在着决策部门对于公众意愿表达大多"听而不取"的现象，严重影响了公众参与社会治理的实际效果，并容易引起群众的不信任感而带来恶性循环。

公民与决策部门之间的互动尚不活跃。许多公众参与社会治理决策部门意见征集及反馈的积极性还不够，向社会治理部门提出建议的热情不高。社会治理的决策建议来源缺乏多样化，目前主要是党政有关部门主导，社会组织的参与较少，公众的参与更少。这一方面导致各种法律和决策项目的确定存在一定随意性，另一方面不利于用前置协商的方式化解矛盾纠纷的根源。

4. 社会治理主体的法治水平有待提高

一些地方干部还不能正确认识社会治理法治化。部分干部运用法治思维和法律手段解决社会治理领域中突出矛盾和问题的能力不够强，影响了推进社会治理法治化的主动性、积极性和创造性。主要体现为部分领导干部习惯于包办包揽和行政命令，不善于民主协商，习惯于直接干预，不善于协同治理，违背了社会治理法治化的原则和要求。例如在重大事项社会稳定风险评估方面，个别单位存在认识上的偏差，主动配合不够，在开展风险评估时没有严格按照相关程序要求逐环逐步抓好工作落实，特别在分析评估风险环节，没有认真进行走访、调查、座谈，导致对风险估计不足，出现项目不能顺利推进的情况。

社会治理一线执法人员的执法水平参差不齐。中心镇执法队伍的整体素质与中心镇执法需要不相适应。一些卫星城市中心镇政府面对"城镇"向"城市"过渡、诸多行政管理职权下放的实际，思想和组织准备不够充分，行政执法力量和执法能力与赋予的职责不相适应。据调查①，中心镇普遍存在行政执法队伍结构不合理等问题，如某中心镇政府现有45名行政编制人员中55岁以上的有15名，大多数人存在知识结构老化现象，符合执法条件并持《浙江省行政执法证》仅6人。同时，也存在着由于体制机制不完善带来的问题，例如在象山县渔业海事调处中心的执法和调处工作中，由于渔业海事调处工作专业性较强，作为渔事调处人员，不仅需要扎实的船舶知识、丰富的航海知识，而且要拥有一定的法律知识如《民法》《国际法》中的避碰规则，但目前缺乏一个规范化的长效培训体系来促成一线调处人员的知识充实和能力进步，一定程度上限制了执法水平。

公众法治化水平尚需进一步培育。公众也是社会治理主体之一，但部分群众对社会治理领域的法律法规了解不够，法制知识匮乏、法治意识不强，甚至对社会治理法治化缺乏信任感，这就影响了公众依法参与社会治理的水平。例如，一些群众缺乏依法信访意识，或对正常信访、依法上诉不信任，采取缠访、闹访、重复信访等方式，本质上是一种"信访不信法"。究其原因，还是政府的法制宣传、参与渠道等方面的建设不足，换言之，社会治理领域法律法规的普及宣传有待进一步加强，依法参与社会治理的渠道方式有待拓宽和丰富。

第四节 推进宁波社会治理法治化的措施

当前和今后一段时期，是建设"法治宁波"的重要时期，也是加强和创新社会治理的关键阶段。深入推进社会治理法治化，必须始终坚持以法治的要求统领社会治理，这就是要将社会治理工作融入到法治建设中，以法治化作为方式和手段推进社会治理，从而构建一种全新的治理模式，全面促进宁波社会可持续发展。

从内容看，社会治理法治化内容十分复杂，并不是一项容易以行政权力推进的工程。想要推进社会治理法治化，必须有效协调法治运行的诸多环节，必须立足当地，基于实践，也必须结合理论。这项复杂系统工程，

---

① 张剑飞：《关于中心镇行政扩权问题的实践与探索》，转引自某中心镇资料。

在实践中必须找到准确的着力点和用力点,本书提出从以下方面着力推进宁波社会治理法治化。

一 推动法治文化建设和普法工作

社会治理走向法治化是社会共识,但这种共识仅仅是较为浅层次的认知,并未转化为一种行动的理念。传统的社会管理理念仍然占据主导作用,这种现状的改变必须依靠对法治化的理念加以扭转。

1. 重视法治文化建设

法治文化是法治建设的文化基础,也是法治建设的文化结果。法治文化的建设,不能等待法治建成后再来检验,而是必须结合法治建设。在我们推进社会治理法治化过程中,必须关注社会治理法治文化建设。这既是实现"文化强市"的重要内容,也是推进社会治理法治化的重要保障。宁波需要在先行颁布实施的《关于加强社会主义法治文化建设的实施意见》(甬党办〔2012〕93号)基础上,进一步创新法治文化建设平台、强化法治文化生产和传播能力。必须厘清的是,法治文化建设同样需要工作机制和合力建设。党的十九大所要建构的全面依法治国领导小组实际上就是为了提供法治建设的工作机制和合力。因此我们可以尝试构建社会治理法治化领导小组,全面引导社会治理法治化,包括社会治理法治文化建设,深入社区、农村开展社会治理法治文化建设;与此同时,注重理论研究,尤其是要发挥高校、社科院、法学会等理论研究机构的作用,深入研究法治文化,为法治文化的实践提供理论指引;此外,要通过建构各种平台机制和公共文化设施,大力宣传和推进法治文化,甚至可以通过手机终端等传播法治文化信息。

2. 大力推动普法教育

社会治理关键的一个重点问题就是民生问题,民生是社会治理的重要目的,法治应该在这个方面发挥重要作用。而要发挥作用,就必须让民众知法,普法便带有送法的意味。民生普法非常重要,诸如物业矛盾纠纷、家事纠纷、社会保障、工伤保险、食品药品安全、征地拆迁等,都是民生问题,都非常需要普法工作,让民众知法懂法,有助于化解矛盾纠纷,塑造和谐稳定的社会秩序。普法的方式可以多样化,不一定是讲座性质,可以突出重点问题,抓住主要民生法律,编印成册,可以收集相关的法制故事,典型案例,以贴近民众生活为准则,同时对基层干部进行法治宣传教育,可以将法律知识考核和依法行政作为晋升的一个依据。当然,针对社会矛盾的复杂多样化,对于一些重点人群,必须给予重点关注,如闲散青少年、社区矫正人员等,采取群众喜闻乐见的方式进行法治宣传教育。

二 着力提高地方立法质量

1. 注重总结性立法和前瞻性立法

所谓总结性立法,奠基于对以往社会治理经验的有效总结基础上,没有总结,就没有总结性立法。我们必须注意到,宁波已经利用自身的地方立法权,在社会治理的诸多方面做出了先行先试立法,这些社会治理立法,贯穿了整个治理内容,诸如食品安全、社会救助、社会保障、医疗卫生等领域都是社会治理的重点,也都有了较为先行的地方立法。如今,社会治理已经开展多年,这些先行先试立法,已经到了值得认真总结的时候,到了从先行先试立法转向总结性立法的阶段。因此宁波可以在认真评估和总结过去地方立法经验的基础上,分析归纳那些社会效果好、民众比较满意和支持的地方立法,进一步将之转化为总结立法。当然,我们也必须看到,在总结时候,应当考虑未来立法的相对稳定性,避免出现朝令夕改的现象。本书建议,先行性立法、总结性立法和前瞻性立法,三者的关系是一个整体的关系,宁波目前应当更多聚焦于后两者,以有效整合之前碎片化的立法,并使得这些总结性立法成为独具特色的地方性立法。

2. 切实提高立法质量与效果

立法的追求是"良法",良法的概念首重立法质量。我国立法已经进入后立法时代——一个注重立法质量的时代,要想提高立法质量,获得良法,首先要尊重民意、充分吸收民意,使其转化为法律规定。一方面,进一步拓展立法信息公开的广度和深度,适应新形势下社会治理创新民主化的需要。灵活运用多种媒体和场所拓宽立法信息社会公开的途径,同时保障立法信息公开的连续性、完整性,从立项、起草、审议、修改到最终通过的相关工作信息都应及时、详细、完整公开,重视对社会公众意见的汇总公开和及时反馈。另一方面,充分发挥人大代表立法和公众参与立法的作用,人大代表的意见必须获得程序上的肯定和尊重,社会公众的意见也应当有一定的管道进入立法讨论程序。发挥人大代表联系所在地群众的作用,并通过新闻发布会、记者招待会、研讨会、听证会、主题访谈节目等方式,积极鼓励和引导公众关注和参与立法工作。畅通利益诉求表达渠道,保障各方利益关系人有充分表达利益主张的机会和平等的参与权利,允许不同意见之间形成质证、抗辩,以程序公正唤起社会公众的参与热情,使立法工作能够更加充分更加完善。

其次,立法要体现出地方性和科学性。地方立法不能脱离地方主要矛盾和主要问题,必须以问题为导向,有助于地方问题的借鉴和经济社会的发展。法规条文明确、具体,避免只规定行为模式不规定后果模式而导致部分法规在实践中无法落地。注重程序的规定,通过具体详尽的程序规定落实权利义务,强化可操作性。

最后,要适时清理,重视评估和更新。通常这一工作表现为立法后的质量或效果评估,通过评估发现问题,及时修改法律,情理不合乎时宜的法律。探索实现立法后评估和法规清理工作的制度化、规范化,以法规的正确、有效贯彻实施来推进立法工作的完善,全面提高立法质量、强化立法效果。

三 规范执法与公正司法

1. 加强执法规范化建设

扎实推进行政执法体制改革和规范性建设,依法严格履行市场监管、社会治理和公共服务等法定职责,不断提高社会治理执法的整体效率。首先,严格规范行政执法行为。着力强化行政执法程序建设,进一步明确执法流程、环节、期限和步骤,保障执法行为有据可依、有序可循。全面落实行政执法责任制,健全调查取证规则,完善行政处罚裁量权基准制度,全面开展行政处罚裁量权规范工作。坚持开展行政执法检查活动,建立健全综合电子监察系统,促使行政执法规范、公正、透明、高效运行。其次,探索和推广社会治理执法方式创新。积极探索行政指导、说理性执法等执法方式创新,以贯彻落实《宁波市人民政府关于推行说理性行政处罚文书的通知》为基础,不断推行说理性行政处罚文书。进一步健全完善城市管理联合执法,在试点基础上继续探索和完善城市管理相对集中行政执法权和综合行政执法。此外,文明执法,注重执法手段刚柔结合。借鉴有益经验,从规则和程序设计上体现处罚与疏导相结合、刚性执法与行政指导相结合,改变执法粗暴的印象。其柔性更加突出体现为针对弱势群体和困难群体的执法关怀,争取执法效果和社会效果的统一。

2. 建设公正、高效、权威的司法

司法作为最后一道救济防线,应当是最为坚实的一道防线,因此司法应当加强自身能力和公信力建设,尤其要注重规范司法行为,避免出现枉法裁判、滥用司法权等现象,损伤司法的权威和公信力。与人们理想中的司法想象有差距的是,现实的司法往往存在诸多问题,人情案件、关系案件、金钱案件等问题频繁出现,正在向人们表明司法存在的"罪与恶"。因此,我们必须通过加强司法权自身建设、优化司法权的配置,实现司法权相互之间的监督制约,有效确保司法权朝着一个公证、高效和权威的方向运行。

四 加强依法监督力度

1. 健全社会治理各项公开制度

首先,公开的核心在于民众的知情权,唯有尊重民众知情权,设置民众实现参与权的管道,尊重民众的表达权,才是公开制度的应有之义。公开不仅涉及政务公开,也涉及党务公开,社会各项工作都应当尽力公开透明,以避免出现黑箱操作的问题,动摇建立在公开基础上的信任关系。严肃认真地贯彻落实《宁波市人民政府重大行政决策规定》,把决策启动、前期调研、风险沟通、风险评估、征求意见、合法性审查和集体讨论决定作为行政决策的必经程序,不断提高政府及部门重大行政决策的公开水平。建立健全宁波社会治理决策意见征集系统,除了书面征求各级行政事业单位意见、在《宁波日报》等主要媒体上征求社会意见建议,避免单向沟通和一头热的情况,尽力促成双向沟通和交流。其次是扩大政务程序信息公开。通过阳光工程,结合信息技术平台,实现有效的透明和公正。最后是紧急突发的事件也必须有相应的紧急状态的法律加以规则,包括紧急状态的相关信息收集、整理、审核和发布的程序及公开渠道,以取得公众的谅解、信任和支持。

2. 大力完善监督问责机制

完善对社会治理主体的职权监督和问责制度,保证党和国家机关及其工作人员按照法定权限和程序行使权力。首先,构建党内监督、人大依法

监督、政协民主监督、行政监督、司法监督和社会监督有机结合的全方位监督体系。加强党内监督，坚决查处各种违法违纪行为，切实纠正损害群众利益的不正之风，建立健全教育、制度、监督并重的惩治和预防腐败体系。人大及其常委会的工作不能削弱，必须依法监督"一府两院"依法行政、公正司法，确保法律法规有效实施。注重发挥民主党派与政协会议的监督作用，充分运用起法定发挥职权的方式，如提案、视察等。"加强人民法院依法受理、审理和执行行政诉讼案件工作，监督和维护行政机关依法行政。健全公安、检察、审批机关相互配合、制约和监督的工作机制，加大惩治和预防职务犯罪力度。"主动依靠社会力量，发挥群众力量，开放吸取民众意见建议的有效管道。其次，建立健全问责制度。问责制度的建立在于促使党政领导干部认真履行职责。建立健全责任体系，对决策失误、违法行政、滥用职权、失职渎职等行为，要严格依法追究有关领导和工作人员的责任，确保权责相统一。

五 加快建设服务型政府

推进社会治理法治化，就要求政府和社会进一步厘清职责与功能，各归其位、各尽其责，组成和谐、有序、明晰的社会治理格局。政府必须按照"法治为民"的根本目的和"服务为先"的基本要求，通过职能转移提高法治水平，与社会各部分共同构建和优化社会治理法治体系。

1. 切实加快政府职能转变

建设服务型政府是新形势下适应宁波经济社会发展的阶段特征和现实需要，也是推进社会治理法治化的价值追求和优化社会治理格局的内在要求。首先，突出公共服务职能。提供更多优质和均等化的公共服务，是建设服务型政府的题中之义。各级政府尤其是市级政府要加快推进覆盖市域的公共服务设施系统建设，提高市域社会事业发展的整体水平，促进城乡公共基础设施和社会事业均等化发展。其次，各级政府要加快提供公共产品的体制和方式改革，实现公共产品生产和供应分离，使政府管理部门的公共职能集中到制定标准和规范执行上来。最后，要加快公共服务领域改革，以深化事业单位改革为契机，建立和完善各级政府在科教文卫、公共事业、公共安全、就业和劳动保障等方面的工作目标和机制。另外，强化社会治理职能。在推进社会治理法治化进程中，服务型政府要强化的社会治理职能主要包括以下三点：一是强化政府维持市域公共秩序职能，全面推进"平安宁波"建设，营造良好的市域生产生活环境。二是建立健全各种预警和应急处置机制。实行专案专人制度，对重点矛盾源头进行排查、清理和疏导，着力提高政府发现、研判和控制矛盾的能力，建立健全应对各类自然灾害、突发事件、公共安全的应急处置机制，加强协调整合。三是建立健全社会矛盾处置机制，以顺畅的社会流动机制、合理的利益调节机制、安全的社会保障机制、有效的矛盾疏导机制为重点，加快形成化解重大社会矛盾的工作体系。

2. 充分发挥社会组织的协同作用

首先，加快建设社会组织长效发展机制。逐步放宽、放开社会组织登记备案制度，给予社会组织更宽松和更便捷的发展环境。针对社会组织类别特点，制定和完善不同的引导、促进和扶持政策，建立健全社会组织发展扶持资金体系，建设社会组织孵化基地和信息支撑平台。切实加强社会组织能力培育建设，激励引导符合宁波未来经济社会发展需要、有利于推进社会治理创新的社会组织蓬勃壮大。重点建设一批"枢纽型"社会组织，发挥其"桥梁纽带"作用。其次，强化规范管理。不断更新与完善社会组织立法，加强民政、公安、工商、税务、质检等部门间的沟通联系，建立社会组织管理联动机制。健全社会组织治理结构和内部管理制度，积极开展社会组织自律与诚信建设。重点加强对宗教类、维权类社会组织的引导和依法监管，依法加强境外非政府组织在宁波市内活动的服务和管理。最后，加大社会组织的协同作用发挥。抓紧制定向社会组织"放权"的指导意见和中长期规划，凡是社会组织能够"接得住、管得好"的职能，都要逐步转移让渡给社会组织。通过政府购买服务、公益创投等工作机制，鼓励和促进各类社会组织承接政府社会治理与公共服务职能的转移。根据宁波实际，建议重点加快行业协会、公益慈善团体和社区互助组织这三类社会组织的作用发挥。

第四章　地方政府社会治理法治化实证研究

第一节　地方政府社会治理的法治化发展

地方政府在我国的行政系统中，主要是省市县乡四个层次，这四个层次是国家开展地方社会治理或负责某些地方事务的政府层级。地方政府中的县（区）、乡镇（街道）作为最基层地方政府，往往是中央政府和省市政府决策的执行者，也是地方基层民众所需公共服务的供给者，基于此等重要地位，本书的地方政府主要是指这一层面，能够更加具体地展开地方政府社会治理及其法治状况。

一　中西方地方政府社会治理的发展

中国地方政府治理的思想实际上比西方现代提出的治理理论具有更长久的历史。从德主刑辅、礼法合治、仁政思想、天下为公、治民先治吏、民为邦本、为政以德等古代治国思想可以很明显看出，中国古代的地方治理主要有三种理念：第一种理念是德主刑辅、礼法合治。通过道德教化，辅之以刑法威慑，通过礼治，辅之以"法治"，这是两千多年封建传统的最为根本的治国思想，其渊源正是儒家经典中的"导之以政，齐之以刑，民免而无耻；道之以德，齐之以礼，有耻且格"。第二种理念是执经达权、宽猛相济，即坚持儒家思想中的根本原则，但会根据具体情况进行变通，审时度势是实现根本原则的一种方式，体现在治国中，就应当是宽严相济，注重社会治理的灵活性。第三种理念是范以公义、法理结合。提倡治国者所想要的公义，树立社会对这种公义的认可，并以法和理加以保障，法即法制，理即纲常伦理，形成相对严密的社会公义实现方式。

由此可见，古代中国的社会治理思想，强调核心价值是人与人之间的

"仁"——和谐，人与社会的"稳"——井然有序，强调社会中的核心价值观念"义"——公义，在制度和文化、精神层面形成了有效的社会治理体系，这与现代社会的治理思想不谋而合。

从上述分析可见，中国古代先贤提出的社会治理思想并不弱于现代西方提出的治理理论，依然对中央治国思想有重要借鉴意义。这也是为何2015年10月13日中央政治局会集体学习我国历史上的国家治理的原因。

西方社会自20世纪下半叶以来，面临较多的公共管理难题，政府失灵问题不断出现，面对一些全球化、市场化、信息化冲击带来的挑战，政府很难提出有效应对措施，由此产生了变革政府管理模式和创新政府管理的需求，这种需求演变为一种公共管理运动，逐步发展成为现代治理理论。

政府失灵首要的改革方向自然是再造政府，但在改造的过程中，触发了社会自治空间、多元主体合作空间、更多的市场化空间，由此带来了现代民主宪政意义上的现代治理实践：多元治理主体共同协商合作，自治共治。

从西方国家的地方社会治理实践看，政府社会治理的主要内容是：提供法律制度与体制机制；释放社会自治空间，壮大社会组织力量，促进社会自治，尤其是社区自治；开放公众参与空间，提供公众参与渠道。这些内容已经共同表现为：地方自治制度的建立和完善、政府与社会组织的有效合作、公民参与、多元社会主体的成长等。

中西地方治理呈现不同形态，这说明社会治理并没有统一或固定的模式，需要结合中西各自的地方实践进行分析。中国的地方社会治理，或许有经验可以参考，但却没有模式可以照搬，这是当下中国自身的实践，是独特的实践，如何寻找到适合中国地方社会治理及其法治化的路径，这是时代赋予的命题。

二 中西方地方社会治理的主要特点

中西方地方政府的社会治理，存在很多不同，我们可以简单按照经济发展状况对地方政府的社会治理进行分类，可以分为发达国家的地方政府社会治理模式和发展中国家的地方政府社会治理模式。前者是相对成熟型的地方社会治理模式，后者是发展中的，正在朝着成熟型发展。

发达国家地方社会治理出现变革并逐渐成熟化，有较多经验可供借鉴。美国、英国和北欧国家等值得观察和总结。

美国是发达国家的典型代表。其社会治理的根基是成熟的市场经济、相对成熟的民主政治体制、极为浓厚的自由主义思想，在这些基础上，地方自治、公民参与有较多实践。法治保障在地方治理中得到很明确的体现。上从联邦与各州之间治理权力的分配，下至各州自身治理权力的分配，得到了宪法、判例以及部分制定法的认可，严格的法治分权和高度的行政自主，保障了地方社会治理的公民性和社会性。

英国历史上就具有地方自我治理的习惯与传统，发展到现代，更是直接颁布《地方民主与社区领导》等政府文件，授权公民直接参与地方治理。同时，强调建立地方多元治理主体之间的伙伴关系，治理权力已经分配给这些多元治理主体；成立地方自治组织，不直接参与治理，但规划整体区域的治理发展。英国的经验更值得借鉴。

一些北欧国家也已经建构起多元社会治理主体之间的合作共治模式。社会组织高度发达，公共服务部门高效有力提供服务，多元社会主体治理具有较为充分的财政保障。

发展中国家的社会治理在快速现代化的过程中，却出现了经济发展而政治衰败、社会问题激增的状况。南美洲国家的社会发展状况就是如此。社会治理的危机引发了政治危机，反作用于经济发展，拖慢了整个社会发展步伐。

俄罗斯的地方社会治理是基于中央所设定的顶层目标——公民社会为基础进行的，在经济并不发达的情况下，俄罗斯政府将财政的1/3作为医疗、教育、救助等领域的财政保障，努力建构一个覆盖全社会全地区的福利制度，形成地方社会治理的重要内容。

越南学习中国经验改革开放，在经济取得一定发展的同时，也带来了不少社会问题，其地方治理中更加关注经济环境的改善、消除贫困和治理腐败问题。

印度自独立后，学习西方民主经验，实现地方自治和民选。但直到今日印度地方治理仍然饱受种姓制度、宗教和地域等因素的严重影响，地方社会治理较为混乱，民众较为不满其依托半国营的社会组织所承担的效率低下、质量不高的公共服务。

国内地方社会治理是随着国家治理体系和治理能力现代化的命题的提出而展开的。在全面分析传统治理手段存在的问题基础上，国内纷纷创新社会治理。经济较为发达的东部地区在社会治理上进行了较多尝试，带动经济相对不发达的中西部地区的社会治理创新，如宁波、厦门等的社会治理创新。

宁波社会治理创新是国内开展较为典型的治理创新。以包容性发展为基本理念，宁波着力培育基层社会治理主体之一——社会组织，通过政府购买社会组织公共服务的方式，既实现了政府职能转变，又帮助社会组织成长和成熟，形成了政府与社会组织合作共治的良好局面。

厦门市通过"美丽厦门共同缔造"的活动，推动城乡社区和新老社区的深度融合。前者是同步推进城市社区和农村社区建设，在基础设施、治理要素和公共服务等方面，形成以城带乡、以乡促城的发展回路，构建治理一体化、服务均衡化、特色差异化的城乡社区建设格局。后者主要是为了实现农业人口转变为城市人口的新型城镇化任务，积极主动实现外来人口与本地人口的融合，推动社区人和。除此之外，还积极推动政民融合、政企共建，激发多元主体的参与活动等措施，不断创新社会治理。

三 我国地方政府治理的发展阶段

国内地方政府的治理，正好因应本书前文提及的社会治理发展的三个阶段与三种类型，呈现出三个发展阶段。

首先是从新中国成立后到1978年改革开放这一时期，国内地方政府基本是一种全能型的、包办型的管制体制。从高度组织化和集权化的国家体制下——计划经济体制、集权政治体制、管控社会体制，实现对地方事务的全面管理。这种全能型的社会管制模式，主要特征非常明显：党政一体化，从中央到地方，基本上是党的一体化组织和管理在支配社会的发展；党政一元化，党政部分，主体一元，党组织遍布社会各个单位，由此实现社会的高效管制；管制单一化，以单位制度、户籍制度等建构起来的国家管制机制，十分强力地建构起一个政府—单位—个人的社会单一性管制模式；意识形态化，这也是以阶级斗争为纲所带来的一个明显特征。

其次是改革开放到十八大这一段时期内，基本上围绕着社会主义市场经济体制的建立健全，围绕着解放和发展生产力这一主体进行的市场化的自治型治理体制。建立社会主义市场经济体制，这是当时最为正确的选择和决定。正是因为社会主义市场经济的成功，在地方治理问题上，就表现围绕这一主题所形成的自治型治理体制。这一体制的主要特征是：政治上打破了高度集权的状态，中央向地方大规模分权，地方获得更多的政治、经济、社会的管理权；社会发展上，政府向社会分权，政府简政放权，向社会转移大量自治权力，不断培育现代社会组织和公民个人，促成这些组织和个人参与社会治理；政府向市场放权，促进各种类型的企业、公司发展，建立法治化的市场经济发展模式；社会治理主体走向多元化，社会组织、个人、社区自治、农村自治等获得了高度重视，已经逐渐形成多元主体治理社会的格局；社会治理内容不断深化，经济体制改革推动了经济高速发展，也由此带来社会其他领域的深刻变革，社会治理逐渐朝着纵深发展。

最后是党的十八大到十九大及今后的较长一段时期内，因国家治理体系和治理能力的现代化，逐渐走向一种多元化、法治化的善治模式。这点在前文已经述及，本文这里不再赘述。从最高的党的文件看，今后较长一段时间内，地方政府探索创新社会治理，将是一个十分重要的主题。

四　地方政府社会治理的法治化需求

推动国家治理体系和治理能力的现代化，其命题十分宏大，内容十分复杂，在党的十八届三中全会上，中共中央明确提出改进社会治理方式应当："坚持依法治理，加强法治保障，运用法治思维和法治方式化解社会矛盾。坚持综合治理，强化道德约束，规范社会行为，调节利益关系，协调社会关系，解决社会问题。"由此我们能够得出结论，"实现创新社会治理的灵魂与核心在于实现社会治理法治化，法治作为社会控制的规范手段，是创新社会治理的内生变量。"[①] 法治化具体表现为法治思维和法治方式，在社会治理过程中必须运用法治思维、采用法治方式，加快推进社会治理法治化。

从党的文件看，党的十八大报告要求全面推进依法治国，加快建设社

---

① 赫然、张凌竹：《社会治理的法治保障研究——以吉林省社会治理为例的调查研究》，知识产权出版社 2015 年版，第 103 页。

会主义法治国家。党的十八届三中全会报告提出创新社会治理体制，强调"建设法治国家，必须坚持依法治国、依法执政、依法行政、依法行政共同推进，坚持依法治国、法治政府、法治社会一体建设"，这是社会治理进一步被要求法治化的重要体现。而党的十八届四中全会更是具体部署全面推进依法治国的具体工作，社会治理法治化已经成为一个最为重要的时代命题。

党的十八届四中全会要求"推行政府权力清单制度"，这说明政府的社会治理再也不能如传统社会中的管理和管制一般缺乏法律依据，当下政府的社会治理必须依法治理。权力清单制度已经在地方政府治理层面得到推行，这也是限制地方政府权力的一项重要制度。在权力清单范围内，政府才有权治理社会，否则就是无权。

与权力清单制度伴随而行的是政府的简政放权。传统观念下，政府是唯一的社会管控主体，其他社会组织和个人均属于被管理和控制的对象和客体，但现代社会的复杂性已经使政府无力提供如此之多的公共服务，这就需要政府不断释放社会自治空间，培育和发展社会组织，提供公民参与的渠道。简政放权就是要还权于社会，改革行政审批制度，促使更多事务由社会组织承担。

当然，上述并不意味着地方政府在治理中无所作用或作用很小。郑永年指出："政府要对涉及公共利益的社会领域进行规制……社会保障、医疗、教育、公共住房……应该被放在重要位置。"① 党的十八届三中全会同样认为，社会治理要"发挥政府主导作用"，要"使市场在资源配置中起决定性作用和更好发挥政府作用"。《2017 年政府工作报告》指出，要"推进政府建设和治理创新"。② 可见，政府不可能在社会治理中缺席，反而是要承担重要职责，要履行其作为主要主体的社会责任。在社会多元治理主体中，社会组织、个人所能够调动的资源十分有限，政府作为主要社会治理主体，必须承担主要责任，而政府也正是这样积极主动推动社会治理及其法治化的。如国务院于 2015 年印发《国务院关于实行市场准入负

---

① 李秀义：《社会治理体制改革创新中政府与社会关系的发展路径探析》，《管理科学》2014 年第 7 期。

② 2017 年政府工作报告全文发布，中华人民共和国国防部网，2017 - 03 - 05. ［2017 - 3 - 10］. http：//politics. people. com. cn/n1/2015/1227/c70731 - 27982233. html，2017 - 04 - 05。

面清单制度的意见》时就指出,负面清单制度"有利于促进政府运用法治思维和法治方式加强市场监管。"①

地方政府社会治理法治化的要求,是当下社会治理法治化在地方场域中的具体实现,而这种由地方政府主导的社会治理工作,其具体内容和法治状况究竟如何,下文将以地方政府的网格化治理为例进行说明。

第二节 地方政府网格化管理的界定与实践

市场经济所塑造的流动性已经成为现代社会的新常态之一,高度流动性打破了原先单位制的固定化社会管理模式,如何寻找另一种更为有效的基层社会治理模式成为当下基层政府最为关心的问题。为此,当网格化管理进入地方政府视野后,仿佛是找到了一种能够有效代替单位制的管理模式,各地政府着力推动网格化管理,试图运用这种新型社会管理体制,实现社会治理的创新。

一 网格化社会管理模式的界定

所谓"网格"是起源于电力网中的一个概念。电网很容易见到,是利用高压线将高度分散化的发电站联系在一起,用电户只需要电线和开关,就能够用上电,无须关心是哪里发的电,是什么材料发的电。电力网实现了发电站之间的高度互联,如同今天的互联网一样,把分散在世界各地的使用互联网的用户通过互联网联系起来,为用户提供一体化的信息和应用服务,实现信息共享。② 在信息学上,网格就是第一种能够用于共享和分享地理上不同分布信息资源的一种机制,"网格使用的最终目的是要用户在使用网格计算能力时,为用户提供与地理位置无关、与具体的计算机硬件设备无关的通用计算能力,实现网络资源、运算能力的有效整合,减少'信息孤岛'和'信息盲区'的出现。"③ 由此可见,网格是一种互

---

① 国务院关于实行市场准入负面清单制度的意见,政府网,2015-10-19.[2017-04-10]. http://www.gov.cn/zhengce/content/2015-10/19/content_ 10247.html,2017-08-20。

② 张建兵:《基于网格的空间信息服务关键技术研究》,中国科学院研究生院 2006 年博士论文。

③ 郑士源、徐辉等:《网格及网格化管理综述》,《系统工程》2005 年第 3 期。

联、是一个整体、是一种机制,能够有效将分散的个体联系在一起,形成一个逻辑上的整体,从而实现有效的信息共享和共治共管。基于此种认识,网格化的管理模式就有很大应用空间,比如酒店管理、电子商务、公共设施管理等,都是可以运用网格化实现精准管理的领域。

网格化管理确实可以作为一种新型的社会管理模式,因为在每个主体都可以被容纳在网格中,固化在网格中的某一个位置,每一个主体都可以基于网格提出需求,网格内的资源会被有效整合,并及时回应主体的需求。这种回应体现为两个方面:一是用户提出需求;二是网格精准回应。当网格化成为一种社会管理模式,我们能够非常明显地看到这种管理模式的社会效果:通过一定的标准,对所在辖区的网格化划定,设定每一个网格区域,配备每一个网格区域的网格工作人员,收集网格内主体的相关信息,形成有效的信息集束,汇总成为信息系统,由此高度掌握网格内主体及其相关信息,成为网格行动的依据,实现精准化、动态化和人性化的管理模式。

从网格化的社会管理模式可以看出,它并非是要增设行政层级,也不是要打破社区原有管理模式,而是希望通过类似互联网这样的系统,将网格内的信息重新整合起来,优化资源的配置和利用方式,从而为网格内的主体提供更加优质和高效的公共服务。

二 网格化社会管理模式的特征

现代社会管理的复杂性和难度催生了精细化的网格管理。"网格化管理核心在于使用户提交相关需求的简洁性以及网格响应需求的精准性与迅捷性。"[①] 要实现精准反映和便捷服务,就必须有效整合网格内的所有信息和所有资源,具体表现为资源优化整合、多元主体治理、综合治理手段、开放网格治理等方面。

首先是资源的整合优化。

传统社会管理主要是依赖政府各相关部门依据法律职责进行,这种管理主要是在城市进行,在办公室活动,农村居民想要获得有效的服务,通

[①] 池忠仁、王浣尘、陈云:《上海城市网格化管理模式探讨》,《科技进步与对策》2008年第1期。

常必须进城，而城市居民想要获得有效的服务，就必须进办公室。除了与管理者、服务者有距离之外，管理者服务者本身之间也存在一些信息沟通的障碍、体制机制的问题，条块分割也较为明显，各种行政管理资源存在内耗的状况。

现代网格化社会管理，首要任务就是整合各类行政资源和社会资源，以互联的方式，将各类原本较为分散的社会资源和行政资源纳入一个整体，形成多个部门在一个平台上共同运作和办公的场景，居民可以在这一个网格化平台直接实现一站式服务。网格化的资源整合，有效改变了传统的居民只能一对一的服务模式，即每一个居民一次只能到一个管理机构寻求服务，形成了多个管理机构同时在一个平台上，可以同时处理多个居民的服务需求的多对多的管理模式。

除了行政资源得到有效整合，网格内的社会资源也得到有效整合。网格主体有各种社会组织、公民或其他组织，这些主体的信息和资源能力都纳入网格系统，成为能够提供公共服务的资源，有效弥补了政府公共服务提供能力的欠缺。

其次是多元主体的治理。网格内的主体是多元的，不仅仅有居民，有政府，也有社区、社会组织等，这些多元主体对网格的主要贡献在于组建起一个有效的服务团队，改变了以往社区干部或政府干部单打独斗的局面，形成一个由政府主导、社区组织、社会组织和公民有效参与的组团式服务团队。团队中有具有专业技能的人员，如教师、医生、律师等，也有能够调动和整合资源的政府工作人员和社区工作人员，能够直接实现居民的需求。

再次是采用综合治理手段。以信息化为基础，网格的运作采集了各方面的信息，居民可以将自己的服务需求提交给网格信息系统，相关主体即在网格系统中进行事务办理和提供服务。网格系统可以对此进行监督和意见反馈。一般这一系统可以分为内网和外网两个组成部门，外网是对台办事平台，对居民直接沟通和联系，提供公共服务，内网则是网格内收集和汇总的各类基础数据。除以系统作为综合治理手段之外，还灵活采用各种治理手段，如社情民意沟通会、社区网络发言人等多种方式，直面网格内的管理问题，弥补因为网络化、虚拟化管理存在的沟通不足和沟通无效的问题。

最后是开放性的网格治理。所谓开放性主要体现在两个方面：一是开放基层治理的主体，不断促成某些基层治理主体加入网格系统；二是开放网格化管理过程，实际上就是公开透明管理过程，以起到有效监督的作用。网格化的管理，能够通过不断吸收社会民众的意见，直接得到有关部门的反馈，也能够让政府工作人员下沉到基层，不再只待在办公室等候居民上门办事，而是积极主动下去提供服务，从而形成一个更加公开透明的办事构成。可以说，"治理格局开放之后，基层群众的意见表达可以直接得到相应部门的关注，让公民参与到民主决策过程中，通过民主恳谈会等形式把意见反映到政府决策中去，减少了政策执行的阻力。"①

三 地方网格化社会管理的具体实践

网格化管理和组团式服务是近些年来地方政府社会管理中极为提倡的管理模式，备受重视，有较多实践样本，本书这里选取部分调研过样本进行综合说明。

北京市一般被视为全国网格化管理的首倡者。2004年北京市开始探索地方社会管理网格化模式。起初是在社会服务管理网格化和社会治安网格化这两个方面进行探索。2004年北京在东城区探索如何落实市政管理职责，将市政道路的公共区域划分为1652个万米网格，有效维护市政设施和道路安全。在2008年筹备奥运会期间，网格化又被运用到社会治安中。随后在党的十七大后，引入到社会服务管理体系中。2015年北京市在全面深化改革背景下，提出了三步走的建设路径：一是2015年底基本实现区、街道（乡镇）、社区（村）网格化体系全覆盖；二是2016年底基本实现城市管理网、社会治安网、社会服务管理网"三网融合"；三是2017年底基本实现全市网格"一体化"科学运行。②

北京市网格化的具体运作是：首先建立基础数据库，将"人、地、物、事、情、组织和房"等信息进行有效整合，实现"人进户，户进房，房进格，格进图"的管理目标。成立三级服务平台，包括社会服务管理

---

① 马卫红：《从控制到治理——社会转型与城市基层组织框架的变迁》，《华中科技大学学报》2008年第5期。

② 贺勇：《网格化探索的北京经验》，《人民日报》2016年5月16日第7版。

综合指挥中心、街道社会服务管理综合指挥分中心和社区社会服务管理综合工作站，这三级平台接收到服务需求之后，就会直接将信息转移到相关部门，平台会将办理情况进行公布。网格化的具体运作依然是落实到人的，通过设置网格管理员——社区工作者，网格警员——社区民警，网格助理员——社会工作者，网格督导员——街道处级或科级干部，网格司法人员——法官等司法人员等不同的7种人员，负责具体实施网格化工作，包括收集信息、掌握民情、维护稳定、环境督查、治安整治、化解矛盾、提供服务等。

上海于2013年出台《上海市城市网格化管理办法》，全面指导网格化管理工作。这一办法对城市网格化管理的定义是指："按照统一的工作标准，由区（县）人民政府设立的专门机构委派网格监督员对责任网格内的部件和事件进行巡查，将发现的问题通过特定的城市管理信息系统传送至处置部门予以处置，并对处置情况实施监督和考评的工作模式。"上海的网格化管理同样落脚于基层，考虑社区和村的面积、人口、出租屋、商铺、企业、治安、地理、环境等不同因素将社区和村划分为不同网格，每个网格配备固定的工作人员：由街道或乡镇的一个班子成员联系一个网格化管理中队，由一名街道或乡镇的干部联系一个网格化管理工作站，确保网格有固定的一名城管队员和民警。设立应急中队，以应对突发状况。以长宁区华阳街道为例，现在华阳街道共有31个城、乡基础网格，成功构建了网格化服务管理信息系统，利用信息化、网络化等手段，实现便捷高效服务、快速反馈、责任到人。通过网格化的治理方式，密切了政府相关部门之间的联系，强化了社区与政府部门的联系，促进了社区工作人员与居民之间的联系，当物业纠纷、邻里纠纷等有了网格员的介入后，都能够获得规范的处理并及时追踪，比以往的投诉处理机制具有更好的处理效果。

宜昌的网格化治理是中部城市的一个典型。宜昌市委市政府对网格化管理极为重视，秉持科学理念——"以人为本，网格化管理，信息化支撑，全程化服务"，构建了一个具有宜昌特色的网格化社会管理模式，被称为宜昌经验。宜昌市社区网格管理监管中心按照"街巷定界、规模适度、无缝覆盖、动态调整"的原则，把城区划分为1421个网格，每个网格配备一名网格管理员。这些网格管理员主要是大学生网格员，实现有效落实网格管理任务。其主要任务是收集整理综治、人社、公安、食品安全、城管、计生、民政等7大类事项的信息采集和服务。通过社区e通，进社区、进家庭，实现城乡的全面覆盖。以宜昌西陵区为例，该区建成网格541个，就有541个网格管理员，每月工资2000元左右，市与区财政6∶4列支。这些网格管理员，主要职责就是搜集人、房、地等综合信息，比传统的社区工作人员具有更高机动性，更迅速的反应。

舟山的网格化管理也值得一提。2007年开始，舟山在普陀区的两个乡镇试点网格化管理，2008年全市推广。"为民、惠民、便民"是舟山建设网格化管理的主要目的，满足人民群众的根本需求是网格化的生命力所在。目前已经基本上形成了一个网格化管理组团式服务的管理格局。在划定网格的基础上，注重服务居民需求，提高服务和管理水平。舟山的网格化管理组团式服务首先奠基于制度建设，创设了一系列制度包括信息安全管理制度、网格管理例会制度、岗位职责制度、培训制度、绩效考核制度等提供制度保障；其次是科学合理划定网格，以村居实际情况，网格大小一般为百户人家，城市社区稍有扩大，2013年底完成2430个网格建设；最后是构建服务团队，实现组团式服务。为居民提供多层次全方面服务，舟山的组团式服务一般6—8人组成，人员来源较为广泛，尤其注重退休人员和社区骨干。网格员不定期走访，公开联系方式，实现与居民有效互动。居民如有需求，还可以提出订单式服务。

宁波的网格化服务工作开展并不早，但成效较为明显。2014年宁波市镇海区率先开展此项工作，如今全市已经建成12216个网格，由村干部或社区工作人员担任网格长，由志愿者或楼道长担任网格员，还设置了消防、公安、城管等专职网格员，目前共有网格长12000人左右，网格员近4万人。宁波网格体系整合了"党建、综治、城管、安全生产、食品安全"等相关部门资源，同时整合了社会组织资源，统一纳入网格体系。在网格化管理中，还运用"互联网+"思维，搭建基层社会服务综合信息系统支撑平台，以改善基层信息系统多，数据终端多，沟通却不顺畅的问题，实现多种数据一个平台即可获得查询的整合系统。

第三节 地方政府网格化社会管理的法治问题与建议

地方政府的网格化管理是当下最为典型的社会治理工作内容，取得了良好的治理效果。但是这种网格化社会管理模式从法治角度而言，还有很多需要完善的地方。从政府管理到法治完善，需要解决以下问题。

一 法律法规不完善的问题

网格化社会管理模式在很多地方均是依托于政府出台的规范性文件，有的地方甚至只是党政主要领导人的意志在推动。我们应当认识到，无论是城市还是农村，都应当在法治化的框架下管理和治理。而网格化社会管理模式目前较为缺乏法律法规的支撑，也就无法在管理和治理中贯彻法治思维和法治方式。

在具体管理和治理中，还需要更加完善的城市管理法律法规。一个简单的例子是，对于城市道路，市政管理和公路交通管理部门都有权管理，如果有侵占城市道路的问题，这两个部门从职权上都可以进行管理，但问题在于这两个部门的处罚力度相差较大，很容易出现同样的行为不同处罚的问题，秉持一事不再理原则，管理就无法产生相应效果。目前在城市管理的法规方面存在的问题集中在执法程序简单、操作性不强以及处罚手段的强制性不强，仅限于教育、罚款以及限期整改。[①]

二 行政主导与自治不足的问题

目前的网格化社会管理模式基本上是由地方政府负责推动的，因为政府在资源整合方面具有的巨大优势，确实能够将网格化全面在城乡铺开。更加重要的是，网格化所整合的资源主要是行政资源，所提供的服务主要是行政服务。这也就导致了目前网格化社会管理模式中行政化主导的倾向较为明显，这就导致社区在这个网格化社会管理模式中存在较为尴尬的问题，社区组织再次成为行政管理的末梢，成为行政资源整合的对象，甚至被整合成为行政资源。社区的自治职能与上述网格化管理就存在冲突。

---

① 姜爱林、任志儒：《网格化城市管理模式研究》，《现代城市研究》2007 年第 2 期。

从网格员的设置来看，应当是为了增强社区治理能力的。但目前网格员的考核是多方的，有政府职能部门的考核，有社区的考核，也有居民的考核，其中最主要是政府职能部门的考核。考核体现的是政府仍然具有掌管一切的冲动和行动，政府仍然希望通过对网格员的管理和考核来实现全能型的政府管理。这种思想和考核所形成的科层化管理模式，留给社区的自治空间就更小了。

网格化同时推动了社区行政化。后者是指政府为了社会管理目的，通过行政权力的运用对社区进行再组织，其基本表现是社会空间行政化、社区组织行政化、社区事务行政化。① 社区行政化严重影响着社区自治功能的发挥。② 由政府主导构建的网格化社会管理，通过再组织的方式将社区再度行政化，使得社区无法充分行使自身自治能力。渠敬东认为："政府行为的全面回归，不但将公共服务覆盖到社会的各领域，而且形成了行政强制。行政体制就像是一台设计合理并且运转有效的巨大机器，当面对社会上的突发事件的时候，就需要每个部件都要跟随机器系统调整运转，失去了自身的灵活应对能力。"③ 由于目前社区作为自治组织的治理能力相对较弱，由行政力量整合资源优化配置从而形成一个网格化管理模式，并无太大问题。关键问题是政府能不能合理划分管理与自治的空间，尤其是放权于社区自治。如果政府管理太多，社区自治就会受到较大压缩。

社区自治不足的另一个表现是社会组织的参与不足。网格化社会管理模式是政府主导构建的，因此必然依托原有的行政组织体系，如职能部门及其工作人员，以便于承接职能，这也导致了社会组织没有足够的参与空间，一些社区内的社会组织，想要参与，但因为政府主导建立的这一格局，想要参与还必须获得政府职能部门的认同，这本身就很不容易。这也带来了一个问题，本身政府想要借助网格化管理实现自身社会管理的减压，实际上却带来了更多管理成本和压力，因为社会组织较少参与，居民对网格化的理解仍然是"有事找政府"的状态。

---

① 陈伟东：《社区行政化：不经济的社会重组机制》，《中州学刊》2005年第3期。
② 潘小娟：《社区行政化问题探究》，《国家行政学院学报》2007年第7期。
③ 渠敬东等：《从总体支配到技术治理——基于中国30年改革经验的社会学分析》，《中国社会科学》2009年第6期。

三 政府职能转变缓慢与职责不清的问题

政府全能型与主导型的社会管理模式已经备受批评。如今简政放权、还权于社会、保障社区自治和群众自治是主流思想。政府的职责不需要再如过去那般事事负责，而是需要及时转变观念，树立服务型思维，适应当下社会治理的复杂形势。这就要求政府职能进行积极转变。

在网格化社会管理模式建立初期，可以主要依赖于政府的力量，但必须明确的是，政府在此时应当提供的是经费和制度保障，其角色应当是引导者和监督者，应当通过政府的引导理顺政府、社区、居民三者之间的关系。但从目前实践看，政府仍然是网格化社会管理的主导者，社区与居民是服从者、执行者。而社会组织想要成为参加者，却缺乏有效的制度渠道。

这一全新管理模式是一项系统工程，也是一项长期工作，政府不可能大包大揽所有社会治理工作，更不可能处理所有社会矛盾纠纷。在目前这一管理模式已经取得较大成就的基础上，应当考虑更加积极的转变职能和身份。从主导者到引导者，从管理者到监督者。

除了职能转变的问题，在已有的网格化体系中，政府职能部门的管理职责与网格的管理职责并没有厘清理顺。目前网格的职能已经从原先的简单的信息收集整理录入转变为社会管理，网格的职能越发繁多，也越发"有利可图"，这就导致网格的管理职能与政府职能部门的管理职能产生冲突。而网格本身因为职能越来越宽泛，与社区（村）也存在职能上的冲突。网格管理人员与社区（村）干部的管理职责有重叠部分，实践中已经出现了相互推诿，各不负责任的情况。

四 治理主体的权力与权利互动不足的问题

必须指出的是，当下社会治理强调是共治，即政府不能完全占据主导地位，也不能完全退出，而是必须在尊重社区、社会组织、公民力量的同时，创造各种制度让这些主体可以有效参与社会治理。因此即便批评政府过度主导，我们也没有否认政府在其中发挥的作用和做出的贡献。当我们提出想要政府更加积极转变职能的时候，我们要求的是政府要厘清自身职责，理顺整个治理体制后再转变。急切地退出和转变也是不妥当的。因此应当寻找一个相对恰当的时间节点。政府在网格化中的引退应当伴随着社会其他力量的壮大。

另一方面我们也必须认识到推进社区治理的动力源泉主要是政府和社区两种力量。① 作为社区治理的两大结构性力量,是社区治理不可或缺的。社区治理不可能仅仅依靠自身,而是需要与政府的积极互动。政府从上而下,社区由下而上,两者有效互动,才能够形成良好的社区治理效果。政府权力与社区自治权利的互动,促使政府不再将自身单纯视为管理者,而是社区的合作伙伴,与社区共商共治。换而言之,"社区目标的实现来自于政府与社会多方面的及时沟通、协商与合作,摆脱了原来刚性的行政化手段对社区公共事务治理的束缚。"②

但是在现实的网格化运作中,理想的政府与社区之间的互动关系并非如此简单,政府固然出于良好目的,但在实际运作中总是趋向于管理和控制,希望网格员与网格化工作能够服务于社会稳定或社会秩序,这就很容易出现干预社区自治权利的现象,社区对此往往无能为力,只能服从。这种权力与权利互动中存在的问题,很难一下子消除,唯有期待政府更多主动调整自身行动,促进两者的良性互动。

五 实现网格化社会管理转变网格化社会治理

网格化是一场深刻的社会变革,不仅是社会管理和治理方式方法的变革,更加是一场社会理念的变革。网格化的目的是为了精准地服务群众,无论是何种具体的网格化建设,都不能脱离这一宗旨。因此我们可以在网格化社会管理这一基础上建立网格化社会治理,转变管理的理念,实现治理的理念。这不是简单的网格化的技术升级或方法升级,而是从管理到服务观念的转变,从维护社会稳定到满足群众服务需求的转变。

既然是服务型的治理理念,就要求网格化提供更好的组团式服务。政府职能部门就必须认识到自身提供服务存在的不足,必须更好地建设和组织组团式服务,为居民的个性需求、一般需求提供良好公共服务。这就无须局限于政府本身提供服务,而是可以由多元社会主体提供服务。

---

① 夏建中:《中国城市社区治理结构研究》,中国人民大学出版社 2012 年版,第 20 页。
② 徐中振、徐珂:《走向社区治理》,《上海行政学院学报》2004 年第 1 期。

治理的理念要求政府充分尊重其他多元主体的治理权利，社区自治、社会组织参与、公民参与等都是必须加以重视的治理力量，因此在网格化治理中，开放适当途径给社区加强自治、给社会组织和公民有效参与，最终形成一种合作共治的社会治理新格局，完全是可以期待的。

第五章 人民法院参与社会治理实证研究

第一节 司法是社会治理的重要力量

一 司法与司法权

司法，主要是指司法机关运用法定职权，遵照法定程序，运用法律处理案件的专门活动。广义的司法，包括审判、检察、侦查等活动，狭义的司法，仅指审判活动。本章所采用的司法概念，仅仅是指狭义的司法概念。

作为国家的一项重要权力，司法权对法律的正确实施具有重要作用。司法权的行使，可以通过法官对法律的解释和适用，达到教育、指引、强制、预防等作用。有观点认为，司法权并非社会治理的直接手段，社会治理主要是指政府的管理活动。但是从司法权设定的目的而言，定纷止争是其重要目的，这一目的的实现便是社会治理的一个重要内容。国家设立司法权，并通过司法方式实现法律，维护社会公平正义，是国家对司法权社会治理的期待。因此，从这一意义而言，本书认为司法同样是一种社会治理活动。

司法权是与行政权同样重要的社会治理权力。众所周知，我国当下社会矛盾纠纷日益增多，多元利益主体越发重视通过法律手段解决彼此的争议，司法是其中最为重要的法律手段。传统而言，司法是立法者达成社会治理目的的重要手段。立法者制定法律，蕴含着其对社会治理的良好立法目的，但这些立法目的究竟应当如何实现，司法和执法就变得十分重要。司法正是通过对立法者意志的承继，解释和适用法律，运用于具体个案，影响和规范当事人的行为，进而影响和规范社会主体的行为，塑造良好的社会秩序。因此，司法是一种重要的社会治理手段。

在一个全面推进法治建设的时代，司法的作用越来越重要。一方面，司法能够有效维护当事人合法权益，维护社会和谐稳定，为法治建设提供一个良好的社会环境。司法通过个案的适用，实现法律规范的作用，起到一个积极有效的引导作用，形成全社会的一个遵法守法的环境，这是行政机关所不具备的一个优势。另一方面，司法在处理一些重大社会问题上具有行政机关不具备的优势。行政机关一般都是通过行政命令的方式处理社会问题，存在简单粗暴的缺陷，社会民众对行政命令存在较多的反对意见，甚至今天人们更多谈论"塔西陀陷阱"。而司法则不同，司法通过特定的司法程序，创设特定时空环境，通过充分说理和论证，让每一个不同利益主体在司法程序中获得充分表达，以此形成理性认知，这就是司法带来的交流与沟通的效果，能够让当事人更加容易接受司法上的判决与决定。这是行政机关所不具备的地方。

二　人民法院参与社会治理的意义

当前"人民群众日益增长的司法需求与人民法院司法能力相对不足的矛盾仍然较为突出"。这对矛盾的化解，一方面需要人民法院积极发挥其本身职能，通过更加积极有效地运用审判权，维护人民群众的合法权益，另一方面也要求人民法院积极参与社会治理活动，以此实现法院内部的制度创新，方便人民群众更好地接触和利用司法渠道。在当下时代，人民法院参与社会治理具有以下三方面的积极意义。

一是具有重要的时代意义。当下社会发展与经济发展已经进入一个新常态，这一新常态下有较多社会主体的利益纷争，社会矛盾纠纷呈现一个多发频发易发的状态，人民法院积极参与社会治理，有效化解社会矛盾纠纷，是对当下最为积极的司法回应和司法实践。

二是具有积极的现实意义。时代发展进入新阶段，现实出现了多样性和复杂性，矛盾纠纷更加具体和复杂，而人民法院自身也面临不少问题，比如不够独立、缺乏保障、案多人少等，这些造成的矛盾冲突就需要人民法院不能停滞不前，必须开展和参与社会治理，适应现实的要求，而不能要求现实适应法院。因此人民法院应当在确保自身职责的基础上，以更积极的方式适应现实。

三是具有深刻的职能意义。如果仅仅将人民法院的职能定位于定纷止争,实际上并没有太大空间探讨其参与社会治理的意义。但显然人民法院不仅仅具有上述职能,尤其是在中国这一特殊语境下,人民法院所要处理的关系不仅仅是当事人之间的关系,还包含着公民与政府之间的关系,而后者显然具有更加深刻的职能意义。人民法院应当在案件处理中,注重上述关系的重构,努力塑造一种科学的、良性的互动关系。

上述所论及的是人民法院通过发挥自身功能参与社会治理创新的意义,实际上,人民法院自身的改革与发展也是社会治理的重要内容,通过其改革发展,能够带来更好的社会治理效果:

首先,人民法院提升工作效率有助于社会治理。目前人民法院面临的一个突出矛盾就是案多人少,这种矛盾在偏远地区表现得更加明显。人民群众的司法需求往往因为案多人少无法获得有效满足。解决的方式之一就是人民法院通过改进工作流程和机制以提升自身的工作效率。

现实而言,法院案件激增的原因无非有三个:一是社会环境变化导致矛盾纠纷激增。转型社会环境带来社会矛盾多发,市场经济环境带来利益的过度追逐,信用下降,民商事矛盾纠纷增多。二是法律意识的提升。从不熟悉和不愿意运用法律解决矛盾纠纷到今天人们更加倾向于运用法律维护权益,这种法律意识的提升,本身是件好事,但也容易导致滥诉、缠讼等问题的出现。三是非诉讼解决方式不够完善。非诉讼解决机制是与诉讼解决相对应的纠纷化解方式,长期以来,我国的非诉讼解决方式之一——人民调解为社会的和谐稳定发挥了重要作用,但是今天随着人们权利观念的加强,人民调解不断被弱化,调解的结果得不到应有的尊重和执行。

与案件激增形成鲜明对比的是,法官数量本来已经不多,而目前正在出现不断流失、断层的现象。法官因为不堪重负逃离法院的现象已经引起重视。而法院中正在出现的老化和断层现象,同样引发了中组部、最高院和最高检、人社部的重视,这些部门于2010年联合发文《关于切实解决法官、检察官提前离岗、离职的通知》,希望能够由此解决上述问题,然而吊诡的是,这一重要文件不仅没有解决上述问题,反而加重了上述现象。其中原因更主要在于这一文件让应当退休的法官无法及时退休,导致年轻法官无法较快上岗。

通过与法官、书记员等的座谈我们了解到,之所以法官"逃离法院"现象越来越严重,有以下方面的原因:一是书记员的逃离导致法官工作压力更大，难以承受高强度的压力而"逃离"。国家司法考试改革后，必须通过司法考试才有可能成为法官，这就阻断了从书记员直接升任法官的通道。没有通过司法考试，且在法院工作了一定年限的书记员会因此不愿意继续担任收入较少、缺乏保障的书记员工作。法院工作人员的流失也变相加重了法官的职责。二是法官认为法院的上升空间较为有限，内部的职级晋升十分狭窄，一眼就能看见法院内部晋升的"天花板"，这导致很多法官失去进取心，认为法官工作并没有多大挑战性和意义。三是当下司法改革对法官的要求越来越严格，导致诸多法官认为自身职业风险不断提升，却缺乏相应保障性制度。司法改革提出了不少要求，不仅要求法官提升自身职业素养和业务水平，同时要求法官承担更多审判责任，却较少在法官待遇提升上下功夫，这就导致很多法官认为付出与保障不成正比。四是当下监督体制，尤其是媒体监督越来越发达，任何有意或无意的举动都有可能被媒体披露，更何况目前已有不少法院腐败问题被揭发，导致不少法官不愿再从事审判业务，纷纷要求转岗或要求离职，尤其是沿海法院更是如此。最后一个原因是沿海经济发达，从事律师行业所获得的收入远高于从事法官的收入，这也是一个重要经济诱因。

法官减少，案件增多，这就意味着法院必须谋求改革，寻找突破口，改革内部工作机制，提高工作效率，将有助于应对上述问题。

其次，人民法院积极参与社会治理有助于提升司法权威。司法是社会秩序的有效塑造机制，对社会产生重要影响力。人们对司法的公正性和司法的权威性有着较高的期待。但是近些年来，种种司法不公案件、司法错误案件尤其是冤假错案的不断被发现，司法的公信力和权威性受到了广泛的质疑，这是当下法院在案多人少的问题之外面临的另一个重要问题。因为公信力下降，案件判决后得不到有效执行、当事人拒绝履行的情况屡见不鲜，严重损害司法权威。而另一个更加严重的现象是，一些较为极端的，不服从法院判决的当事人，甚至采取暴力手段，伤害法官本人，从而使原本协助社会矛盾纠纷化解的权威者转化为受害者，法官本身成为了纠纷的当事人，法官群体成为高危人群，这完全不应当是法治社会建设所应出现的现象。这种严重损伤司法权威的行为，必须给予有效的矫正。

除了上述问题，还必须指出的是，涉法涉诉信访也是对司法权威的一个损害。涉法涉诉信访将法院、检察院等作为信访对象，通过信访所带来的社会压力,迫使法院、检察院做出改变。一些终审的、已经生效的司法判决和司法决定得不到有效执行,司法的终局地位未能获得尊重。一些党政领导人因为信访问题,不当干涉法院工作,既影响了法院独立行使审判权,也造成了一种错误印象:权大于法,导致更多信访人坚信通过信访可以改变法院判决。

因此人民法院通过积极参与社会治理,宣传法治,提升司法服务水平,能够有效提升司法权威,从而树立一种新的司法形象。

三 人民法院在社会治理中的职能定位

当下"社会利益关系凸显出利益主体多元化、利益来源多样化、利益表达公开化、利益差别扩大化、利益关系复杂化等特征"[①]。不同利益主体之间很难实现妥协,对自身利益的重视成为社会矛盾冲突的一个重要诱因,社会治理面临不少困难。法治在其中扮演角色越来越重要,它能够为社会解释那些已经确立的法律规则,提供不同利益主体的具体行动方式,要求这些利益主体以法治方式来平衡和协调彼此间的利益冲突。

人民法院想要充分发挥其社会治理功能,不能脱离其自身的功能设定。美国法学家夏皮罗总结法院功能有:争议解决功能、社会控制功能和造法功能。著名比较法学家达玛什卡对法院类型比较是从国家权力与结构的角度,他将司法功能定位为纠纷解决型和政策实施型。[②] 学者们都将解决纠纷视为法院的根本功能,"解决争端是法院最为重要的职能,并始终为其他功能的实施创造条件。"[③] 人民法院的审判活动本身就是社会治理重要内容,依法审判就是在实现人民法院的社会治理功能。人民法院审理刑事案件,主要目的在于打击犯罪,维护被害人权益,维护社会秩序和稳定;审理民商事案件,主要目的在于化解民商事矛盾,维护当事人的合法权益,有效平衡当事人的利益和社会关系;审理行政案件,依法规范行政行为,维护行政相对人的合法权益,塑造良好的行政关系。这些具体审判活动,都通过人民法院的功能实现转化为社会治理的重要内容。

---

① 郭玉亮:《协调利益冲突——创新社会治理的逻辑起点》,《求实》2012 年第 1 期。
② 转引自毛兴琴、董万伟《实然与应然——关于法院功能的思考》,《六盘水师范学院学报》2012 年第 1 期。
③ 左卫民:《法院制度功能之比较研究》,《现代法学》2001 年第 1 期。

从现实而言，法院解决纠纷并不一定就比其他解纷方式好，一些解纷方式如调解、仲裁等，都是能够以相对较低成本解决纠纷的方式，而现代法院之所以比上述方式更加值得重视的原因在于，"它能够通过一系列案例建立一套未来能够影响当事人和其他人的行为准则，因此规则的形成与个别纠纷的解决，前者具有巨大的正外部性，也从此意义而言，法院是一个提供公共产品的机构而不是一个提供私人产品的机构。"[①]

作为社会治理的主要组成部分之一，司法受到了足够多的重视，人们希望司法认真运用其审判权，有效维护社会关系。司法看起来是在解决一些个案，但通过司法活动的结果——裁判文书的公开，却能够获得不同的价值。生效的裁判文书是"在审判过程中遵守一定的价值和行为准则，通过审判将特定的观念进行宣扬，并且通过日常的反复性的司法活动，使得这种观念得到强化，从而外化于社会大众的内心之中，引导其行为遵循主流价值而为"。这也正是裁判文化公开的意义所在，通过司法裁判文书，我们可以看到，司法所肯定和保护的行为结果和价值观念，已经得到社会公众的广泛认可，正在成为社会公众所遵守的行为准则和所秉持的价值观念。

不仅如此，人民法院还可以通过司法建议的方式积极参与社会治理。司法建议是人民法院对案件审理过程中所发现的社会问题、制度问题和行为瑕疵等，通过专门建议的方式向有关单位和个人提出的意见建议。意见建议包含了人民法院所发现的主要问题以及法律应对措施，能够有效帮助这些单位和个人消除法律隐患、改进工作质量、引导和规范工作行为，这是人民法院司法职能的进一步延伸，也是其以法治思维和法治方式积极实现社会治理的重要手段。这种从个案走向类案，从类案走向一般化的方式，是法院影响力的社会扩张，有助于社会主体形成有效的治理法治化。

四　人民法院参与社会治理的主要实践

目前人民法院积极参与社会治理，已经有以下实践内容。

首先是积极开展与基层组织的和谐共建活动。和谐共建活动的主要目的是维护社会和谐稳定，人民法院通过与基层组织的共建活动，充分发挥

[①] 江必新：《能动司法：依据、空间和限度》，《人民司法》2010年第1期。

人民法院的专业性、权威性，有效结合基层社会治理组织的地域性、人民性和政治性，推动社会矛盾纠纷的多元化解机制的构建和作用的发挥，推动大调解的制度构建，从源头上预防、分流和化解社会矛盾纠纷，大大减轻法院案多人少的压力，促进了基层社会有效治理。

其次是积极开展法治宣传教育和提供法律服务。人民法院积极主动深入社会和群众，开展法治宣传教育，如送法进企业、进校园和进社区等活动；同时利用重要节日，到街头设点接受人们的法律咨询；与传统媒体和新媒体积极开展合作，发布各种典型案例，引导全社会形成尊法守法的氛围；开展庭审直播，开放庭审旁听，将案件审理现场向民众开放，力争每一个案件都能够对社会产生积极的法治宣传教育效果。

再次是通过行政审判促进依法行政。以行政连环诉讼等为例，向政府有关部门开展法治宣传，减少或避免出现行政违法行为，促进行政机关依法履行法律职责，尊重行政法律程序；每年固定撰写行政审判年度报告，并向行政机关通报年度行政审判基本情况，督促行政机关遵守法律；对于一些重点行政案件，积极建立与行政机关的协商制度，促使这些重点行政争议案件能够获得较好的综合调处，而非仅仅的依法判决，以避免出现判决难以执行的状况。

从次是积极参与社会治理综合治理工作。综合治理无法脱离法院的配合，人民法院在诉调衔接、社区矫正、社会矛盾纠纷的排查与总结、信访矛盾的化解等问题上与有关部门形成综合治理合力，有效发挥司法的规范与教育功能，注重法律效果与社会效果的配合；同时，通过分析每年的诉讼形式，提供相关数据分析，如民事案件、刑事案件、行政案件的发案率和审判情况，有助于明确社会矛盾纠纷的具体内容，建立健全社会矛盾纠纷的排查和评估制度，由此延伸了审判功能的社会风险预警作用。

最后是通过司法建议积极参与社会治理。人民法院在审理案件过程中，可以针对案件中存在的制度漏洞等问题提出司法建议，找出上述问题的症结，提出解决的方案，由此帮助社会多元主体完善自身治理体系，也能够帮助党委、政府等部门完善自身社会治理体系。

前述五种方式是当下人民法院参与社会治理实践的集中总结，当然一些地方的人民法院开展了其他社会治理活动，如向社会发布审判白皮书、加强司法援助、建立司法便民措施，如网上立案等。对这些措施，本书保持一种欢迎的态度。不过，本书更想说明的是，在司法实务界和理论界正热烈探讨的今天，我们不仅应该明确哪些提法是目的与手段的关系，或只是一个问题的另一个说法，更重要的是，在司法改革到今天的这种情况下，哪种途径是最佳途径。发现了最佳途径，将会大大节约现在各地法院都普遍存在的紧缺审判力量与资源状况，同时也能实现更好的司法效果。

第二节 人民法院参与社会治理的两种形式

随着经济的快速发展，社会关系越来越趋向复杂化。基层社会矛盾纠纷频发，解决这些矛盾纠纷的方式不再简单依赖于传统的人民调解，诉讼的方式成为居民解决矛盾纠纷的重要途径。但毕竟深受传统法律文化的影响，无讼思想仍然是基层民众的主流思想。基层社会治理，能够发挥作用的不仅仅是传统的行政力量、社会组织力量和公民个人的力量，人民法院的力量也不容忽视。在实践中，各地法院积极探索参与社会治理的方式，宁波的小巷法官和上海的社区法官就是其中的典型。

一 宁波小巷法官

小巷法官是由浙江省宁波市鄞州区人民法院所创建的人民法院参与社会治理的一个品牌活动。2013年，作为枫桥经验在新时期的体现，"小巷法官"入选宁波市法院六项司法惠民实事。从2011年7月至今，鄞州区法院65名"小巷法官"，以专业法律知识和独特亲和力，为社区居民们排忧解难，化解了一个又一个矛盾纠纷。

小巷法官是宁波市基层人民法院参与社会治理的一个典型样本。鄞州区人民法院基于预防角度思考社会矛盾纠纷的化解，依托宁波从2009年构建的大调解制度，从源头上化解矛盾纠纷，实现由"被动诉后解纷"向"主动诉前化解"转变。从源头上化解矛盾纠纷说易行难，鄞州区人民法院的基本思路比较明确：通过有效结合人民法院与社会基层组织力量，尽量将矛盾纠纷化解在诉前，避免大量社会矛盾积压在人民法院，形成"有纠纷无诉讼"的社会治理局面。

2011年7月，鄞州区人民法院依托本院团委的志愿者载体，发挥法官的职业特长，在鄞州彩虹社区创设了4名"小巷法官"，贴近社区居民提供司法服务。

小巷法官以法官居住地为中心划定无讼区域,利用法官所居住社区的属地开展业外法律服务,对社区居民实行"首问负责制"和一条龙服务,负责社区内的法治宣传、纠纷化解和法律咨询等事务。小巷法官开通24小时电话,公布QQ号码和电子邮箱,注册微博等。2014年3月18日,由浙江省宁波市中级人民法院和宁波81890求助服务中心合作建立的81890"小巷法官"服务平台正式开通,为市民提供更加高效、便捷的司法求助渠道。宁波81890求助服务中心是以政府提供公共运作成本,无偿为市民、企业提供全方位需求信息的综合信息服务平台。

该平台的运作机制比较便民,主要有以下内容:设置"小巷法官"服务点,服务点的联系方式有三种:拨打81890求助热线、登录81890微博或发送短信,即可提出司法求助请求,在5分钟内小巷法官会与求助人取得联系。同时这一平台还设置了回访程序,可以就服务的内容进行回访,提升服务质量。因为成本不高,操作简单,所以2013年以来,宁波中院在全市推广开展"小巷法官"活动,大约有600多名法官成为小巷法官,参与社区治理,指导社区化解矛盾纠纷,累计接待群众咨询7980人次,举办法律讲座282次,调解矛盾纠纷1894起。仅2014年7—12月,就积极举办8次法律知识讲座,18次法律咨询活动,接待879人,化解各类纠纷56起,提出司法建议6件,社区居民起诉案件环比下降77.36%。

小巷法官服务点的工作机制大致有以下五种:一是流动服务,小巷法官会定期在一些场所,如社区广场、工作室等地方开展法律知识讲座与咨询活动;二是坐堂服务,主要是指在服务店中有相对固定的法律服务时间,小巷法官们利用业务时间提供法律服务;三是法治宣传服务,小巷法官会认真整理与民生相关的法律法规,精选案例,制作诸如法律知识问答、普法案例选集、法律诉讼指南等法治宣传的手册与材料,免费分发给社区居民;四是网络服务,主要是指通过网络技术手段,比如微信平台、微博平台等,开展网络咨询问答;五是"个案服务",对于居民和社区提交的较为重大的案件,小巷法官还提供"个性套餐",对纠纷进行追踪,并通过合适时机进行上门调解、电话调解等多种调解方式,尽力达成诉前调解协议,努力修复被破坏的社会关系,尽力营造社区人和关系。

小巷法官积极参与社区矛盾纠纷的化解，通过参与社区活动、邻里聚会、娱乐活动、QQ群、论坛等方式，及时有效地掌握社区矛盾纠纷的苗头和隐患，及时发现社区社会治理中的问题和漏洞，及时进行反馈和化解。通过亲身参与社会矛盾纠纷的化解，运用自身法律知识，及时向社区反映社区治理问题，提出针对性司法建议，推动社区治理创新。

【小巷法官案例1】

2014年年初，家住鄞州区某小区二层的方女士（化名）从国外旅游回来，刚进家门就发现几个房间里污水横流，原来是污水倒灌从抽水马桶大量外泄所致。

方女士与房地产公司沟通未果，即通过社区居委会向小巷法官求助。小巷法官陈法官得知后第一时间叫上房地产公司负责人，到方女士家中和公共污水管所实地查看，又把双方请到一起听他们各自的意见。方女士认为公共排水管阻塞是由房屋质量问题引起的，房地产商对其受到的损失应该承担全部责任，要求房地产商为自己更换地板和墙纸。房地产商认为，在排水管中找出了很多由各家业主投放的废弃物，排水管阻塞与房屋质量问题没有因果关系，房地产商愿意给予方女士一定的补偿，但是方女士要求房地产公司代为更换地板和墙纸的要求过于苛刻。

看到双方分歧较大，陈法官引导方女士先根据自己掌握的证据初步计算损失金额，以扩大和解的可能性。一周后，陈法官再次组织双方调解时，还邀请了区建设局、街道办事处、区信访办、房地产公司、业主委员会、居委会的相关人员。陈法官从法律专业角度对事件责任做了划分，并劝说双方当事人抓住主要问题，放弃小的争议。

经过多次协调，方女士与房地产公司达成了由房地产公司一次性支付业主60000元补偿款的和解方案，方女士承诺不再向房地产公司提出其他赔偿或补偿要求。双方握手言和，同时均对小巷法官的工作表示衷心感谢。整个纠纷的化解过程不到一个月时间。

【小巷法官案例2】

2015年4月的一个清晨，鄞州区某小区保洁人员黄女士从一幢居民楼的楼顶坠楼身亡。死者亲属认为，黄女士早上带工具出门清理垃圾，构成工伤，应享受工伤保险待遇，而用人单位某物业公司则认为，公安机关未排除自杀，且死者工作时间应从早上8时开始，工作地点应在地面，不同意赔偿。

该社区人民调解委员会进行了3天的调解，因双方争议较大，一时陷入僵局。眼看一场官司不可避免，社区居委会为尽快化解纠纷，向社区小巷法官求助。

第二天，小巷法官先登门安抚死者亲属，从情理角度动员死者亲属考虑当初是居委会、物业公司照顾死者身体的情况，作必要的让步。同时，又动员物业公司从人性化角度考虑死者的家庭情况，并分析诉讼可能产生的风险，予以适当补偿。通过一下午的思想工作，双方虽都有调解意愿，但差距仍然较大。

次日下午，小巷法官再次协助社区组织调解，通过法理、情理的分析，双方均同意做出让步，最终达成调解协议，由物业公司一次性补偿死者亲属10万元。为防止后续再次引发纠纷，小巷法官又手把手指导人民调解委员会详细、规范地做好调解笔录、调解协议。

二 上海社区法官

与宁波小巷法官非常近似的是，上海于2008年在杨浦区尝试建立"社区法官"及巡回法庭。社区法官，从其名称上可知，是将法官的工作场所转移到社区。这种转移的目的，并非是直接行使审判权，而是以审判权为后盾，通过调解与审判的有机结合，并注重使用调解手段，努力实现少讼到"无讼"，实现社区人和。

自2008年以来，因为社会矛盾纠纷日益增多，一个基本的社会共识是，仅仅依靠政府、法院等单方力量是无法全部有效地解决这些矛盾纠纷的，必须通过多方力量的合作，才能实现社会和谐稳定。社区法官实际上也是上述共识的一种积极有效的尝试。上海杨浦区人民法院通过与基层人民调解组织的合作，形成诉讼调解相结合的矛盾纠纷化解方式，这种司法机关主动跨一步的社会治理模式，是目前较为常见的司法参与社会治理的方式。

社区法官的基本做法是：鉴于当下在职法官面临案多人少的工作压力，不宜再行增加在职法官的压力，因此与社区展开合作，聘请已经退休的法官，组建社区法官队伍，主要职责有：法律咨询、调解纠纷、法治宣传、法治讲座等，社区内一般的民商事纠纷，均可邀请社区法官到社区或街道的调解工作室内进行纠纷的调解，由这些社区法官调解达成的协议可以直接送到人民法院出具调解书。如果调解没有成功，也还可以借助巡回法庭的力量。巡回法庭是为了更加有效化解矛盾纠纷，通过派出在职法官组建巡回法庭，与社区法官、人民陪审员、调解员以及社区组织共同组建合议庭，直接在社区进行案件审理，其目的便是为了实现矛盾纠纷的就地化解，"小事不出社区，大事不出街道"。

社区法官的探索取得了良好的社会效果。自实施以来，大批社区邻里纠纷、家庭纠纷、物业纠纷等都被及时化解在街道和社区。杨浦区人民法院积极运用社区法官的调解功能，基本上每年都会委托社区法官进行案件调解，占到全年民商事案件的1/3左右，大大减轻了在职法官的压力。通过社区法官调解的案件，成功率也较高，基本上在85%以上。同时，一审民事息诉率逐步上升，2013年达到90.57%，2014年一季度升至91.85%。

社区法官的工作机制很快得到上海其他法院的学习。上海普陀法院在2013年也开始在街道和村镇设立社区法官的工作室。普陀法院办公室提供的数据说明，2013年以来，由社区法官工作室所调解的案件，平均只需要6.5天即可调解完毕，成功率在66.75%左右，非常有效地促成人民法院民事案件收案量的下降。为了更加有效发挥社区法官功能，普陀区要求每个街道都配备一名社区法官，都设立专门的工作室，通过固定场所、固定时间提供法律咨询、人民调解等服务，有效化解社区、街道的矛盾纠纷。除此之外，在社区街道如有突发性、群体性事件的发生，社区法官也可以在第一时间介入纠纷和矛盾的化解。基本上已经形成了一种工作全日制、街道全覆盖、功能全方位的"三全"工作模式。

上海社区法官实践，实际上是为了更好利用人民调解的力量，通过架构社区法官这一桥梁，实现人民法院与人民调解的有机结合，辅之以社区巡回法院的制度保障，由此探索一条诉调衔接的新机制，这是人民法院参与社会治理的另一种新的探索模式。既有利于以更加积极的方式发挥人民调解的作用，减轻法院案多人少的压力，同时也更加有利于避免审判这种可能激化矛盾的方式，而采用调解这种相对柔和的方式实现矛盾纠纷的化解，既实现了司法便民、司法为民，维护社会和谐稳定的目的，同时也能够让有限的司法资源用于解决疑难复杂的矛盾纠纷，有效提升司法资源的利用效率。

【社区法官案例1】

2014年夏天，社区通知社区法官周法官紧急处理一桩突发的矛盾纠纷。这桩纠纷的起因是因为煤气公司工作人员的操作失误，导致社区一户人家因为煤气泄漏中毒抢救，双方因为赔偿费用等问题引发矛盾，并破坏了医院正常医疗秩序。

"一开始双方都坚持自己的立场，受害方还扬言，如果不解决此事，他们就长期滞留在医院。"周法官通过与街道干部到煤气公司进行说理释法，从法律上分析煤气公司应当承担的法律责任，并且分析诉讼可能带来的诉累，由此促成了煤气公司主动与受害方和解。

【社区法官案例2】

2013年上半年，社区法官严法官被通知参加一起街道突发事件的处理。原因是一位某酒店刚离职的男青年午夜醉酒后失足坠楼死亡。该男青年的大量家属聚集酒店讨要赔偿。酒店方认为自己没有责任，因为该男青年在坠楼当天已离职，且坠楼也不是酒店原因，不同意给予赔偿。而家属的情绪则较为激动，现场秩序已经十分混乱。街道干部无法调解复杂法律纠纷，于是找来社区法官调解。

严法官到现场后，在安抚家属情绪后详细了解事情经过，与酒店负责人进行交谈，从法律上分析男青年坠楼现场属于酒店实际控制区域，应当比照经营管理的权限和安全防控的原则，酒店是要承担部分责任的。最后经过多次调解，酒店与家属终于达成调解协议。

由上述案例可见，社区法官的工作，实际上就是使法院作为"最后一道防线"的意义与人民调解作为"第一道防线"的意义能够有效结合，实现前移矛盾纠纷化解的关口，争取诉前即解决大量矛盾纠纷。

综合各地做法与理论成果，本书认为人民法院参与社会治理的最佳路径便是正在部分法院试点的"小巷法官"与"社区法官"工作机制。

目前，法律或相关政策上并无"小巷法官"与"社区法官"的官方定义。这种说法实际是多地法院所开展的"法官进社区"活动的一种名词变称，即对走进社区开展工作的法官一种通俗化称谓。这里的"社区"也应是一种广义上的基层组织，在城市叫社区，在农村则叫村居，也应当包括基层企业、学校等基层组织。"小巷法官"与"社区法官"的宗旨在于将司法工作的关口适当前移，将法庭的职能延伸到基层社区，以达到有效解决纠纷、维护社会和谐稳定的最终目标。这种做法可以被称为是"马锡五审判方式"的继续与发扬。

"小巷法官"与"社区法官"出现后，也获得了学者的认可。清华大学张卫平教授认为，"社区法官"对于基层法治建设、落实司法为民的司法政策方面具有实践意义。由于"小巷法官"与"社区法官"还属于法院新事物，各地法院还处于摸索尝试阶段，就名称而言，就出现有多种说法，比如南京市秦淮区法院叫"管段法官"，北京市西城区法院称为"巡回法官"，江苏省盐都区法院称为"法治教导员"，有些法院则称为"挂职法官"。各地社区法官的工作方式也略有不同，有的是法官定期进社区，有的是在社区设立社区法官工作室，也有叫法官调解室，也有的是法官在社区挂一个行政职务。名称与工作方式虽然不同，但其功能定位基本相似，都是为更好让群众在家门口获得司法便民服务，实现法院与基层组织有效对接，努力将矛盾消灭在萌芽状态，维护社会稳定。

三　人民法院参与社会治理的社会效用

无论是小巷法官还是社区法官，都是人民法院参与社会治理的具体展现方式，其运作方式，或者是利用现职法官业务外的时间展开司法服务，或者是利用退休法官展开全天候法律服务，为社区治理和社会稳定和谐做出了很大贡献。

从目前实践看，人民法院参与社会治理的主要路径有三个方面：一是积极发挥司法调控功能；二是有效推动社会资源整合；三是督促引导公共政策形成。[①] 人民法院参与社会治理，首先以传统文化中的"无讼"理念为基础，以传统的和为贵为调解原则，通过调解，促使双方愿意部分地放弃个人利益达成协议，不要"锱铢必较"，更加不要滥讼，由此形成一种

---

① 莫爱萍：《能动司法参与社会治理创新》，《人民法院报》2012年2月3日第2版。

诉调衔接的有效化解社会矛盾纠纷的新机制，形成社会治理的新思路，在一种相对的动态中保持社会稳定和谐。

人民法官积极参与社会治理，实际上也是一种司法能动的表现。本书这里采用的司法能动，不是能动司法，其动宾状态不同。司法能动，仍然坚持司法本位，只是会更加积极运用司法权力，化解矛盾纠纷，参与社会治理；能动司法，则是以化解矛盾纠纷、参与社会治理来指导司法，很可能会导致司法的错位。司法能动，有学者认为有三大主要特征：即"围绕服务经济发展、维护社会稳定、促进社会和谐、保障人民权益的要求，积极运用政策考量、利益平衡、和谐司法等司法方式，履行司法审判职能的服务型司法；主动开展调查研究，认真分析研判形势，主动回应社会司法需求，切实加强改进工作，主动延伸审判职能，积极参与社会治理，主动沟通协调，努力形成工作合力的主动型司法；根据经济社会发展要求，未雨绸缪，超前谋划，提前应对，努力把纠纷解决在萌芽状态的高效型司法。"① 这三大特征中，既有司法本身的职能，也有司法社会治理的职能，而无论是小巷法官还是社区法官，都是人民法院主动参与社会治理的表现方式，通过主动沟通协调，努力形成工作合力，一方面将化解矛盾纠纷的关口前移，从诉讼到诉前，另一方面，解决矛盾纠纷的层次更加深化，不仅仅追求"案结事了"，还追求社会和谐，人的和谐。

人民法院参与社会治理实现了法律效果和社会效果的有机统一，通过建立基层社会和谐的新平台，积极回应了人民群众对司法的新期待新需求。人民群众在最近这些年对司法有了不少新期待和新需求。公丕祥指出，"在司法功能上，越来越多的人民群众选择以司法手段维护自身合法权益，人民法院的受案数量大幅增长，在司法公正上，既关注程序公正，又注重实体公正，还要求审判结果接受社会道德、民俗习惯、公众民意乃至当事人意志的评判。在司法效果上，不仅要求司法公正，还期待实际解决问题，不仅要求依法裁判，还要求案结事了，不仅要求做好审判本职工作，还期待拓展审判社会职能，引导市场主体规范交易行为，推进社会治理机制的完善。在司法过程上，期待司法更加公开、民主和便民，特别是期待人民法院更加注意倾听人民的呼声，了解人民的意愿，主动接受人民

---

① 王淳、高洪：《民事审判指导与参考》，法律出版社2010年版，第89页。

的评判等。"① 小巷法官和社区法官这两个平台，是社区矛盾纠纷的"减压器"和"润滑剂"，它们能够将矛盾纠纷控制在最基层和第一线，可以有效防止矛盾纠纷的进一步扩大和激化，同时，通过这些法官的积极主动活动，进一步在基层形成了学法、用法和守法的法治氛围，大量纠纷在无形中也得以避免和自我消化。

第三节 人民法院参与社会治理之多元纠纷解决机制

前文述及人民法院参与社会治理的一个重要路径就是建构多元纠纷解决机制，提供更多纠纷解决方式，既有利于解决法院面临的案多人少的尖锐矛盾，也有利于化解社会矛盾纠纷。宁波市两级法院对此的探索实践值得分析。

一 构建多元纠纷解决机制的现实背景

自 2008 年以来，社会矛盾纠纷日益增多，人民法院受案量日益增长，压力空前。而随着 2015 年 5 月 1 日起，立案由审查改为登记之后，受案量再次井喷，人民法院所面临的案多人少矛盾再次被提到必须解决的议程上。

立案登记制带来的最直接的影响是，原先大量可以不立案而通过调解解决的案件，因为立案只需要登记，有案必立，有诉必理，很多当事人就不愿意接受调解，认为调解不一定能够得到有效执行，还不如起诉效果更好。这导致诉前调解工作很难进行，调解率下降很多。2015 年，全市法院共接收各类行政案件 2028 件，同比上升 132.57%。以宁波中院为例，立案登记制以来，行政案件收案 440 件，较去年同期增长 277.27%，且难以通过诉前协调机制等多元化解决纠纷措施来分流案件，公安、建设、规划等行政机关成被告的案件增加。

而随着我国司法改革的一项重要内容——法官员额制的实施，立案庭能够获得法官员额的极少。如浙江嘉兴中院只有 1 名庭长进入员额。这与

---

① 公丕祥：《挑战与回应：有效满足人民群众司法需求的时代思考》，《法律适用》2009 年第 1 期。

立案庭实际承担的繁重工作远不相符。立案庭不仅需要常年固定在立案窗口接待当事人，而且还承担着诉前调解、管辖异议、不予受理等大量事务的办理，但是在员额分配时却得不到应有照顾，导致很多法官认为立案庭"低人一等"，不愿意到立案庭工作，已经在岗的也要求调离。立案庭法官的流失导致了很多案件直接进入法院审理程序，直接加剧了案多人少的矛盾，这也让人民法院需要更多考虑构建多元纠纷解决机制。

因此本书认为，目前人民法院构建和完善多元纠纷解决机制的现实背景非常明显：

首先是案多人少的现实压力。尤其是实施立案登记制以后，案件总量直线上升。从宁波中院获得的数据可知，一是受案量上升迅速，宁波两级法院2015年受案量共172699件，同比上升12.82%，其中上诉案件受案12123件，同比上升10.06%。二是未结案的案件数量增多，2015年两级法院共有未结案案件22667件，同比上升77.7%。上诉案件未结案数量1724件，上升85.98%。

其次是已有的调解机制利用效率下降。从三个数据可以说明，一是诉前调解率，立案登记制以后，2015年两级法院的诉前调解率为8.63%（全省平均为7.94%），同比下降6.41%。这意味着有1万多件案件的当事人不愿接受诉前调解或调解不成功。二是诉讼调撤率，2015年两级法院的调撤率为61.68%，下降0.85%，这意味着有近6万件案件当事人不愿意接受调解或调解不成功。三是调解的司法确认率。司法对调解组织调解协议的确认，这是利用人民调解组织减轻司法压力的重要方式，也是诉调衔接的重要内容。但近三年来，司法确认收案量不断下降，从2012年每年收案确认近2万件到2015年收案确认仅有1.2万件左右。究其原因，法官们发现，案件当事人对诉讼结果的期待较高，对调解不够信任，对自身利益较为坚持，不愿意妥协是主要原因。

最后是审判面临诸多现实难题。主要表现为两个方面：一是群体性纠纷案件的审理极为困难，如群体性物业纠纷、征地拆迁纠纷、房屋质量纠纷、劳动关系纠纷、民间集资纠纷等，审理难度极大，纠纷化解极难，单纯依靠法院的力量很难获得有效的解决；二是审理经常面临网络与舆论的压力。现代网络技术发达，很多当事人会将案件情况披露在网上，争取社会舆论支持，引发有关部门的关注，试图将简单的个案转化为公共事件，从而给审判施加压力。这种情况并不少见，很多法官面对此类案件和当事人，如履薄冰，不敢或不愿直接判决，导致案件拖延不决。

由上可见，人民法院面临诸多社会矛盾纠纷，单纯以司法的力量已经较难应对，必须借助全社会的力量，构建多元纠纷解决机制，以人民法院的司法为主导和后盾，通过多元纠纷解决机制的建立和完善，有效化解矛盾纠纷，实现良好社会治理效果。

二 宁波推进多元纠纷解决机制的经验

党的十八届四中全会对积极推进多元纠纷解决机制做出了部署，宁波法院系统在司法推动、社会参与、多元并举的新思路下探索多元纠纷解决机制，扎实推进与非诉讼解决方式的衔接机制建设，优化法院内部解纷资源，取得了较好效果。2015年9月最高院与国家保监会联合授予宁波中院"全国保险诉讼诉调对接机制建设示范法院"。主要有以下经验：

首先是机制的建立主要是依托党政部门的主导，各方积极配合。多元纠纷解决机制并不是一个小问题，而是社会纠纷解决力量的有效整合成为一个系统工程，单纯依靠法院的力量，是不足以整合多种纠纷的解决力量的。这就需要在建立之初依靠党政力量的主导，通过党政的统一规划和协调，在多元纠纷解决主体中确立起相对明确的功能与规范，明确多元主体的解纷职能，才能形成一个相对稳定的固定的有责任机制推动的多元纠纷解决系统。宁波两级法院以"党委领导、政府支持、多方参与、司法推动、便民利民"的原则，通过宁波市委市政府的全局协调，出台《关于深入推进矛盾纠纷多元化解机制建设的意见》，指导和帮助建立以人民法院为主的矛盾纠纷多元化解机制。法院积极响应，在医疗、保险、交通事故、物业纠纷等领域与专业性人民调解组织合作搭建"诉非衔接"平台，由此构建多元纠纷解决机制。

其次是法院注重内部机制的创新，促成诉调衔接机制的更新。宁波法院系统通过建立诉讼服务中心，扩大原先诉调衔接平台的工作职责，将其由原来较为有限的非诉解决、司法确认等扩大至立案登记、人民调解、诉讼辅导、诉调衔接等。将诉调衔接的功能与诉讼服务中心相互结合，以诉讼服务推进诉调衔接。同时探索引入律师调解、专家调解、法院专职调解等，通过调解减轻审判压力。

再次是注重引入法院外部的力量,共同促成多元纠纷解决。宁波法院主动与各行业协会、商会等组织合作,突破婚姻家庭领域、邻里纠纷、医疗事故纠纷等领域,在建筑领域、知识产权领域、现代物业管理、环境保护领域、保险、期货交易等领域也共建多元纠纷解决机制,从而将大量更加专业的案件尽量先交由专业行业协会和商会组织先行调解。比如宁波市中院与中国国际贸易促进会宁波分会共建调解工作室,与中国保监会宁波监管局共建保险纠纷诉调衔接机制,与宁波市司法局共建医疗纠纷诉调衔接机制,与宁波市科技局知识产权维权中心共建专利纠纷诉调衔接机制,这些都是对传统诉调衔接机制的工作范围的进一步开拓,也意味着更多矛盾纠纷被交给了更专业的调解力量。

不仅中院持续进行机制创新,基层法院也根据自身辖区实际情况,积极开展多元纠纷解决机制的构建。原江东区法院通过与仲裁机构的合作,引导银行将原先的诉讼管辖转变为仲裁管辖,分流部分案件到仲裁机构,形成有效的金融纠纷仲裁解决机制;象山法院在家庭纠纷上注重与妇联的合作,选派法官与妇联共同开展妇女权益维护活动;鄞州法院与鄞州工商局合作,设立消费者权益巡回法庭,法院和行政机关共同维护消费者权益;海曙法院与旅游局合作建立旅游纠纷调解工作室;奉化法院联系基层司法所和社区成立涉诉纠纷调解委员会等。这些都是基层人民法院主动参与社会治理,引入外界力量,创新治理机制的实践探索。

最后是细化和完善诉调衔接机制的具体内容。无论是法院内部创新还是外部力量的引入,都需要一个完善的诉调衔接机制。目前的主要做法是:在当事人登记立案前,可以引导当事人选择进行调解机制,进行诉前调解,如果不愿意接受的,可以进行立案登记;立案后,进行案件的繁简分流,对适合进行调解的,再次征求当事人意见,由专业的调解机构进行调节或由法院诉讼服务中心的专职调解员调解,调解协议可以直接由法官出具,不必司法确认;如果当事人不愿意接受调解,或者调解不成功,案件进入审理阶段,仍然可以借助专业调解组织的力量进行调解。在这一整体运行流程中,可以分阶段多层次引入调解组织的力量,但必须充分尊重当事人的意愿,只有当事人同意才进行调解。

在这一诉调衔接机制中,必须让当事人相信纠纷可以得到有效解决,这就需要一支专业化的衔接队伍。实践中,主要是由政府向人民调解组织购买服务，配合人民法院的审判工作。人民法院本身也为了促进这些人民调解组织成员素质的提升，开展多种形式的人民调解员培训，如旁听庭审、案件会商、庭前会议、聘请法学专家进行讲座等。甚至有些法院为了提升调解的质量，还专门选派院内在职的有较为丰富调解经验的法官担任专职调解员，通过调解与审判的分离，实现优化司法资源。

宁波法院的多元纠纷解决机制的构建与实践，在很大程度上有助于满足群众的司法需求，也有效化解了社会矛盾纠纷，减轻了法院诉讼压力。从其效果而言，具体有以下方面：一是有效缓解了办案压力，同时提升了办案质量。以宁波市保险诉调衔接的情况看，从2013—2015年，保险业纠纷调解组织共接收法院委托调解案件是法院全部保险案件的一半多。从调解率、发还改判率和服判息诉率看，2013年分别为68%、1.35%、87.2%，试点后分别为84%、0.3%、99%。二是有效维护了群众合法权益。群众选择多元纠纷解决机制，其目的就在于尽快解决矛盾纠纷，诉调衔接就提供了这种便捷性服务，能够通过调解促使纠纷的当场解决，调解的过程一般就完成了举证质证，人民法院在调解不成时可以直接进行判决。纠纷的解决过程便利高效。三是有效化解矛盾纠纷，维护社会和谐。前述象山法院与妇联合作，2013年成立妇女维权合议庭，2015年改为家事审判庭后，建立家事纠纷诉前调解工作站，先行调解家事纠纷，调解不成的再行立案审理。这一举措，有效地在诉前化解家事矛盾纠纷。2015年家事纠纷结案率为93.23%，调撤率达到64.23%，平均审理期限缩短7天。再以海曙法院的家事调查官为例，海曙法院为了应对家事纠纷日益增多，家事纠纷调查取证难的问题，与社会组织，如宁港湾婚姻家庭服务中心、宁波大学法学院等开展合作，选派家事调查官积极调查家事纠纷的事实，提供家事调查报告，形成法官判决的重要参考依据，大量节约了法官调查取证时间，有效维护了婚姻家庭关系的稳定。

三　多元纠纷解决机制存在的问题和不足

尽管多元纠纷解决机制取得了一定成绩，但也存在不少问题，这些问题直接阻碍了这一机制作用的发挥，主要有：

其一，缺乏顶层设计和整体规划。多元纠纷解决机制看起来概念时髦、实践红火，但实际上这一机制的设立并未有非常科学的顶层设计和整体规划。目前的调解力量仍然是较为碎片化的，比如人民调解由司法行政部门负责组织、劳动争议仲裁由劳动部门组织、诉调衔接由法院组织等，这些相应的部门相互之间对多元纠纷解决机制的认识不同，重视不同，推进不同，经费、人员和财力保障也不同，不利于整体性地设计这一制度。

更加重要的是，目前对于什么是多元纠纷解决机制，如何有效构建这一机制等问题仍然缺乏整体性系统性的准确认识，甚至简单等同于之前由政府主导下的大调解机制，有的则将之作为维稳的措施对待，对多元纠纷的解决方案并不认同，甚至提出只要交给法院就行了，无须更多建设的意见。这种认识上的不足甚至轻视，导致无法建立一个整体性和系统性的多元纠纷解决机制，更遑论建立统一的数据统计口径，建立一个数据共享机制和数据库了。

其二，结构性失衡问题较为突出。多元纠纷解决机制的部门内容，如劳动争议、医疗纠纷、保险纠纷等，借助某些专业性的平台，获得了有效应用，但是同样属于多元纠纷解决机制重要内容的行政调解、复议、仲裁等并未获得有效应用，存在结构性失衡的问题。

行政性解决纠纷的手段并未获得应有重视和实践，其原因有很多，一是当事人本身对行政机关的不信任，不愿意采取行政手段；二是行政机关本身也不重视行政调解或复议工作，导致职责得不到有效履行；三是行政性解决纠纷的手段不够规范和具体，当事人不知道如何申请和操作；四是行政调解、人民调解和法院之间衔接机制尚未完全建立起来。

仲裁尤其是商事仲裁得不到有效应用是较为奇怪的现象。本来仲裁较之诉讼具有优势，如时间成本小、纠纷解决方式灵活等，但法院收案量增加，仲裁却并未呈现案件增长，反而是有所下降，究其原因，仲裁作为一种纠纷解决方式，尚未被民众所熟知，民众也并不清楚仲裁的操作程序。

其三，现有衔接机制尚不够顺畅。衔接机制的流畅与否，是这一机制是否能够实现其功能的关键，但目前衔接机制一般是人民调解组织派驻法院调解工作室从事调解工作，这种机制很容易被当事人误解，从而失去人民调解的独立性和中立性，导致当事人不愿意选用人民调解。在专业调解方面，法院需要专业性调解力量的帮助，但专业调解力量仍然需要更多力量的配合，比如保险纠纷调解，需要保险公司、人民法院、当事人、医疗机构、公安部门等的配合，所涉及的协调机制仍然需要更加顺畅。

机制不够顺畅的一个重要原因是队伍问题。从目前看，调解人才的缺乏十分明显，很多调解员并不具备丰富调解经验，调解的技巧和能力较为欠缺，而一些较为专业的调解员却并不擅长语言调解，很容易使调解陷入僵局。与此同时，多元纠纷解决机制的经费缺乏保障也是队伍建设难以持续的重要原因。整体经费投入不足，调解工作报酬较为微薄，调解员不愿长期从事调解工作。只能依靠有公益心的退休人员，如退休法官、检察官、律师等，但仅仅依靠公益人员，多元纠纷解决机制是无法长期维持运行的。

四 推进多元纠纷解决机制的建议

从上述关于多元纠纷解决机制的问题可以看出，我们可以从以下方面进一步推动多元纠纷解决机制的建设：

首先可以加强领导，通过党委政府的领导，建构由法院主导的多元纠纷解决机制。为了解决当下多元纠纷解决主体的碎片化和分散化问题，通过党委政府的领导，构建一个整体性和系统性的多元纠纷解决机制的运行平台，是较为可行的方案。这一平台可以容纳多元纠纷解决的各种主体和途径，如医疗纠纷、交通事故纠纷、物业纠纷等，但需要一个主导性的纠纷解决方式。司法作为最后一道防线，正适合作为主导性的保障，而各种调解组织，可以作为第一道防线，切合矛盾纠纷的快速化解。

其次是进一步拓宽多元纠纷解决机制的外部力量。鉴于矛盾纠纷的日渐增多和日益复杂，可以推动商会组织、行业协会组织的全覆盖，推动由重点领域的调解组织建设走向全面的调解组织建设，整合现有调解组织，推动律师协会成立调解组织，吸收律师力量参与社会矛盾纠纷化解。同时注意多元纠纷解决机制的结构性平衡问题，如注重利用行政性解纷力量、完善仲裁制度、发挥公证化解矛盾纠纷的作用，减少纠纷成本等。

再次是畅通诉调衔接的工作机制。诉调衔接工作机制有以下要素：一是哪类纠纷可以进行诉调衔接，目前大致在家事纠纷、邻里纠纷、商事纠纷、劳动争议、医疗纠纷、交通事故纠纷、物业管理纠纷、保险纠纷、知识产权纠纷等领域建立起诉调衔接机制，还可以继续探索其他适合进行诉调衔接的案件类型，尽量扩大使用范围；二是哪些部门是可以对接上述纠纷的调解的，必须明确其调解的工作职责，明确专门的调解人员；三是如何有效引导当事人选择诉调衔接机制,要明确告知当事人此项工作机制,保障当事人的知情权,同时尊重当事人的选择权,尽量引导其选择此项机制;四是如何确保诉调衔接机制的法律效果,可以通过加强司法支持力度,比如加强司法确认,设立巡回法庭、专门的合议庭、专职法官调解员等,加强对此项工作机制的支持力度,也可以通过加强公证工作,通过公证的调解协议,直接强制执行;五是如何让诉调衔接机制全面铺开,目前实践主要通过建立纵向到底横向到边的工作机制,在区县、街道、社区(农村)建立三级诉调衔接机制,各自分工不同层面的矛盾纠纷化解工作;六是如何利用现代网络技术扩大这一机制的运用,实践中主要是通过建立网络平台,将调解、仲裁、鉴定、诉讼等方式融合于网络平台,提供网络法律服务,及时有效地跨空间和时间化解矛盾纠纷。

最后是完善多元纠纷解决机制的保障措施,尤其是经费保障。实践中或者将多元纠纷化解机制所涉及的主体所需经费列入同级财政,或者通过政府购买的方式,或者通过市场化运作的方式,也可以鼓励社会捐赠等,以多元化的方式保障多元纠纷解决机制的经费。在这一机制建立之初,财政或可多支持一些,但必须逐步引导这些机制通过社会捐助或市场化方式逐渐实现自给自足,逐渐成长为相对独立的中立力量,成为社会治理的重要主体。

第六章　人民检察院参与社会治理实证研究

第一节　人民检察院参与社会治理的职能、限度与路径

我国人口众多、地大物博、社会复杂、现象繁多,"在中国要建立和维持优良治理秩序,超大规模是一个最为重要的事实,立法者和政治思考者必须面对这个事实,为此,也就必然立足于中国治理之道。"① 社会治理创新是一项系统性工程,必须发动一切主体。

检察机关是法治国家的建设者和实践者,也是依法治国的推进者和保障者。最高人民检察院原检察长曹建明在全国检察长会议上曾经强调,检察机关应当按照中央社会治理创新的基本要求,通过充分有效发挥检察职能,推进平安中国建设。可见,检察机关作为人民的检察机关,不能在社会治理中缺席,这就要求检察机关必须积极转变思路,以全面深化改革和全面推进依法治国为前提,积极发挥检察职能,促成社会治理效果的达成。

一　检察机关参与社会治理的职能定位

目前国家监察体制改革正在如火如荼进行,这种监察体制改革与检察机关的法律监督职能如何协调是一个重大的法律问题。长期以来,人民检察院更加注重的是诉讼职能和诉讼监督,对法律监督并未有太高的重视。

人民检察院在我国的历史并不长。1954 年依据毛泽东同志的建议,人民检察院从人民检察署改称而来。此称呼同时写进了当时的宪法和人民检察院组织法,虽然宪法和法律赋予人民检察院法律监督权,但正如上

---

① 姚中秋:《超大规模国家的治理之道》,《读书》2013 年第 5 期。

述,人民检察院对这项权力的行使并未有较多关注。而到 1965 年宪法直接规定各级公安机关行使检察机关的职权,人民检察院在其后的十年多时间里基本上消失了。直到 1978 年宪法重新恢复了人民检察院的称呼与职权。1982 年宪法则对上述问题给予了更进一步的规定和细化,由此形成了当下检察机关检察权的规定。其后近 40 年,人民检察院的职权未曾发生较大变化,这也是为何今天监察体制改革需要突破的宪法难题。

"检察机关应当立足自身法律监督机关的定位,充分发挥法律监督职能,在推动和促进社会管理创新中有所作为。"① 为此,我们需要首先明确检察权的内容。根据现行宪法和法律,检察机关的检察权由人民检察院行使,这项职权一般包含以下内容:代表国家提起公诉的权力,批准逮捕和决定逮捕权,部分案件的侦查权,刑事、民事、行政案件的审判监督权,刑事判决执行和监管改造活动的监督权、司法解释权等。人民检察院本身积极行使上述职能,就是对社会治理的一大重要贡献,但问题在于如何更加有效地发挥人民检察院的治理功能。

人民检察院是社会治理的重要主体,除了依法办案之外,人民检察院应当承担更多的社会治理职能,这主要是指人民检察院应当更加积极主动地发挥其法律监督职能,其主要监督对象可以聚焦于社会治理的另一个重要主体——人民政府,因为后者是行使社会治理权的最大主体,通过人民检察院的法律监督,可以更加规范人民政府权力的运作,保障公民权利,这也使人民检察院可以有更多作为的空间。因此,本书认为,可以在以下层面更加积极发挥人民检察院的社会治理功能。

首先是关于权力监督层面的治理。权力监督是法律监督的重要内容,人民检察院可以通过对行政权力运行的监督、审判权力运行的监督,更好地维护国家法律的正确实施。通过行政监督,促使行政权力依法依程序履行职责,纠正错误的行政行为;通过司法监督,促使审判机关正确合法履行审判职责,纠正错误的审判行为。

其次是关于诉讼监督方面的治理。诉讼监督也是人民检察院法律监督的重要内容,这种监督可以体现为以下方面:加强刑事案件的立案监督、侦查监督;加大查处由检察院自身履行侦查职责的公诉案件;健全行政执

---

① 曹建明:《2010 年最高人民检察院工作报告》,《检察日报》2010 年 3 月 13 日第 7 版。

法与刑事司法相衔接的工作制度；对监督中发现的问题，及时提出检察建议，促使错误行为得到纠正。

最后是关于社会公益层面的治理。社会公益意味着很难以个人名义提起诉讼，这就需要人民检察院以人民的名义提起公益诉讼，尤其是在某些特定情况下，比如环境公益诉讼、对某些国有企业的公益诉讼等。后者经常是以自身名义行使社会管理权，但在行使过程中因为不够规范导致出现了不少违法犯罪问题，这就需要人民检察院加以特别监督，以形成有效制约。

二　检察机关参与社会治理的限度

从目前法律赋予检察机关的职责来看，检察机关在社会治理中是有着非常重要的职责的，既有履行本身职责，维护社会和谐稳定的问题，又有通过履行职责促进社会治理的问题。查办案件、加强监督本来就是社会治理的一部分，法律是用来调整社会关系、管理社会的，运用法律的手段管理社会是不可或缺的，是非常重要的，在一定意义上是最理想、最高境界的管理手段。加强法律监督工作，保证国家法律的统一正确实施，真正做到有法必依、执法必严、违法必究，对社会治理尤其重要。

检察机关是参与社会治理的重要主体。宪法赋予人民检察院独特权能——检察权，是责任和权力的统一。检察机关不仅仅是单纯的公诉机关，还是法律监督机关，本身已经说明了检察机关承担有一定的社会管理属性。[①]

历史而言，检察制度是一项在国家的权力结构与治理格局中非常重要的权利救济制度，检察机关作为检察制度的现实运行机关，也是国家重要的权力机关，参与社会治理是其内在职能，但与此同时，基于检察权的重要性，我们要求检察机关首先必须履行好自身法律职责，严格依法办案，维护司法公正，通过对犯罪的有效公诉，保护被害人的权益，维护社会稳定。其次是检察机关的参与社会治理，是一种依法的和有限的参与，依法参与也即检察机关不能脱离其法定职权，必须围绕法定职权展开社会治理，决不能为了社会治理而超越法定职责，更不能为了求新或求亮点，突

---

① 张敬博：《检察机关参与社会管理创新的理论与实践》，《人民检察》2011年第1期。

破法定职权。正是基于此，我们会看到检察机关的参与，和其他社会组织的参与不同，是一种有限参与，应当遵循司法谦抑原则，适当参与，这才是检察机关参与社会治理的合适方式。

三 检察机关参与社会治理的进路

检察机关参与社会治理，必须从宏观着眼，微观入手，必须更加注重目标的系统性、整体性和路径的协同性。

"治理的方法包括自上而下、自下而上以及上下互动等多种方式，自上而下作为传统的治理手段，仍然是国家治理不可或缺的手段，在我国具体体现为党的领导以及政府在经济社会中的主体作用；自下而上是近年来日益兴起的社会治理手段，它对自上而下的政府治理构成了有效补充；上下互动则是强调以上两种手段结合治理方法，构建良好的上下互动治理格局，使各个治理主体效用得到最大程度发挥，它是国家治理的理想状态。"① 以协同性、整体性进路推进检察机关参与社会治理创新，主要从以下方面推进：

一是全面发挥法律监督职能作用，创新社会治理方式。在第十三次全国检察工作会议上，曹建明检察长特别强调，检察机关要立足检察职能，全面发挥打击、预防、监督、教育、保护的作用，更好地为中心和大局服务。检察机关创新社会治理方式，要从检察职能出发，为经济建设中心服务，围绕发展、围绕民生、围绕稳定开展法律监督工作，突出查办对发展危害大、对民生危害大、对社会和谐稳定危害大的违法犯罪。

二是严厉打击各类严重刑事犯罪。充分发挥批捕起诉职能，严厉打击严重影响社会管理秩序、经济管理秩序以及危害人民群众人身、财产安全的犯罪，维护社会稳定。同时注意严肃查办各类职务犯罪。严肃查办破坏经济社会发展、侵害民生的贪污贿赂、失职渎职等职务犯罪。加强社会矛盾化解。要更加注重执法风险的评估和预警，更加注重依靠党委、政府，形成化解矛盾的合力。控告申诉、民事行政检察部门积极参与大调解工作格局构建，与司法局探索完善"检调对接"工作机制。完善接访机制、

---

① 李岩：《国家治理体系和治理能力现代化：背景、意涵与影响》，《领导文萃》2014 年第 6 期。

推行联合接访、定期接访、主动约访、携案下访、深入息访，努力实现"案结事了人和"的工作目标。人民检察院应该注意做好重点人群稳控和帮教工作。会同综治、社会保障等部门及村委会、居委会，帮助无户口、无住所、无基本生活来源等有实际困难的刑释解教人员，落实土地承包、临时安置的政策，消除不稳定因素。注意深化职务犯罪预防工作，尤其是重点工程和重点领域的犯罪预防工作。

三是进一步深化关于行政执法、刑事司法有效衔接机制。建立健全刑事司法和行政执法相衔接机制，这是司法改革的重要内容，是符合社会治理需要的，实践证明也是非常必要的。加强对行政执法的监督，是加强社会治理的重要内容，是检察机关法定职责的重要内容。对于行政执法不依法移送的涉嫌犯罪的案件，检察机关可以通过检察建议方式，也可以通过职务犯罪查处方式加以解决；对于公安机关该立案的可以通过立案监督的方式加以督促，也可通过立案侦查其背后职务犯罪加以监督。

四是延伸职能，探索服务平安建设的新方式。首先是检力下沉，把检察工作向基层延伸。针对检察工作与基层联系不紧密等不足，探索建立工作联系点，把检察工作向基层延伸，及时发现影响社会治安的各类苗头性、倾向性的问题，加大法律监督和服务力度。其次是检察官加强研判，为党委、政府决策提供参考。定期对办案情况进行分析，对社会治安态势进行研判，形成各类专项整治信息和调研报告，为领导决策提供参考。再次是突出效果，改进检察建议工作。针对执法办案中发现的社会管理漏洞，积极向有关单位和部门发出检察建议，督促整章建制，堵塞漏洞。同时，强化跟踪落实，对检察建议对象进行约谈，确保相关问题得到整改。在汇总发案情况的基础上，提出综合性的检察建议。最后是积极创新，探索专项整治工作方式。以综合治理工作的理念统领各专项整治工作，提高参与未成年人保护、扫黄打非、反邪教等各类专项整治活动的成效。深入研究影响社会治安的新情况和新问题，寻找解决问题的新思路。

五是积极参与社会矛盾化解调处。检察机关参与社会矛盾化解调处，有利于塑造法律权威，也有利于推进社会和谐稳定。参与矛盾纠纷的化解，一般通过联合联动的方式，加强与纪委、公安、法院等社会治理主体的合作，及时通报涉检信访状况，建立有效的信息共享与沟通制度。但是，参与社会矛盾纠纷化解，不能失去法律监督的立场，仍然必须运用法治思维和法治方式，不能打破法律框架，出现违法的调解和妥协。

四 人民检察院参与社会治理的具体实践

实践中人民检察院参与社会治理有着多种方式，从目前搜集到的信息看，主要有以下方式。

一是建立基层检察工作室或工作点。比如天津市检察机关所举办的"法律监督向基层延伸"的活动，通过在乡镇、社区设立检察工作室，以法制宣传教育、受理申诉举办、联系基层群众听取意见建议、化解基层矛盾纠纷等具体方式开展活动；四川省检察机关同样建设基层检察工作点，主要工作内容包括：联合联动化解矛盾纠纷、注重社区矫正、开展刑事和解，开展未成年人犯罪预防工作、开展被不起诉人帮教工作等。这些基层检察工作点，将法律监督的触角延伸向基层，对于检察机关的公信力和影响力的提升有较为明显作用。

二是建立健全社区矫正检察监督工作机制。社区矫正一直是一个司法难题。浙江省舟山市定海区检察院一方面依托法院社区矫正工作室，进行全程监督，确保"人到现场、档案齐全"。另一方面，积极构建全面覆盖的监督体系，如做到全面检查的三必须——逐人、逐项与实地走访，对脱管漏管等进行专项检查，从严监督减刑、矫正级别升降等问题。江苏张家港市检察院也注重社区矫正的监督工作，通过建立社区矫正检察监督站的平台，实施常态化监督。

三是对特殊人群的管理机制的积极探索。河北省检开展监外执行人员和刑满释放人员的帮教管理工作，通过调研预警、审查监督、跟踪监督和联合矫正等方式，实现特殊群体的管理和帮教。吉林省白城市洮北区检察院制定《流动人口涉案人员监督管理办法》，针对流动人口的犯罪问题，建立了主动告知刑事和解、不捕风险评估、主动提供法律帮助、建立犯罪档案、社区矫正等，探索流动人口涉案人员监督管理机制。江苏苏州工业园区检察院与相关部门，共同制定了《关于法律援助律师参与未成年犯罪嫌疑人提审工作的规定》《青少年刑事检察心理辅导规则》等，帮助维护未成年人的心理健康。

四是有效运用检察建议。北京市朝阳区检察院注重检察建议的运用，创建了检察建议约谈制度，对被发送检察建议的单位发出约谈邀请，当面阐明法律规定，共同研究整改方案。

五是积极参与社会治安综合治理工作。江苏省南京市栖霞区检察院对征地拆迁问题所涉及的农民经济适用房管理较为混乱、矛盾和冲突较多的情况，特别注重建立信息预警机制、排查调处机制和预防机制，着力减少征地拆迁矛盾。

六是建立网络舆情和突发事件的应对和处置机制。重庆市九龙坡区检察院通过有效打击网络犯罪、加强检察建议、共建"以案说法""检察官说法"栏目、组建网路舆情小组等，应对网络舆情的变化。天津市检察院同样高度重视网络舆情和突发事件，通过与新闻宣传部门的合作，提高网络舆情的沟通能力、监测和研判能力、突发事件的快速反应能力等，积极回应社会舆论。

第二节　人民检察院参与社会治理之控告申诉工作

人民检察院是国家的法律监督机关，通过各项检察职能的积极有效开展，实现纠正违法、追究犯罪、保护公民、预防和减少犯罪等社会治安综合治理任务，在社会治安综合治理中发挥着极其重要的作用。控告申诉检察部门担负着接受群众举报、刑事申诉、刑事赔偿等重要法律监督职能，是检察机关密切联系人民群众的"直接窗口"和"重要纽带"，控告申诉检察工作对于检察机关综合治理能力的提高有着举足轻重的作用。

一　检察机关参与社会治安综合治理的方式

检察机关参与社会治安综合治理是检察机关服务党和国家工作大局的载体，有助于维护社会和谐稳定，维护公平正义。这也是提高检察公信力的重要途径，更是检察改革和检察创新的内在需求。

《中央社会治安综合治理委员会成员单位的职责任务》规定了检察机关参与社会治安综合治理的主要职责。本书认为，检察机关参与社会治安综合治理的方式主要有以下方面：

其一是强化打击刑事犯罪职能，全面落实"宽严相济"刑事司法政策。开展打击犯罪活动是社会治安综合治理的重要环节，也是检察机关能够直接发挥社会治理职能的主要途径。检察机关通过积极参加社会治安集中整治、加强与其他司法部门的沟通协调,充分发挥其在起诉、惩罚、预防犯罪方面的积极作用,推动社会治安综合治理工作有序开展。同时坚持宽严相济刑事政策,对主观恶性较小,犯罪情节轻微的初犯、偶犯、过失犯和未成年人、老年人犯罪案件,以及因矛盾纠纷引发、犯罪嫌疑人真诚悔过、赔偿损失并取得被害人谅解的轻微犯罪等案件坚持从宽处理。

其二是依法履行法律监督职能,最大程度维护司法正义。通过全程监督侦查和审判活动,采取提出检察建议函、纠正违法通知书等形式依法予以纠正。强化对判决后不交付执行以及违法减刑、假释、保外就医、暂予监外执行和超期羁押的监督。通过对确有错误的生效民事、行政裁判及时发出检察建议或提出抗诉,及时纠正裁判不公的案件,依法保护公民、法人或其他组织的合法权益,进而促进社会和谐稳定。

其三是依法做好控告申诉工作,维护社会和谐稳定。控告申诉工作是检察机关参与社会治理的具体手段之一,通过对群众意见建议的收集、处理涉检信访工作、加大举报保障机制、在控申前沿直接接触社会矛盾纠纷,化解社会矛盾纠纷,有效维护社会稳定。

其四是着力推行检务公开,依法保障人民权益。公开也是人民检察院工作的保障,可以维护其权威和公信力。通过执法依据公开、工作流程公开、全程录音录像等,主动将检察工作置于可以被观察的视角,有助于权力规范运行和保障人民群众的知情权、参与权和监督权。

二 发挥控申职能提升综合治理能力的途径

检察机关控告申诉工作涉及检察机关内部的各个部门,可以说是反映社会矛盾和执法状况的晴雨表。控告申诉部门的基本职能是连接检察机关和人民群众的重要窗口,也是检察机关履行法律监督职能的最后一道"关口",控告申诉检察工作是否有效开展关系到检察机关综合治理能力是否得到充分发挥。

其一是畅通群众利益诉求表达渠道。引导当事人通过法定程序、正常途径和更加便捷的渠道依法表达合理诉求,教育当事人懂得如何正确维护自身的合法权益,而不是提出超越法律规定权益范围的过高要求。为当事人依法维护自身权益提供有力的法律帮助。认真做好信访接待、诉讼引导、诉讼材料接转等方面的工作,为人民群众表达诉求提供便利。开设电话受理、网络受理、信函受理和接访受理等方式，方便群众反映诉求。坚持把检察长接待日落到实处，积极参与地方党委组织的大接访活动，推行检察长和有关业务部门联合接访，及时处理群众反映的突出问题。加强对当事人的法制宣传教育，做到法律宣传和思想工作要超前和延伸，营造理性、合法、规范、有序维权的环境。

其二是落实涉检信访工作机制。认真处理群众来信来访，努力减少不和谐因素。首先要落实首办责任制。对属于管辖范围的首次涉检信访案件都应当明确受理、移送、办理、反馈等环节的具体责任，落实到部门和承办人，努力把问题解决在首次办理环节，提高就地化解信访问题的能力。其次是实行领导包案制。对重信重访、越级上访、群体性上访事件，坚持定领导、定专人、定方案、定时限，加强办理工作，落实善后措施，做到案结事了。如在办理王某信访案时，王某从二楼窗户跳下造成双下肢瘫痪，而肇事者无力支付被救助人王某的医疗费用，王某及其亲属多次在公检法等部门信访。此案被人民检察院确定为重点信访案件，确定了包案领导和具体承办人，通过多次与信访人沟通，积极争取司法救助，王某一家情绪趋于稳定，在救助款下发后，人民检察院同时做好息诉工作，最终王某表示不再上访，一起多年信访积案得到妥善化解。

其三是要完善涉检信访风险评估预警机制。对有可能带来涉检上访案件，要加强风险评估预警，超前预防化解不稳定因素。如人民检察院办理的詹某某信访案的处理，就是一起很好的例证。詹某某对人民检察院办理的一起故意伤害案的不予批准逮捕决定不服，带领家属6、7人信访，并扬言如不得到妥善解决要继续上访。人民检察院紧急启动涉检信访风险评估预警机制，与办案部门紧密联系，进一步核实了相关情况，对信访人析法明理，解答人民检察院不捕的法律依据，将矛盾化解在萌芽状态，最大限度预防和减少了涉检信访案件的发生。

其四是提高控申检察干警群众工作能力。提高控申检察干警了解群众疾苦的能力，掌握群众心理的能力，疏导群众情绪的能力，化解群众内部矛盾的能力，引导和说服群众的能力，协调各方妥善处理群众诉求的能力。运用正确的方法，做好息诉工作，会使当事人更好地理解法律，认同和接受司法机关正确的决定。如人民检察院在办理张某信访案中，张某因不服公安机关对其女儿死亡不立案决定而来访，人民检察院经过审查认为现有证据能够证实其女儿确系死于意外而非谋杀,接访人员会同批捕、公诉等相关业务部门共同向张某详细讲解相关刑事法律和控告申诉规定,最终张某表示不再进行非正常上访。

五是积极开展举报宣传工作。深入开展形式多样、内容丰富的举报宣传,坚持定期开展举报宣传活动,积极发动群众举报职务犯罪,提高检察机关发现案件线索的能力。引导群众据实举报、实名举报,提高案件线索质量。积极推行实名举报答复制度,对因通讯地址不详等情况无法答复的以外,都应将处理情况答复举报人。实行举报奖励制度,对举报职务犯罪的有功人员和单位给予物质精神奖励,对有重大贡献的要给予重奖。采取有效措施,切实保护举报人的合法权益。

六是强化法制宣传和检务公开工作。扩大宣传,让群众知法懂法,发现问题,提前预防。采取当面接受咨询、在门户网站设置互动专栏等形式,向群众提供日常法律咨询服务。依法公开检察机关依法依据的法律法规、司法解释和其他规范性文件等相关信息,为群众和当事人提供便捷的查询服务。

第三节 人民检察院参与社会治理之检察监督行政工作

法治系统的运作,需要一个内在的系统和一个外在的系统,内在系统是法律运作的基础,是法律自身自我运作的前提,外在系统是一个观察和反思法律体制的系统,这是促进内在系统进步的前提。任何法律体制的设立均应当注重这两个系统。人民检察院的法律监督职能,实际上就是一种外在系统,对社会具有独特的意义。

一 检察监督行政的必要性

对于行政法律系统运行的主要载体——行政行为而言,人民检察院的监督蕴含着更为深刻的含义。

首先,在法制框架中,对行政法律系统自主运行进行观察反思的机制尚处于缺位状态。就我国的宪政结构来看,"一府两院"都是由人民代表大会产生,对人民代表大会负责,受人民代表大会监督。由于人民代表大会监督更多地是抽象监督和会议监督,因此对于法律的具体运行监督的责任就落实到了专门实施法律监督的检察机关身上。在宪法中明确规定:"中华人民共和国人民检察院是国家的法律监督机关。"虽然有宪法的规定,但是由于在过去一段时间里,我国法治进程的迟滞,加上检察机关发展的曲折历程,以及受人力物力限制,检察机关对国家法律的监督还主要局限于刑事诉讼监督、民事行政诉讼监督,其对于行政机关行政行为的监督还处在探索阶段。行政权力运行处于监督缺位的状态,行政法律系统自我观察自我反思自我调适的机能缺失,难以实现行政法律系统自治。

其次,行政行为本身需要关进制度笼子里。在现代社会,行政机关管理事项广泛复杂已经成为共识,行政机关权力扩张也成为必然。在此过程中,如果不建立相应的观察和反思机制对行政机关的行政行为加以监督,必然会导致行政权力膨胀、滥用,最终损害公民和社会权利,造成社会的矛盾和冲突。从行政权力自身的存在和发展以及行政主体易于滥用权力的本性来看,对行政权力发展路径进行规制,对行政人员进行监督,是保障行政权力及行政主体遵循法治道路发展的必然要求。正是着眼于现代社会行政权发展的必然趋势,国家才非常重视对行政权的监督制约。在党的十八届三中全会上,明确提出:"坚持用制度管权管事管人,让人民监督权力,让权力在阳光下运行,是把权力关进制度笼子的根本之策。"

最后,具体行政行为在实施过程中,还存在诸多不足之处。行政权运行需要观察和反思走向完善。虽然从1949年到现在,国家已经历了将近70年的发展。但是相对于西方国家几百年历史沉淀而言,国家的行政权运行水平还相对落后。在具体的行政行为过程中,存在着行政管理事项规定不明确、不合理,行政行为主体不适格,行政权力、权利、义务、责任分配不合理,部门利益至上现象突出,行政行为程序缺失,行政不作为、乱作为现象丛生,行政行为监督制约乏力等诸多问题。正是由于在具体行政行为过程中,诸如此类问题的广泛存在,导致行政机关公信力不高,需要检察机关建立督促纠正违法机制对其观察反思,提升行政机关行政行为的公信力。

二 督促纠正行政违法行为面临的困境

虽然检察机关对行政机关的行政行为进行监督具有理论和实践上的必

然性，但是由于对检察机关监督行政机关行政行为的必然性和可行性存在着认识上的误区和不足，在实践上还存在诸多困难，致使检察机关对行政机关行政行为的监督工作仍然处于迟滞状态。以困难来源为标准，可区分为内部困难和外部困难。

具体地说，内部困难主要体现在：（1）检察机关内部对于监督行政行为的职权应当由哪个部门来行使，责任由谁来承担存在认识上的分歧。在实践中一些基层检察院单独由民行部门承担行政行为监督工作，而在江苏的某些地方则由民事行政监督部门和侦查监督部门共同行使行政行为监督权力。（2）检察机关内部对于监督行政行为的可行性和必要性还存在着模糊认知。一种观点认为，行政机关如此庞大，管理事项如此众多，厘清行政机关的行政行为过程需要大量的人力物力投入，需要重新学习，而检察机关人力物力有限，要监督行政机关行政行为几乎不可能。另一种观点则认为行政机关的行政行为有法律规定，有工作机制，有专门的监督部门，检察机关监督行政行为可能会收效甚微，甚至适得其反。还有一种观点则认为行政机关与检察机关之间有很多时候需要相互配合，而且更多地可能是检察机关需要行政机关的配合，因此开展行政行为监督不利于检察工作的开展。最后一种观点认为检察机关监督行政机关的行政行为没有明确的法律规定，所以师出无名。在检察机关内部存在的诸如此类观点的影响下，在行政行为监督职权归属尚不清晰的背景下，检察机关对行政机关的行政行为监督缺少动力和载体支撑，因而当前对行政机关的行政行为监督还处于探索阶段，成效不够明显。有的地方发出行政检察建议之前，需要与行政机关先行协调。只有在达成共识后，才发出检察建议，才能获得行政机关的配合。

检察机关监督行政机关行政行为存在的外部困难主要表现为：（1）检察机关监督行政机关行政行为缺乏具体的法律支撑，难以获得行政机关的理解，难以建立畅通的信息渠道，难以建立有效的监督平台。正如上面走访调查过程中，部分检察人员提及的，由于缺乏具体的法律规定，检察机关对行政机关的行政执法行为进行监督，存在着理由不充分、底气不充足的缺陷。即便检察机关想开展行政行为监督，也缺乏具体的平台和信息来源，工作开展较为困难。通过对广东省针对行政机关的行政违法行为发出纠正行政违法建议的情况，以及浙江省部分地区的行政违法建议发放情况的分析研究发现，行政机关与检察机关之间主动建立行政行为监督工作机制的情况实属罕见。在这些针对行政机关行政违法行为发出检察建议收效明显的地区要么依赖反渎和反贪工作，这些工作开展顺利，发出纠正行政违法建议的做法就会得到认可和执行；要么依赖检察机关自身开展的全省性的检察调研，比如浙江省检察院针对浙江省卫生计生委发出的关于医疗废物处置、监管的检察建议，在充分的数据材料支撑下，行政机关见到检察调研报告自然无话可说。但是在市县范围内通过此种方式纠正行政机关的行政违法行为则难以保证会产生那么理想的效果。从这些现实情况来看检察机关要在外部形成推进行政行为监督的工作机制平台，的确存在着法律和实践上的困难。因而也就不难理解，在基层检察院行政行为监督工作进展迟滞，发出纠正违法建议为数不多，某些部门甚至根本没有开展该项工作的局面了。（2）检察机关监督行政机关的行政行为还面临着监督刚性不足的问题。在调研中发现，有时候检察机关已然发现行政违法行为，并且已经发出检察建议，但行政机关置若罔闻，不为所动。比如在浙江某地，检察机关针对行政机关环境执法状况发出检察建议，但是行政机关熟视无睹，最后只有通过反贪工作开展才取得实效，出现与广东梅州"一项生猪补贴令8县畜牧局长落马"[①]类似的局面。（3）检察机关针对行政机关的行政行为予以纠正，也会面临鞭长莫及的困难。比如未检部门经常会发现犯罪嫌疑人的身份信息被错误录入，但是查看犯罪嫌疑人的身份是西部省份，隔了几千公里，即便发出检察建议，当地行政机关未必能够收到。而有的行政行为作出之前已经请示过上级行政机关，面对行政机关的行政违法，检察机关是该向本级行政机关，还是该向上级行政机关或者该向两级行政机关同时发出检察建议？

三 构建督促纠正行政违法行为模式

历史和现实赋予的检察机关监督行政机关行政行为的职责不容推卸。在党的报告中也明确提出，"检察机关在履行职责中发现行政机关违法行

---

① 吴涛、詹奕嘉、金悦磊：《一项生猪补贴令8县畜牧局长落马》，《检察日报》2015年7月28日第4版。

使职权或者不行使职权的行为，应该督促其纠正。"① 既然法律自治已经为建立针对行政机关行政行为的观察反思机制提供了理论支撑，既然宪法已经赋予了检察机关职权，既然依法治国已经成为全党全国人民的共识，那么检察机关现在主要的着眼点和着力点就不应该聚焦到是否应当监督行政行为之上，而是应当集中到如何克服监督行政行为过程中面临的内部和外部困难，建立适当的监督机制方面了。

（一）检察机关监督行政机关行政违法行为范围

正如上面部分检察人员所述，检察机关要对行政机关的行政行为进行全程监督，存在着理论和实践上的不可能性。因而检察机关对行政机关行政行为的监督，主要是进行结果监督。监督的重点放在发现行政机关行政违法行为上面。但是，行政机关行政违法行为层次分布不同，有的属于一般违法行为，有的属于严重违法但尚未达到犯罪程度的违法行为，有的属于严重违法构成犯罪的违法行为。针对行政违法行为存在的多样性，检察机关纠正的范围存在认识上的分歧，主要有三种观点：第一种观点是应当全面监督所有行政违法行为的观点，无论行政机关的行政违法程度如何，也无论是程序违法还是实体违法，检察机关都有必要进行监督，而且监督的方式既有被动监督，又有主动监督。第二种观点认为，检察机关对行政机关的行政违法行为监督只局限于检察机关的履职范围，根据司法机关性质，其监督方式主要局限于检察机关履行职务过程中发现的行政违法行为。第三种观点认为，检察机关对行政机关行政违法行为的监督仅限于依职权发现的行政机关的重大行政违法行为。第一种观点是一种大监督观点，但在理论上有违检察机关的司法属性，而且存在实践操作上的困难。第二种观点是中监督观点，考虑到检察机关的司法机关性质，将监督范围缩小到检察机关履职过程中发现的行政违法行为。第三种观点是一种小监督观点，考虑到检察机关履职发现的行政违法行为太多，担心过度分散检察机关的精力，将监督的范围限制在依职权发现的重大行政违法行为。

在以上三种观点中，第一种观点缺乏操作性，第三种观点范围限制过窄，影响检察机关监督职能的发挥，第二种观点较为符合检察机关的职权

---

① 《全面推进依法治国若干重大问题的决定》，人民网，http://cpc.people.com.cn/n/2014/1029/c64387-25927606.html，2017年10月23日。

性质，而且可以较为充分地发挥监督效果。本书采纳第二种观点。但是在第二种观点中，也存在着监督范围进一步明确的问题：检察机关在履职过程中，监督的行政违法行为的范围是否仅限于发现的所有实体的具体的行政违法行为，是否包括程序违法的行政行为，是否包括违法的抽象行政行为以及是否包括违法的行政救济行为等。根据法律自治理论，需要对法律自主运行的全过程进行全面的观察和反思。因此检察机关对行政行为的监督，既包括对行政实体法律运行监督，又包括对程序法律的运行的监督。在履职过程中，通过观察发现行政机关行政违法行为，通过反思督促行政机关纠正自身的行政违法行为。

（二）构建纵横交错的督促纠正行政违法行为模式

在实践之中，纠正行政机关的行政违法行为有四种监督模式：

第一种监督模式是由上级检察机关牵头与上级政府法制办之间签订联合监督协议，共同主导针对本地区政府部门的督促纠正行政违法的活动，浙江嘉兴地区采用的就是该种监督模式。在该模式中，当检察机关在履职过程中，发现行政机关有行政违法行为之后，检察机关先向政府法制部门沟通，由政府法制部门督促行政违法的政府部门予以纠正。在该政府部门不予纠正的情况下，检察机关发出纠正行政违法检察建议。相应地同级政府法制部门发现行政违法行为之后，督促该行政违法行为实施者予以纠正，并向检察机关备案，当该行政部门不予纠正的时候，联系检察机关发出督促纠正违法检察建议。

第二种监督模式是检察机关通过自身的反贪、反渎等职务履行和检察调研，发现行政违法行为之后，交由上级检察机关，由上级检察机关向下级政府发出纠正违法建议，下级政府将纠正违法行为情况反馈到发出检察建议的检察机关，广东省部分地区采用的是此种监督模式。[①]

第三种监督模式是检察机关直接与具体的行政部门之间通过会议纪要的形式，建立行政机关行政行为备案审查机制，浙江省永康市采用的是此种监督模式。检察机关直接向行政机关调取行政行为的档案进行查询，发现行政违法行为线索并查清事实之后，发出纠正违法的检察建议。行政机关收到检察建议予以整改。

---

① 浙江省人民检察院反渎局编写：《反渎职侵权信息与交流》2015年第4期。

第四种监督模式是检察机关在履职过程中，发现行政机关行政违法行为之后，发出检察建议，在向行政机关发出检察建议的同时，向同级人大备案。与此同时，行政机关纠正行政违法行为之后，在向检察机关回复的同时，也向同级人大备案。这是一种较为普遍的监督模式。第四种模式实质上是对第三种模式的完善，可以并入第三种模式之中。

以上几种督促纠正行政违法行为模式各有利弊。第一种模式和第二种模式属于纵向监督模式，都重视上级检察机关的领导牵头作用，是检察一体化思维指导下的监督模式，有利于发挥检察机关的整体效用，避免因为检察机关发展不平衡出现的监督缺位的问题。但是相对于浙江嘉兴的模式而言，广东地区的监督模式更为直接，其成效可能更为明显，但是与此同时可能会导致检察机关和政府之间关系的紧张。此外在第二种模式中，检察机关通过统一口径出入，有可能出现吃大锅饭的局面，再加上时间空间阻隔的原因，面临着一些程序上的问题，可能会影响工作效率。第三种和第四种模式是横向监督模式。其中第三种模式可能更为直接，但是如果要充分有效，必须建立在整个检察机关有较大作为的基础之上，否者监督效果会不甚明显。第四种模式借用了人大的力量，权威性可能更强，但是也会面临三方工作机制如何衔接的程序问题。第三种和第四种模式之间建立的横向监督模式，有利于调动基层检察院的积极性，但是对于超出管辖区域的行政违法行为和下级请示上级之后的行政违法行为就显得捉襟见肘了。因此基于调动各方积极性，堵塞督促纠正行政违法行为漏洞，提升监督权威性等方面考量，有必要建立由上级检察机关主导，充分发挥基层检察机关监督积极性的纵横交错的监督模式。具体而言就是：上级检察机关组织本辖区的督促纠正行政违法工作，对于超出各基层检察院管辖范围的督促纠正行政违法行为工作由上级检察机关向同级政府和下级政府发出建议，同级政府和下级政府责令其所属的行政部门纠正违法。属于各基层检察院管辖范围之内的督促纠正行政违法的事项原则上由该级检察机关予以实施。如果牵涉的事项较为重大，而基层检察院发出的纠正行政违法建议又不能取得实际成效，可以申请移送上级检察机关，由上级检察机关予以管辖。各基层检察院在督促纠正行政违法过程中，可以与同级政府法制部门建立联合监督工作机制，以及申请人大建立督促纠正行政违法行为。案机制，协调推进各基层检察院督促纠正行政违法行为。

四 健全督促纠正行政违法行为机制

（一）督促纠正行政违法行为管辖范围具体划分

在纵横交错的纠正行政违法机制中，上级检察机关督促纠正违法行为的事项范围主要体现在两个方面：一是检察机关发现的纠正违法行为的事项牵涉到本地区其他县市的行政违法行为，或者上级行政机关参与其中的行政违法行为，或者是上级行政机关的行政救济违法的行为；二是检察机关发现行政违法行为，发出纠正行政违法行为建议以后，接收检察建议的行政机关仍然不予纠正，而该事项又不便由发出检察建议的机关直接依照职权予以强制纠正。除了上级检察机关领导下级检察机关督促纠正违法的事项之外，剩余的事项都是检察机关横向发出检察建议的事项。检察机关发出检察建议的事项，不仅包括检察机关在履职过程中发现的违法的实体事实认定和法律适用，而且包括在处理该具体事项的过程中牵涉到的程序缺失或者程序不正当的问题。

（二）督促纠正行政违法行为组织机构

关于督促纠正行政违法行为的机构，存在着两种观点，一种观点认为督促纠正行政违法行为的职责应该由侦监、公诉、控申、民行、反渎、反贪部门分头承担。其理由是督促纠正违法线索来源于各具体的业务部门，各业务部门对相关事项有更为深入的了解，而且分头实施，分头考核有利于提高各业务部门的工作积极性；另一种观点则认为督促纠正行政违法行为机构应当由具备专门的机构或者联席会议组织来实施，其理由是督促纠正行政违法是一项针对庞大行政机关的庞大行政事项而实施的工作，其工作过程中，不仅涉及线索的发现，而且涉及案件的查处，以及查处之后针对具体的事项，发出督促纠正违法的检察建议等。如果没有统一的组织协调实施机构，依靠单一部门难以形成工作合力，就很难履行职权，产生实际效果。

结合当前检察机关工作实际，本书认为最好是采取由相关部门组成联席会议，下设专门的执行机构，集体领导下统一执行。根据督促纠正行政违法行为工作的性质，建议由民行部门专门负责具体事项的执行。这样做的好处是通过联席会议定期将发现的相关线索集中统一管理，对相关线索查处的可能性进行评估，制定相应的查处办法；通过具体的执行机构，遵照预先制定的流程，按照具体的查处方案，负责相关案件的查处，进而督促行政机关纠正违法。这样一来，一方面发挥各业务部门广泛接触行政部门的优势，另一方面又增强专门机构专业执行的执行力。鉴于联席组织具有的松散性特征，可以先行探索，成熟之后转变为专门的组织机构。

（三）建立纵横交错的衔接机制

检察机关内部设立督促纠正违法的联席工作机构之后，在纵向上，上下级检察机关之间建立案件线索的移送机制，规定各级检察机关督促纠正行政违法行为的事项范围、移送条件。建立上下级检察机关督促纠正行政违法一体化机制，明确上下级检察机关在协同工作过程中的权力和义务，保障在必要时基层检察院呈请上级检察机关调查超出基层检察院管辖范围的区域性行政违法行为和牵涉到上下级行政机关共同违法的行政违法行为，由上级检察机关统一领导区域内的检察机关督促纠正违法工作。

在横向上，基层检察机关与政府法制部门之间签订督促纠正行政违法协议，由政府法制部门以政府的名义向各部门下达行政命令，要求各政府部门主动接受检察机关的法律监督。根据检察机关与政府法制部门签订的纠正行政违法协议，检察机关与各具体的政府部门之间可以签订具体的协议，允许检察机关调阅在履行职务过程中发现的行政机关的行政违法行为的相关执法档案；并在发现问题之后主动接受检察机关的调查；在查清事实的基础上，接受检察机关依照法律规定对行政机关发出的督促纠正行政违法建议。与此同时，检察机关还需会同同级政府法制部门向同级人大申请，建立督促纠正严重行政违法行为备案机制。在检察机关向行政机关发出督促纠正违法检察建议的同时，向同级人大备案，由人大对行政机关纠正行政违法行为的事项进行监督；而同级政府法制部门则应该将涉案的部门纠正违法的情况向同级人大报告备案。

（四）启动行政违法行为调查

建立以民行工作部门专门发现线索与联席部门定期移送线索并重的线索发现机制。民行部门一方面可以通过自身的民行抗诉和公益诉讼工作，发现行政机关的行政违法线索；另一方面也可以采用协议形式调阅行政机关行政行为的案卷材料，通过查阅案卷材料发现行政机关行政违法行为线索。还可以采用检察机关与行政机关建立信息共享平台的方式，发现纠正行政违法行为线索。在这方面浙江省政法机关网络设施共建和信息资源共享建设的经验值得推广。在2014年度通过的《浙江省政法机关信息资源首批共享目录》中，省高院提供17项共享信息，省检察院提供20项共享信息，省公安厅提供33项共享信息，省司法厅提供17项共享信息，省安全厅提供2项共享信息，信息共享平台的建立将为推进行政违法的调查提供有力支撑。在民行部门发现行政违法线索的同时，充分利用定期召开联席会议汇集行政违法线索，将控申、侦监、公诉、反渎、反贪等部门发现的行政机关行政违法行为线索提交联席会议汇总。然后在联席会议上论证依据线索查清行政机关行政违法事实的可能性。并在此基础上，讨论查清行政违法行为的策略和方案。根据讨论好的调查方案，民行部门启动行政违法行为调查工作，对案件进行调查取证，查清案件事实。

（五）发出纠正行政违法行为检察建议

检察机关在发现行政机关的行政违法线索之后，经过论证开展行政违法行为调查。在调查取证之后，检察机关分别针对行政主体滥用职权、违反行政实体法、行政程序法的情形，向政府法制部门发出通报，由政府法制部门以政府名义责令行政机关予以纠正。在政府法制部门以政府名义发出纠正行政违法命令之后，行政违法的政府部门仍然不予纠正的，则由检察机关向该政府部门发出纠正违法检察建议，同时向同级人大备案。针对严重的行政违法行为构成犯罪的直接交由反贪和反渎部门予以查处。如果发现行政违法行为超出了基层检察院管辖范围，或者行政违法行为牵涉到上级行政机关，或者行政机关仍拒不纠正的情况下，申请上级检察机关向下级政府直接发出检察建议，同时向基层检察院所在人大备案。

（六）直接纠正行政违法行为

检察机关在调查行政违法行为的过程中，民行部门在发现行政部门行政违法行为导致行政相对人利益受损，或者行政机关的不作为、乱作为影响到社会公共利益，以及行政机关在行政复议的过程中，上级机关维持下级机关的错误行政决定的情况下，通过支持行政相对人提起行政诉讼，或者提起行政抗诉，促使行政机关纠正自身的违法行为；通过提起行政公益诉讼，监督行政机关的行政行为，维护社会公共利益；通过强化反渎反贪部门与纪检监察部门的联动，纠正行政人员不作为、乱作为等行政违法行为。此外,针对行政机关的行政违法行为属于行政程序缺失的情况,积极开展调研,通过向立法机关提出行政程序立法建议,帮助行政机关建立正规行政行为程序。

第七章　社会组织参与社会治理法治化研究

第一节　社会组织参与社会治理的理论依据

现代社会存在三种组织形态：政府组织、企业组织和以及除上述两类组织之外的第三类组织。国内外学者对于第三类组织有多种称谓，如非营利组织、非政府组织、民间组织、社会组织等。广义而言，社会组织的含义可以扩散到一切群体，如家庭、村庄等，而狭义而言，"即相对于初级群体的次级群体形式，可称之为正式的社会组织，指人们为了实现某种共同目标，将其行为彼此协调与联合起来所形成的社会团体，必须由组织的规范、地位、角色和权威构成。"① 本书所要讨论的社会组织，是狭义角度的社会组织，"是指除政治组织和经济组织外，有自然人、法人和其他组织为满足社会需要会部分社会成员需要而设立的非营利性组织，具有民间性、非营利性、公益性、自治性、组织性等特点。"② 本书并未采用非营利组织、民间组织等称呼，而是采用"社会组织"的名称，缘于官方语言中习惯使用这一称谓。

一　社会组织参与社会治理的理论发展

从20世纪70年代起，欧美国家掀起了一场学术界称为"新公共管理运动"的行政改革运动，这场改革对传统的公共管理模式带来了前所未有的挑战，其核心特征就是管理方式向自由化、市场化的转变。这个过程

---

① 郑杭生：《社会学概论新修》，中国人民大学出版社2003年版，第92页。
② 刘振国：《中国社会组织的治理创新——基于地方政府实践的分析》，《经济社会体制比较》2010年第3期。

中,能够将公民有效组织起来,并能够代言的群体性组织——社会组织获得了重视。西方学者开始关注社会组织,并在对其的研究中取得了大量成果。

在理论方面,主要有萨拉蒙的第三方管理理论、韦斯布罗德的市场失灵/政府失灵理论、汉斯曼的合约失灵理论。前者与后两者的观点有所不同。萨拉蒙从反向角度认为,非营利部门在提供公共产品时候存在"志愿失灵"的问题,这是非营利组织本身的局限性所导致的。按照理想状态,这些非营利组织应该能根据不同需求,提供给社会不同的服务,但因为"志愿失灵"问题的存在,提供服务的欲望会降低,此时政府就应该作为非营利组织的补充,提供公共服务。这其中有一个基本顺序,就是政府是最后才提供服务的,因为其提供服务的成本远高于非营利部门。而后者则认为,非营利组织是在两个失灵——政府失灵与市场失灵之后的补充或替代品,其目的在于补充政府制度所不能供应的地方,因此相对而言是次要的,派生出来的。

当然,政府必须支持志愿部门,因为非营利部门存在志愿失灵的固有局限性,主要表现为:"慈善的供给不足、慈善的特殊主义、慈善组织的家长式作风和慈善的业余主义。"[①] 在政府和非营利组织的合作中,双方应该共同享有对公共基金支出和公共权威的运用处理权,其中,政府的角色应该是"资金和指导的提供者"而非"服务递送者",即政府提供资金通过第三方机构来实现公共职能,在其过程中更多地充当管理者的角色,这样既可以避免政府规模和责任过大,又能够较好完成提供公共物品和福利的职能。萨拉蒙等人有关非营利组织的理论都是随着公共管理改革和社会组织在西方国家兴起而提出的。

那么,这些西方学者的理论是否能够为中国当前社会组织的发展提供理论上的指导?改革开放以来,"放权让利"思想给社会建设带来了前所未有的新气象,特别是在进入 21 世纪后,一个"党委领导,政府负责,社会协同、公众参与、法治保障"的社会治理体系正在逐渐形成,大政府、小社会正在逐渐转变为"小政府、大社会"。为顺应政府缩小自身的

---

① 李红艳:《非政府组织的基本理论探讨》,《武汉大学学报》(哲学社会科学版) 2009 年第 3 期。

职能，就必须依靠社会组织承接部分社会服务职能。国家逐渐意识到社会组织将在社会建设中发挥无可取代的作用，"十二五"规划纲要提出要"重点培育、优先发展经济类、公益慈善类、民办非企业单位和城乡社区社会组织类型，为响应国家号召，各省市政府也出台相关政策，积极鼓励社会组织发展。但是，相比较西方国家，中国社会组织发展起步较晚，整体发展水平仍然处于初级阶段，无论是在社会组织培育、管理以及承接公共服务都存在很多问题，如初创时期资金缺乏、内部管理不善、专业人才缺位、与政府的关系定位不明等，那么，它们在未来发展道路上何去何从？如何能够结合相关理论和中国实际，对社会组织发展给予启发？这就是本书要关注和研究的问题。

社会治理需要社会组织协同参与。贝克认为，现代社会正从"工业社会"向"风险社会"转变。亨廷顿指出："一个高度传统化的社会和一个已经实现了现代化的社会，其社会的运行是稳定而有序的，而一个处于社会急剧变动、社会体制转轨的现代化之中的社会，往往充满着各种社会冲突和动荡。"社会发展的现状和趋势给我国当前社会治理提出了严峻的挑战。在社会治理中，政府无疑是主要责任者，它通过制定法律、设立机构、动员力量、调配资源等形式进行社会治理，但它在社会治理中不是"全能""万能"的，它应该有所为有所不为，政府如果大包大揽，撇开会大幅度增加社会治理成本不说，社会治理领域中的许多事情只凭政府的力量的的确确是办不成、办不好的，现代社会没有任何一个单一的组织或机构具备社会治理所需的全部资源。而社会组织就其设立的动机来看，都有参与社会治理的功能定位，而且还有参与社会治理的各种优势，如专业性强使它们能为社会治理提供各种专业服务；草根性强使它们能及时敏锐地捕捉到社会治理的各种信息，并快速地采取行动。因此，可以说，社会组织参与社会治理，既是当前社会治理的现实需求，也是社会组织发挥自身功能和优势的内在需求。

二 社会组织参与社会治理的价值

社会组织有效参与社会治理的价值已经获得了不少学者的认同，总结学界研究现状，主要有以下。

首先，社会组织的参与从主体上有助于实现多元主体的协调发展和共同参与。多元社会主体是这个社会最大的一个运行基础,多元而协调,多元而共同参与,而不是多元而分化、多元而冲突,是我们期待的一个运行理想。社会组织作为多元主体中的一个重要力量,在政府—公民之间,增加了一个重要的环节:政府—社会—公民,这一增加过程是新的社会治理空间的产生与扩大,也是一个新的领域被认可。三方在社会治理过程中相互协调,一个例证就是湖北省团委、省青少年发展基金会、腾讯慈善公益基金会和腾讯大楚网合作举办"爱心午餐——关爱城市流动花朵"项目,这一项目主要依托政府提供政策,社会企业和公民个人提供资金,社会组织负责运作,为在武汉流动打工人员的孩子奉献足够的爱心午餐,让这些流动的花朵能够健康成长。①

其次,社会组织能够为分散化和碎片化的公民提供表达渠道,维护公民利益,缓和公民与政府之间的矛盾纠纷。传统公民个人在政府面前是极为弱小的,想要让政府正视公民的声音,公民必须采取"大声说话"的方式,采取各种公民行动引起政府的重视,但是今天借助社会组织的渠道,可以更加有效地收集公民意见建议,社会组织可以代表公民表达,与政府进行相对有效的对话。除了这一意义的表达功能之外,社会组织还有另外一种特殊的表达,也即根据学者萨拉蒙的研究,社会组织不仅能够提供对外的表达,即向政府的表达,还能够提供对内的表达,这种表达是指参与社会组织的成员,相互之间在社会组织内部可以表达精神需求和情感归属,如一些老年人组织、女性权益组织、环保组织等,能够为志趣相投的人们提供一种有效的共同表达方式。

社会组织通过自身活动,无论是作为代言人,还是直接提供社会服务,都能够为公民利益表达提供较为充分的帮助,这是一种全新渠道的帮助,有助于减少公民与政府之间的直接对抗,构建了政府与公民之间冲突的一个有效缓冲地带,形成一个安全阀的作用。以城市征地拆迁为例,如果能够有社会组织代言和表达,至少可以减少公民与政府的直接对抗。再以养老为例,全国老龄委办公室副主任吴玉韶曾说"养老不能全靠政府",这一句话引发社会轩然大波,认为政府在推卸责任,让承诺变成了

---

① 《为武汉"流动花朵"捐爱心午餐》,《武汉晚报》2011年10月19日第6版。

谎言。① 然而就目前情况看，养老依托社区社会组织已经有了较大发展，一些社区社会组织配备了相对良好的养老措施，有助于减轻家庭和国家的负担。

最后，总结而言，社会组织参与社会治理能够有效促进社会和谐稳定。美国学者登哈特夫妇提出新公共服务理论，重新界定政府职责，认为政府应重视人，服务于公民而非顾客，要努力追求公共利益。② 社会组织以自身方式承接政府向社会转移的功能，不仅让政府得以从大量繁杂的社会事务中脱身，节约大量公共服务成本，同时也促使政府转变职能，从原来的主导者变成引导者，这种身份的转变意味着与公民相处方式的转变，政府可以通过监管社会组织，引导社会组织有效参与社会治理，提供良好公共服务，对于那些不能提供良好服务，或者存在不规范问题的社会组织，可以加以有效监管，由此直接避免了政府作为服务提供者与公民作为服务享受者之间的矛盾纠纷，更有助于促进社会稳定和谐。

三 社会组织参与社会治理的主要路径

目前社会组织是如何参与社会治理的，通过哪些方式实现这种参与，从事件中总结，主要有以下方式。

其一是最为直接的方式，即承接政府转移的职能，向社会提供公共服务。政府职能转变一直是历次党的会议重要议题。党的十五大提出政府应当放权由企业自身掌控经营自主权，政府需要承担的是宏观调控功能；社会组织可以承担其部分服务职能。党的十七大明确要求政府转变职能，给予社会组织更宽泛的自治空间。党的十八大则更加注重社会组织的发展空间构建，尤其是对社会组织在基层中的建设给予了充分重视。党的十八届三中全会的报告《中共中央关于全面深化改革若干重大问题的决定》中要求，"凡属事务性管理服务，原则上都要引入竞争机制，通过合同、委托等方式向社会购买"，提出"推进有条件的事业单位转为企业或社会组织""适合由社会组织提供的公共服务和解决的事项，交由社会组织承

---

① 郭少峰：《养老责任不能全靠政府》，人民网，http：//finance.people.com.cn/n/2012/0825/c1004-18831273.html，2017年10月25日。

② ［美］珍妮·登哈特、罗伯特·登哈特：《新公共服务——服务，而不是掌舵》，中国人民大学出版社2005年版。

担""限期实现行业协会商会与行政机关真正脱钩"。这些都说明当下社会组织参与社会治理最重要的方式就是承接职能，提供服务。

这里就需要注意两个基本问题：一是社会组织是否能够承担起这种职能的问题。以残联为例，残联的管理既具有社会组织的功能，也具有部分政府授权管理的功能，这就需要政府对其授权加以明确。但如何协调政府授权管理与社会组织的职能，这本身就很考验社会组织的能力；二是关于政府购买社会组织公共服务的问题。这是推进社会组织有效发展的一种重要方式，但如何购买，购买什么，购买后如何监管，也即政府购买公共服务制度是否完善，关系到社会组织是否能够参与社会治理的问题。

其二是代表社会组织成员和民众，维护其合法权益，帮助化解社会矛盾纠纷。社会组织能够成为一个有效的代言组织，尤其是行业协会、商会等，可以起到商户、行业成员与政府成员有效沟通的作用。社会组织具有广泛的社会性、民间性和代表性，比政府部门更加直接地接触社会民众，更加了解民众的基本需求，比较容易表达社会民众的诉求。除了帮助民众表达之外，社会组织还可以针对政府政策、决议等提出意见建议，以修正政府政策与决议中存在的问题，减少政府犯错的概率。

我国目前正处于全面深化改革的时期，很多社会问题是结构性问题，很多社会矛盾是结构性的矛盾，这就需要认真分析这些矛盾纠纷的性质，厘清矛盾纠纷产生的原因。甚而，在政府出错导致矛盾的时候，也必须认真加以分析和改进。但是如果只是依赖于政府自身化解社会矛盾，很可能无法完全承担，其效率的低下可以想象，因此依托社会组织，将可以释放给社会组织的自治权交还给社会组织，在法律允许的范围内，让社会组织与政府和公民之间有效沟通，从而实现利益协商一致，也能够有效制约政府权力可能存在的滥用。

当然，在强化社会组织上述作用时，也必须考虑到社会组织本身存在的问题，如资金困难，人才短缺，管理不规范等，这需要我们对社会组织进行有效的培育。

其三，可以通过社会组织的参与治理促进民主法治建设。社会组织的参与治理，是对社会治理权力的一种适当划分，这就要求政府改变其传统的权力运作方式，交还部分自治权力给社会组织。社会组织通过自治，帮助不同利益主体实现代言和表达，有助于促进社会民主的进步。同时，通过与政府的谈判协商,也可以促进政府尊重社会意见,促进政府决策的民主正当性。

当然社会组织必须在法律的框架内运行,这种自治权力受到法律的保障,也受到法律的制约,我们必须明确的是,社会组织不是一个独立王国,也不是脱离宪法和法律的社会主体,如果出现这种情况,这就说明社会组织已经失范,需要更进一步的规范。

社会组织参与社会治理,实际上就是在传统的政府与公民之间的互动中增加了一支独立的力量。如果按照政府—公民的互动模式,一种善治的结果也并不是不可以期待的,但问题在于,传统的政府与公民之间的互动模式,所导致的结果并不是善治,而是政府权力越来越不受控制,公民在政府面前越来越渺小化,两者之间存在更多的是相对激烈的对抗而不是合作。这是现代民主国家令人奇怪的一个地方。当下社会组织能够起到良好的沟通协调作用,一方面可以通过社会组织有效吸收成员意见和社会民众的意见,将之整合后提交给政府,作为政府决策和行为的参考,同时也可以起到较好的权力制约作用。另一方面,社会组织可以将政府的决策和行动考量有效传达给组织内的成员或民众,促成后者对政府决策和行动更多的理解和支持。由此可见,社会组织参与社会治理,实际上是起到一种"润滑剂"的作用,带来更加有效的政府与公民互动的新型模式。

第二节 社会组织参与社会治理的实证样本

社会组织协同参与社会治理中"协助并共同参与"之意指参与者在所参与的事件中,只是处于"协助"地位,不是主导的、主要的、领导的地位,要服从、配合处于主导地位的参与力量。在我国社会治理理念中,党和政府向来有"党委领导、政府负责、社会协同、公民参与、法治保障"的二十字方针,本书是在这种理念的框架支撑下进行的。

一 社会组织参与社会治理的县级市样本

近十年以来,宁波余姚市的社会经济发展较为迅速,因为社会需求,社会组织的发展也较为可观,在数量上快速增长,在结构上不断优化,在质量上也逐渐提高,目前余姚社会组织基本上已经形成了一个层次分明、广泛覆盖和门类齐全的格局。截至 2014 年 6 月底,共登记社会组织 575 家,其中社会团体 98 家,民办非企业单位 377 家。备案登记社区社会组织 685 家,与 2013 年同期相比,新增社会组织 32 家,增长率 15%。这些社会组织结合自身特色,发挥自己优势,积极探索服务余姚全市社会、经济发展的途径,在全市社会经济生活中发挥着积极作用。

(一)抓好行业自律,维护市场秩序。行业协会和商会是做好行业自律的最重要社会组织。余姚因应经济发展需求,在行业协会和商会内部设立专门的自律机构,比如在模具协会设立了技术委员会,人员主要来自市内 7 个重点模具企业的技术副总或总工,主要职责就是对行业内部的质量价格纠纷等进行技术鉴定,以此防止无序压价或哄抬价格;再如,在市再生资源协会中,对全部 80 余家会员企业确定了"八不准、八不收"① 的行业自律共识,并通过内部交流等刊物对违反上述共识的企业予以曝光,从而起到良好监督效果。各类商会组织则在互通信息、共享资源方面发挥作用,有效避免了行业内的无序竞争。如余姚裘皮商会推进了会员企业和产业的交流合作,办起了一年一度的中国裘皮服装节,其影响力波及国内外。余姚部分村设立了村级商会,之后,经营户之间的关系大为改善,如低塘街道镆剑山村商会秘书长表示,"商会成立后,大家的观念就不同了,原先是竞争关系,总有些顾忌,现在有好的技术好的信息,都会第一时间拿出来共享,视野更开阔了"。

(二)提供公共服务,改善民生福利。余姚市大力推进贴近民生的社会组织建设,如教科文体卫等公共领域的社会组织建设。教育领域中学前教育民办幼儿园(民办非企业单位)唱了重头戏,余姚全市有有证幼儿园 158 所,其中公办 11 所,集体办 3 所,占总园数的 8.7%,民办 144 所,占总数的 91.3%。实验学校、余姚四中、高风中学等民办学校不仅有效缓解政府教育资源不足的问题,而且教育质量在全市处于领先地位,社会口碑良好。在卫生保健领域,余姚全市有 107 家民营医疗机构,民营医疗机构作为公共医疗资源的组成部分,在优化医疗资源布局、缓解医患供求关系、满足不同医疗需求等方面起到了重要作用,其中余姚惠爱医院、余姚惠民医院等民营医疗机构形成了规模,上了档次。再如体育类的

---

① 如不准回收电力、通信、测量、水利、矿山设备,不准短斤缺两、克扣群众等。

民办非企业单位，如跆拳道俱乐部、精武体育会、余姚老年人体育协会、门球协会、乒乓球协会、围棋协会、武术协会等，不仅适应社会、市场需求，组织开展培训、比赛、宣传等活动，极大地丰富和繁荣了余姚的体育事业，满足了人民群众健身强体的需求，而且还使余姚在省内外的一些体育比赛，如门球、乒乓球、武术、围棋等项目比赛中，竞赛成绩处于兄弟县市区前列。

（三）发展公益事业，传播社会爱心。当前社会处于利益格局深刻调整的时期，在人们的经济社会生活中，很容易产生一批"弱势群体"；当前社会又是一个高风险的社会，因疾病、伤残等引起的"困难群体"也在增多。对这些群体的生活救助，社会保障跟不上，于是各类社会组织在减贫济困、助学助医、救灾防灾、安老抚幼等领域大有用武之地。如余姚市慈善总会除了参与国内外慈善活动外，还针对本市居民推出了"冠名慈善基金""村级慈善帮扶基金""精神康复医疗扶助工程""慈惠童心工程""慈善爱心超市"等慈善项目，对特殊群体进行帮扶和救济。其他社会组织如各类商会也积极出钱出力，投身社会公益事业，如低塘街道商会建立了教育奖励基金，每年筹资30万元用于教育先进奖励，泗门镇后塘河商会、小路下村商会在年底慰问走访困难群体和70岁以上老人。再者，环境破坏、生态恶化也是当前各地面临着的现实问题，社会组织便在环保领域开展相关活动，市志愿者协会定期组织志愿者到景区、公园等地捡垃圾、植树、环保宣传等公益活动，草根的"地球补丁"志愿者队伍，给环卫工人送清凉，开展环保知识宣传，倡导低碳生活方式，宣传绿色出行，在"世界环境日""世界地球日"等策划特别的环保活动。

（四）表达群众诉求，维护和谐稳定。当前社会阶层多元，各阶层利益诉求多样，如果社会成员彼此处于"原子"似的松散状态，则社会成员的利益表达将会变得杂乱无章，相互之间的沟通、联系和协调将会变得困难、低效和费力。而1000多个分布在余姚市各阶层、各行业、各领域、各地域的社会组织把数量庞大的社会成员集结成一个个有组织的群体，如余姚市模具工业协会集结了168家模具会员企业，余姚市电动工具协会集结了120家会员企业等。有了众多的社会组织，社会成员个体之间的利益关系变更为一个个群体之间的关系，便于使社会处于和谐稳定状态。另外，余姚民营企业发达，吸引了大批外来务工人员，其中登记在册的外来人员有46万名。为促进新老居民互帮互助和谐共处，为激发广大外来务工人员对第二故乡的认同感、归属感，市外来务工办、市综治办及市民政局联合在全市村（社区）开展了建立新老居民和谐联谊会活动，近年来，各村（社区）的新老居民和谐联谊会从无到有、从小到大，在为外来务工人员排忧解难、促进新老居民和谐相处等方面发挥着越来越重要的作用。

（五）适应改革需要，承接政府职能。当前正在全面深化改革，改革的一个重要内容就是政府简政放权，将大量行业性和事务性的工作转交给社会组织承担，而政府通过购买公共服务的方式促进这些社会组织的进一步发展。改革要推进，必须有一定数量的、多种功能的社会组织的存在。如市电动工具协会联合成立高新技术检测中心，以有效应对国外提出的"反倾销"条款；市模具协会也会依据市场状况，以两年一次的方式更新模具行业的高端关键设备引进目录，这样一份《余姚市模具行业高端关键设备鼓励引进导向目录》，有力地推动了全行业的设备更新和技术进步；当然，必须肯定的是，行业协会内部定期开展活动，出版简报和协会刊物，通过及时有效的信息交流，为行业的发展提供指引；另外，一些社会组织还会通过组织企业与政府部门面对面的方式，直接解决问题或沟通信息。社会组织的这些行动，使政府职能得以顺利转移。再者，社会需要灵活多样的公共服务，而政府提供则往往成本较高，此时政府自己不生产这种公共服务产品，而是通过向社会组织购买服务来满足社会需要。如余姚风山街道子陵社区"五彩丝带"志愿者服务队居家养老关爱项目，余姚市东海城市文化研究院提供的余姚历史文化知识普及直通车项目等。

二　社会组织参与社会治理的街道样本

2013年以来，宁波市东柳街道以创新开展"微自治"为着力点，坚持发动群众力量做好群众工作，引导居民组建社会组织，参与社区治理，提升社区自治功能。东柳街道通过培育社会组织领头人，带动社会组织发展，优化社区服务项目，在三年内培育百名"领头雁"，建成百个优秀社会组织，开展百项民生服务项目，让社会组织在基层社会治理中发挥更大的作用。

（一）搭建自治平台，提升凝聚力

一是细化"微网格"。在原有网格化管理的基础上，按照"精细灵活、居民认同、有利自治、便于服务"的原则，将社区自治的重心进一步向居民小组—楼栋延伸，将网格向更小的单元渗透，现有网格108个，初步形成了居民代表会议、居民议事会、社区居委会、社区监督委员会、网格自治组织上下贯通、左右联动的"微自治"工作体系。二是设置"微项目"。主要将社区自治的内容从以往由上到下普遍性所抓的"大事"，转向车棚出租、绿地护养、社区养狗等居民群众由下到上反映的专项性"小事"，使居民群众通过亲身参与"微项目"，既解决了自身关切的实际问题，又进一步增强了居民群众自治的意识和能力。如园丁社区由社会组织策划解决了社区3000多平方米的绿化补种问题。三是搭建"微平台"。成立社区社会组织"雁会厅"，并作为"领雁工程"日常服务管理的核心阵地，为原本分散在各社区的社会组织提供交流培训、资源共享的平台。率先出台社会组织管理考评办法，进行统一管理，评选出优秀"领雁"作为雁群榜样，逐步推动社会组织发展的规范化、系统化、常态化。围绕群众最关心的"微项目"，在原有的社区民情恳谈会、社区评议、社区协调会、居民听证会等载体平台的基础上，创设了"圆桌会议""议事厅"、微博微信论坛等"微平台"，为群众自主解决自己的问题提供了便利，也提高了"微自治"的效率。

如2015年8月华侨城社区明珠阁（30层）和碧华阁（24层）经市特种设备检验研究院安全风险评估，需要对其中老化的6台电梯进行设备更新，涉及住户245户，设备更新金额约250万元。面对具体处置细则缺乏、专项资金账户空缺、工作协调难度较大等困难，华侨城充分引导群众自己做主、自我服务，整合社区建设热心人士组建了以业主为构成人员的高楼电梯议事工作组作为核心自治组织，并明确工作组负责拟订工作方案、召集业主大会等五项职责，确保"小区事务居民管、居民事务小区帮"。通过分头上门听取民意、分类引导达成共识，最终促成两次业主大会均有六成以上业主现场参加，会议全票通过同意更换电梯的方案，并仅用20余天自筹经费156万元，达到启动电梯更新工作的标准，成功创造了居民自治自主更换电梯的"华侨城模式"。

（二）强化机制保障，提升多元性

一是畅通诉求表达机制。强化"虚实结合"的信息力量，建立以楼道墙门组长为主的社会组织"邻里直报员"队伍和"阳光领航员"网络志愿者队伍。创新建立"三色信息"机制：蓝色为易做通工作、配合较好的对象；黄色为一般对象；红色为不易做工作、有抵触情绪的对象。对所反映的问题也进行三色分类，进行重点记录并针对性解决。继续依托民情早会、重大矛盾纠纷入户走访等机制，承担排查预防、信息上报、舆论引导等责任。积极利用微博、QQ群、社区论坛等网络平台畅通社情民意表达渠道，开展普法预防、心理咨询预防、排查预防、提前介入预防等，强化从源头上避免和减少矛盾纠纷的发生。

二是实行层级调处机制。充分利用法制促进员、调解员、新经济组织联络员等力量组建社会组织。在街道层面，建立社会矛盾"大调解"机制，总体协调联动综治、城管、司法、劳动监察、安监所等力量，落实归口办理和业务指导；在社区层面，建立公安、交警、城管、卫生、工商和社区法社区"老娘舅"、结对律师等"公""民"结合、"十位一体"的社区邻里纠纷调解中心，实现信访事件处置和民间纠纷调处的"诸兵种联合作战"。据统计，目前辖区95%以上的矛盾纠纷均在社区层面得到化解，矛盾化解成功率99.6%，各类不稳定因素被吸附在当地，参见表5。

表5　　　　　　　　2013—2015年矛盾调处统计表　　　　　　　（单位：件）

年度 数量	受理调解总数	成功调解数
2013	272	271
2014	250	249
2015（1—6月）	95	95

三是落实监督评议机制。建立由居民群众组成的百姓参政团、道德评议团等组织，全程对"微自治"项目的操作流程、具体落实、实施效果等进行监督评议。如在东海花园社区制定修订社区公约过程中，自主成立实施监督委员会，全方位对公约的推进落实进行监督问责，确保公约共知共守、长效运行。

(三) 打造品牌，提升影响力

一是打造"一社一特"品牌。发掘辖区145个社会组织，10000余名会员的规模优势，围绕"一社一特"的目标，拓展宣传渠道，着力提升社会组织品牌效应，凝聚公众爱心力量助力基层社会治理。如打造阳光系列品牌吸引了22家企事业单位加入阳光爱心联盟，在"公益·圆梦"行动中为残疾同胞实现了21个心愿；马琴青年公益社以其爱心品牌募集到3.9万余元善款用于爱心助学、扶残助残等社会公益事业。二是突出矛盾化解品牌。于2012年打造"老潘联调工作室"，集"纠纷诊所、培训基地、慈善驿站"三大功能于一体，作为街道化解辖区矛盾的一线平台，参与化解华茂广场重大项目建设、六院涉藏医疗纠纷等各类不稳定因素共500余起，培训基层群众工作人员上千人，救助困难人员30余名，东柳商会冠名救助金每年2万元，社会上弱势群体、困难群体慕名而来，成为街道乃至全区处置疑难复杂纠纷的一大品牌。三是发掘服务民生品牌。以服务老弱病残和待就业群体为重点，挖掘具备文体、草药知识等特长的民间人士，携手专业医疗机构，聘请创业讲师，吸纳爱心企事业单位，提供医疗咨询、智力助残、创业指导等"点单式"服务。如联合市中医院组建中医药知识社区实践基地，共开展养生系列讲座30余次；孵化出"创二代"导师团等新兴社会组织针对创业难点、热点开展专业指导；华侨城社区建立了"五小"企业青年美发小屋，开设了专门为社区老年人免费理发的工作室，为行动不便的老人提供了便利和贴心的服务。

三 社会组织参与社会治理的制约性因素

从上述社会组织协同参与社会治理样本的描述中，我们可以归纳出社会组织协同参与社会治理途径的特点，如途径的广泛性，涉及经济、社会、文化、生态等领域；途径的多样性，即使是在一个领域，譬如在社会建设一个领域里，社会组织协同参与治理具有多条途径；途径的合法合情合理性，协同参与的方式手段大多都在现有制度框架下进行等。社会组织协同参与社会治理已经有了较好的途径和表现，在社会治理中发挥了积极作用。但本书认为，社会组织协同参与社会治理途径的拓展和优化，还受到诸多主客观方面的因素的制约。

(一) 社会组织参与社会治理的主观制约因素

社会组织参与社会治理途径的能力制约。时代发展对社会治理提出各类需求,社会组织应协同政府设法去满足那些正常需求。但社会组织自身服务社会治理的能力不足、不强,自然也难以拓展协同参与社会治理的途径。余姚如此,其他地区情况亦同。尽管我国社会组织近年来发展很快,但总体仍显不足。从服务能力看,社会组织人才短缺严重,缺乏专门人才就无法有效服务社会;同时社会组织较为依赖地方政府的资金和指导,较为欠缺主动服务的积极性和能力;当然也有一些社会组织内部管理不健全,开展活动等不够规范化。

社会组织拓展和优化协同参与社会治理途径的情感制约。一个人要做好工作,除了能力,还必须有热情,高热情给事业带来工作动力,高热情给工作带来解决问题的思路和办法。社会组织协同参与社会治理也一样,要有服务社会治理的能力外,还需要服务社会治理的热情,而且一般而言,感情越高越能创造性地服务于社会治理。而当下社会组织协同参与社会治理的热情并不高。其原因,一是民政部门登记备案的许多社会组织都有官方背景,它们的设立都是根据行政部门指令"受命而设"而非"我要设立",如市能源协会、市教育学会、市税务学会、水利学会、廉政文化研究会等等,如此情况下社会组织主动性、积极性天生不足;二是主动申请的社会组织热情不够持续,通常只在设立之初有积极性,到后来运作过程中遇到困难、被社会误解、缺少必要支持时,热情消退。由于热情不够,导致社会组织拓展和优化协同参与社会治理的途径的可能性减少。

社区社会组织获取资金能力不足。资金是组织的生命线,社区社会组织的生存和发展都有赖于充足的资金。从现状看,区、街道两级每年都会拨付一定的资金用于支持组织运作,这些经费一般优先支持发展稳定、项目成熟的社会组织。但是,由于大部分社会组织在短期内还缺乏影响力,居民和社会认同度不够,自身所能筹集和运作的资金都十分有限,很大程度上制约了自身的发展。

社区社会组织专业人才资源匮乏。社会组织工作中多采用传统的、简单的管理方法,在应对市场化所需的宣传沟通、资源整合、项目创新、内部管理等方面能力不足。基于这一情况,虽然各社区都安排了部分社工指导社会组织开展活动,但由于社工日常工作忙、节奏快,所谓的指导也主要停留在信息传达、资源协调上，在具体的工作督导和项目创新上往往力不从心。

（二）社会组织参与社会治理的客观制约因素

政府部门的认识不到位。各类社会组织在各地都发展到了一定规模，并在协同参与地方社会治理中发挥着诸多作用，可在一些地方和部门对社会组织作用认识不到位，如只有当政府自身在社会治理中需要社会组织协助时才想到社会组织的存在，其他时候对社会组织的发展不闻不问；有的认为社会组织无足轻重，政府可以包揽一切；有的甚至认为，社会组织的存在和参与社会治理，只会给政府添乱。政府部门这些不够到位的认识，使政府部门对社会组织协同参与社会治理的途径是否够多、是否合理、是不是可以优化、是不是可以拓展等问题，没有纳入议事日程。一个典型的表现是行业协会，行业协会与政府部门之间并没有直接的正式的法定的沟通制度，这就导致部分行业协会所提出的意见建议得不到有效回应，导致一些协会凝聚力、号召力不强，行业协会协同参与社会治理的作用也难以发挥。

法律规章的供应不充分。我国现行关于社会组织的法规，主要有社团、民非、基金会三个条例，不仅是立法层次不高，缺乏一部社会组织的基本法，而且即便有规定，对社会组织的管理、性质、地位等问题也不够明确。而社会组织协同参与社会治理的相关条文，尽管中央高层文件中多次强调，但没有专门法律条文，只是零星地出现在《国务院自然灾害救助条例》等规章中，因而，哪些领域的社会治理社会组织是可以参与的，哪些领域是限制的，哪些领域是禁入的，在参与时又有哪些具体的权利和义务等等，都缺少法律规章支持，使得社会组织协同参与社会治理往往行走在无法可依的"边缘地带"。这些法治建设的现状，决定了社会组织协同参与社会治理途径的拓展与优化变得难上加难。

政府部门支持力度不够。省、市、县各级政府部门社会组织登记管理机关的人员编制、工作经费等与管理任务不相适应，一般县级管理部门工作人员只有2人，有的甚至只有兼职工作人员，靠这点力量实施一年一度的年检已经够忙碌了，还要承担咨询、登记、变更、查非、评估等大量事务性工作，没有精力思考如何为社会组织的发展营造好的环境，如何服务好社会组织等问题，如对社会组织的教育培训问题，我们走访中了解到，各类社会组织接受培训的意愿强烈，但民政部门没有经费和时间去满足社会组织的这种需求，社会组织只能"自生自长"，缺少外力的支援。另外，政府部门对社会组织的支持跟不上发展的要求，关于社会组织的现有地方政策中，人员编制、工资福利、社会保障、税收减免等方面的优惠政策缺少系统和配套，不利于社会组织做大做强，也制约了社会组织协同参与社会治理途径的拓展和优化。

社会组织的信用度不高。在参与社会治理的主体中，相对于政府，社会组织是新生主体，社会组织是弱势主体，它们在我们国家的出现和发挥作用时间不长，在政府几乎包揽一切社会治理任务的传统背景下，社会组织发挥的作用常被人忽略不计。因而，社会组织在公众心目中影响力不大、公信力不高，如人们看病求学，一般都首先选择到公办的医疗机构、教育机构、中介评估、技术鉴定等，人们也习惯到有政府背景或由政府办的机构去做慈善捐款，人们也习惯选择中国红会、慈善总会等。同时，也有一些社会组织在协同参与社会治理时，存在着"乱摊派、乱收费"现象，打着各种旗号，为自己谋私利，损害公共利益，也影响了社会组织的公信力。这种状况，导致社会组织接纳、组合、整理社会资源的能力难以提高，制约其协同参与社会治理能力的发展，也制约其拓展和优化协同参与社会治理的途径。

社区社会组织发展存在不平衡性。从东柳街道目前的社区社会组织分类看，以文体休闲类、公共服务类居多，和谐促进类、建言献策类较少。从构成比例来看，专业型的社会组织极为缺乏，如社区矫正类、应急减灾类、心理救助类、社区信息化建设类等现代服务型的社会组织比较少，在满足居民的多元需求方面仍有一些空白区域。此外，还有一些社区社会组织存在空挂名号的情况，不仅没有产生实际的运作效果，还占用了一定的社区资源。

第三节　社会组织参与社会治理的主要问题

一　社会组织发展面临现实困境

宁波从 2005 年以来在促进社会组织发展方面，投入了大量人财物，从市一级到街道和社区都先后成立了社会组织服务中心或孵化基地，通过培育社工人才,为社会组织提供办公场所,在前期提供或协助其获得政府和企业资金支持,并向组织提供管理服务等方式促进社会组织的建立和发展。截至 2014 年的数据,宁波市登记在册的社会组织已经由 2000 年的 32 个猛增到 5835 个,市一级的社会组织也由 30 个上升至 889 个。① 除此之外,还有很多未经登记的社区社会组织,只在社区进行备案,并未正式注册登记。

宁波市社会组织的发展较为快速,但是仍然存在以下问题:

其一是结构不合理,规模比较小。根据活动内容进行分类,可以将社区社会组织分为公益慈善类、生活服务类、促进参与类、文体活动类、教育培训类以及权益维护类。不同类型的社区社会组织中,文体活动类的组织居多,而生活服务类和公益慈善类的组织较少。在走访中发现,当前基层的社区社会组织多以文体活动类为主,如各种表演队、艺术团、体育团体等,据民政局干部反映,社区各类社会组织中,自娱自乐的组织也就是文体活动类组织占总数 70% 以上,而社区目前迫切需要的生活服务类和公益慈善类社会组织占比较低。虽然基层的文体活动类组织能够丰富居民生活,增强社区成员的凝聚力,但是,在发挥社会公共服务的功能上,生活服务类和公益慈善类的社会组织有着无可取代的地位和作用,因为其更贴近大众生活领域,能够及时掌握居民需求,提供更具个性化的服务,这些组织的发展壮大才能承担政府在基层转移的部分公共服务功能。社区社会组织的规模小,管理松散。处于基层的社区社会组织的特殊性质决定了这些组织管理和发展的基本状况,由于组织的服务范围局限于本社区内部,不存在跨社区服务,直接导致组织规模偏小。另外,多数组织都是以满足社区居民自娱自乐的目标而建立起来的,这些组织的负责人基本只由团体中较为活跃的一两名成员义务担任,在一部分公益慈善类和生活服务类的组织中也存在由社区工作者兼职负责人的情况,组织的日常工作基本都由负责人管理,社区居民则以志愿者的形式加入其中,并不直接参与组织内部管理。社区社会组织规模小,直接导致出现组织制度建设不完善,甚至出现完全没有存在必要的状况。在走访中作者观察到组织往往缺乏完备的规章制度、财务制度和人事制度,组织管理比较松散,对于组织负责

---

① 宁波市社会组织网,http://nbshzz.nbmz.gov.cn/,2017 年 6 月 6 日。

人和志愿者都不存在权利和义务的制约,内部管理结构不完善也进一步导致了组织规模难以壮大。

其二是缺乏独立性,过度依赖政府。组织发展必须从外部获得原材料(包括资金支持和人力资源)信息,社会和政治方面的支持(即合法性的支持)。根据资源依赖理论,由于组织之间各自掌握资源的数量和稀缺程度不同,因此双方关系会出现权力上的不平等。[①] 课题组在走访过程中就发现,社区社会组织普遍缺乏独立性,在与政府的关系中处于权力不对等的弱势地位,政府主导社区社会组织的培育。随着政府职能转变,政府需要将其公共服务职能转移到第三方组织,能够为政府承担社会公共事务功能的第三方组织也就是不同类型的社会组织。近年来,宁波从市级、区级、街道都纷纷成立了不同层次的社会组织孵化中心,从孵化器中成立的社会组织从备案注册、工作场地、内部管理、服务内容上都在政府对其的规划和要求之下完成,缺乏组织的自主独立性。特别是以社区为依托的社区社会组织,组织本身的规模结构小、实力弱,一旦失去政府的支持,多数组织也就难以生存了,政府实际上为这些组织起到了托底和庇护的作用。社区社会组织离不开政府在资金、信息和人力等方面的持续性支持。社区社会组织要获得政府项目和在社区开展服务的资格,必须取得合法性身份,而我国对社会组织登记管理制度严格,组织获得合法性身份的门槛高,很多社区社会组织只能在街道备案而使其发展面临制度制约。另外,社区社会组织发展需要建立在社区居委会的认可上,而居委会在事实上作为政府在基层的"触角",甚至有不少社区社会组织的负责人由居委会的社会工作者担任,也给政府直接或间接地干预社区社会组织的发展提供了空间。除了合法性的身份问题,最为关键的问题在于政府拥有强大的权力并控制大量资源,而实力较弱的社区社会组织能够提供给政府的公共服务资源要远远小于政府扶持其发展的资源,这是社会组织依赖政府的根本原因。可见,很多社区社会组织的一个弊病——过于依赖政府,不是社会组织主动选择的结果,而是一个不得不如此的现实。

其三是组织发展的资金缺乏。任何组织的生存与发展都依赖于稳定的

---

① 费显政:《资源依赖学派之组织与环境关系理论评介》,《武汉大学学报》(哲学社会科学版) 2005 年第 4 期。

资金来源,在调研中作者发现无论是宁波还是南京的社区社会组织都面临着资金缺乏的问题。社会组织能够获得的资金主要有政府资助、慈善捐赠(包括基金会、企业与个人捐赠)以及自主创收。当前宁波的社区社会组织在资金方面面临着获得政府资助难、慈善捐赠不足、自主创收能力弱的现状。

获得政府资助难。政府主要通过直接拨款和购买项目两种方式向社区社会组织提供资金,在调研中课题组了解到宁波社区社会组织多靠政府的直接拨款,即组织申请政府资金补贴来支持组织的活动开展,这类补贴是短期性、非竞争性的。社区社会组织通过购买项目的方式获得资金较少,主要是由于社区社会组织的实力弱,不仅缺乏购买服务的资格,也缺乏提供公共服务的能力,很多社区社会组织甚至没有向政府购买服务项目的意识。

慈善捐赠不足。慈善捐赠是社会组织特有的资金来源,主要来源于基金会、企业捐赠和个人捐赠。作者通过访谈了解到,宁波社区社会组织的慈善捐赠多来源于企业捐赠,单纯依靠企业捐赠的问题在于企业更愿意捐助少部分有社会影响力和品牌效应的社区及社区社会组织以达到宣传目的,而多数普通社区社会组织获得企业捐赠的机会较少。个人和基金会对社区社会组织的资金捐助比例不高,原因在于民众的捐款意识不强,长期的单位体制使得个体倾向于免费享受公共福利,搭便车现象普遍存在,而基金会对社会组织的专业化程度要求高、考核规范多,目前宁波的社区社会组织都没有能力获得基金会的资金。从社区社会组织自身角度来看,社区社会组织的社会公信力不高,内部缺乏规范的财务制度,缺乏向社会公布财务状况,也是导致各类慈善捐赠不足的重要原因。

自主创收能力弱。社会组织的自主创收是通过提供产品或劳务而向消费者收取的费用以及通过投资而从受资方取得的收益。① 萨拉蒙等人对全球39个国家的社会组织财政收入来源调查研究显示,社会组织财政总收

---

① 刘春湘等:《社会组织参与社区公共服务的现实困境与策略选择》,《中州学刊》2011年第2期。

入平均50%来自收费收入项目,与市场相结合也将是社会组织发展的趋势。① 对于非营利性的社会组织而言,它们可以通过收费的方式向有需求的群体提供带有私人物品性质的公共服务来补偿提供公共服务的成本。目前,无论是宁波的社区社会组织还是大众,都没有形成个体购买服务的观念,他们对社会组织的定位仍在于无偿性和奉献性。若不转变这种不正确的观念,不仅会使社区社会组织缺乏重要资金来源,阻碍组织的生产与发展,也将影响政府职能转变和基层治理的开展。

其四是社会组织缺乏专业人才。社区社会组织成员的专业化程度低。宁波市的社区社会组织基本以内生性的社会组织为主,即根据社区自身需求,居民自发成立或者由社区主导成立的组织。在组织成员构成方面,多以退休的社区居民为主,文化水平普遍较低,并且以女性居多。当然,也有拥有专业技能的居民以志愿者的身份参与,提供志愿服务,但这些在职居民平时工作繁忙,无法保证专业队伍的持续性。更多生活服务类和公益慈善类组织是由一群热心公共事务的却缺乏专业能力的居民在主导。调研中就发现很多这样的典型案例,如某社区以"梦工坊"为名的社会组织主要帮助社区内的残疾人(包括孤独症患者)的社会化工作,组织开展的劳动学习、与人沟通交流等活动都由社区工作者一力承担,却没有相关的心理咨询师来提供专业指导。在社区社会组织提供公共服务过程中,一腔热情并不能取代专业能力发挥的关键作用。

组织内部"能人"效应过重。社区社会组织的管理者多是组织的创建人,这些创建者往往具有较强的组织管理经验或专业能力,他们能够通过传统权威感召并凝聚组织成员来为组织发展出力。由于社区社会组织的规模小,组织内部管理多由创建者担任,而组织其他成员没有机会直接参与管理,这就会导致组织权力过分集中,使领袖人物掌握组织的大部分资源。过分依赖个体力量的组织缺乏体制机制的稳定性,领袖人物个人的价值取向和行为方式很大程度上决定了该组织的生存发展,一旦领袖人物离开,组织就会面临解散的风险。另外,上文提到,当前宁波扎根于社区的公益慈善类和公共服务类社会组织的管理者存在由社区工作者兼职担任的

---

① 张海、范斌:《我国政府购买社会组织公共服务方式的历史演进与优化路径》,《理论导刊》2013年第11期。

状况，这些社区工作者不仅不能满足社会组织发展的专业化和职业化的需求，还会导致社区社会组织长期依附于社区居委会依靠社工力量，无法促进专业人才的成长发展。

二 社会组织参与社会治理的法治难题

社会组织想要获得良好发展，积极参与社会治理是重要的方式，但是这种参与需要社会组织依托法律保障。目前社会组织在法治保障上还存在不少难题，包括法律主体资格问题、监管和救济问题等，这些问题严重影响了社会组织的治理参与。

(一) 社会组织法律主体资格问题

法律主体资格是社会组织参与社会治理的首要前提，无法律身份就无活动资格，有法律主体资格才具备权利能力和行为能力，从目前我国的相关法律法规来看，对社会组织的立法是较为滞后的，这当然与我国长期不重视社会组织的原因有关。

检索目前已有的法律法规，主要有《民法总则》的相关规定、《慈善法》的部分规定，《社会团体登记管理条例》《民办非企业单位登记管理暂行条例》《基金会登记管理办法》《公益事业捐赠法》《外国商会管理暂行规定》《社会福利机构管理暂行办法》等。这些法律、行政法规或部委规章，构成当下社会组织的主要法律体系，从这些相关法律规定看，一是我国目前并没有一部社会组织法，虽然民法总则和慈善法对社会组织有一些相关规定，但它们并不是社会组织法，从已有法规看，层级相对较低，主要是规章、法规，甚至是规范性文件的方式，二是可以从这些法律法规中看出，我国目前只有三种社会组织：社会团体、民办非企业单位及基金会。这三种社会组织法律地位的获得，必须依赖于双重同意——业务主管部门的同意和登记管理机关的同意。

因为缺乏较高层级的立法，社会组织的权利义务、成立条件、管理规定等就有可能出现规章冲突、规范性文件冲突等问题，并且可以看到的是现行法律对新时期社会组织的发展已经较为不适应，也同样需要较高层级的立法。

为了社会组织的有效参与社会治理，需要对社会组织开放更加多的渠道。目前的管理规定中，社会组织基本上都要经过登记，登记的条件并不简单，这是社会组织准入门槛的问题。在一开始要求较高或有好处，可以更加规范，但随着社会组织的发展,今天已经不能再以登记审核的方式进行要求,而是必须开放足够多的渠道,对人数的限制、组织机构的限制、场所限制等应当适当放宽。否则将会导致的结果是很多社会组织无法取得相应法律地位,只能以其他组织的名义活动,无法承担更多的社会治理职能。

(二)社会组织的有效监管问题

监管是一种管理方式,政府部门通过权力的形式,以符合行政程序的方式进行社会组织的监督管理。社会组织监管,是政府依照相关法律法规的要求,对社会组织的成立、活动,对社会组织的权利行使进行监督管理,以促进社会组织健康发展。如今社会组织已经不断壮大,被视为一种独立的力量,但任何独立的社会组织也不能成为独立的王国,必须注意的是,社会组织仍然必须置于监管的框架下。这是因为社会组织在运行过程中,存在着一些不规范的情况,比如内部财务相对混乱、管理不够严格,容易产生腐败问题,一些社会组织为了资金保障问题,容易进行非法集资、存在诈骗财物等问题。社会组织的不规范运作,就需要政府加以监管,否则社会组织的任意妄为,很可能导致这种力量受到社会公众的排斥。

但是目前法律法规上对社会组织的监管存在不少问题:一是监管立法缺位,如前所述,社会组织的法制状况并不令人满意,法制不健全,甚至出现相互冲突的问题。二是对社会组织的实体权利规定较少。目前虽然有社会组织的相关规定,但并不是一种赋权法。社会组织参与社会治理,应当尽量在法律法规中明确其参与权利,但我国目前的规定中,较少看到权利性规定,更多是程序性规范,但是吊诡的是,程序性规范并非是为了实现实体性规范,而是设定一些管理型的程序。三是目前社会组织的监管体制是双重监管体制,从法律上看,民政部门是法定的登记和监管部门,但民政部门的登记和监管力量远远不足,能够满足登记的需要已经是当下民政部门尽了最大努力。从体制看,监管还有一个业务主管部门,这个部门应当承担的职责和任务并非有在法律法规中有较为明确的规定,很容易出现有利的就监管和指导,不利的就不监管和不指导的情况。双重监管体制的分工并不那么明确,权责并不清晰,导致监管效率低下,也导致部分想要成立社会组织的人望而却步,因为双重监管意味着两座大山需要跨越。四是社会组织的监管基本上是"一刀切"。虽然从形式上看,社会组织类型很多,概念庞大,但是我国的社会组织监管并未针对不同组织采用不同方式，而是统一规定，在监管内容、程序和方式上都几乎一致，这就导致很多社会组织不愿意接受监管。五是社会组织的新发展缺乏法律规范。我国社会组织的发展，比如两新社会组织、一些草根型社会组织等，缺乏有效的监管规定，社会组织立法出现滞后性，与社会发展不相适应。六是监管的手段相对单一，效果有限。从之前新闻报道的郭美美事件、牙防组事件等，我们很容易看出社会组织的监管缺乏有效手段，目前的监管手段包括登记、年检、活动报告、清理等，都是较为表面化的监管手段，并没有较为深入进行监管，这也是为什么牙防组等事件并非是监管部门发现和矫正的，而是民众发现和提出来的。

（三）社会组织的救济问题

社会组织在社会活动中，如果出现权利遭受侵害的情况如何处理，如果出现社会组织内部成员相互之间的侵害，又如何处理，法定的救济渠道并不清晰，这就导致社会组织的救济成为当下必须回答的一个现实问题。

我国当下对社会组织的救济存在这些问题：一是法律主体资格不清晰，如前所述，缺乏主体性资格的明确描述，学界的观点也有分歧，因为社会组织毕竟不是单独的个人，也不是行政主体，这就导致对其定位相对困难，需要明确其自治的主体资格；二是原告的资格问题，正是因为第一方面的问题，社会组织是否能够被当作原告，是否具有原告的资格就存在疑问。"在我国无论是民事诉讼中的救济制度或是刑事诉讼、行政诉讼中的救济制度，原告的资格认定是必须与案件有直接利害关系，即作为案件的直接利害关系的当事人才可以作为原告提起诉讼。这种规定来源于传统的'诉讼利益'理论，原告起诉的界限只能以与自己有直接的利害关系为限。"[①] 但问题在于，社会组织作为自治权的主体，很多时候会代表社会公众提出诉讼，这就与上述观念不符，需要解决这一问题才能更加有效发挥社会组织的治理作用。三是社会组织的被告资格。如果社会组织参与到社会公共治理中，一旦出现侵权问题，是否可以被当作被告起诉，这也是必须解决的现实问题。一些行业协会或商业在日常承担公共治理职能时，也会出现侵害他人权益的现象，是否可以作为被告，如同传统的行政主体作为被告那样？

---

① 王建芹：《从管制到规制——非政府组织法律规制研究》，群言出版社2007年版，第111页。

第八章 律师参与社会治理实证研究

第一节 律师参与社会治理的优势与意义

公民参与是近年来推进社会治理的重要研究议题，但公民类型非常复杂，每一种类型的公民，比如教师、医生、律师等，都有参与社会治理的积极欲望，但究竟以何种方式有效参与社会治理，并不十分清晰。本书拟以律师参与社会治理为例，试做说明。律师是较为典型的公民主体之一，其参与是指通过运用其所掌握的法律知识和技能，通过多种方式参与社会事务和社会活动。从法治建设的角度而言，律师参与具有其他社会主体参与所不具备的优势和意义。

一 律师参与社会治理的优势

律师是指专门从事法律职业，具有法律从业资格，在律所执业的法律工作者。这一群人，经受了独特的法律训练，拥有较强的法律运用技能，同时熟悉各种社会问题，能够找到法律上解决的方案。因此律师参与社会治理具有以下优势：

其一是最为典型的专业优势。在中国，律师一般都是经过统一司法考试后获得法律职业资格，而后在律所实习一年，经过考核之后合格者才能成为一名律师。经过专门的学习和考核，律师在法律知识结构上就较一般人更为扎实，更善于运用其法律知识去处理社会问题，也更加能够明辨当下中国法律中存在的主要问题，并能够运用其专业优势提出改进的方案。

律师经过法律思维训练后，较之一般人具有更强的法律分析和法律表达能力，特别是对法律案件的分析，律师必须深入把握法律案件中的利益关系，分析这些利益冲突产生的不同原因，寻找到最佳的解决方案。在执业活动中律师必须能够时刻把握法律关系和有效组织法律语言,并能够运用多种方式将之表达出来,律师的这些专业优势,是一般官员和普通民众所不具备的。

其二是律师具有一定的时间和经济优势。韦伯认为,从政的人应该具备两个优势,一是有充裕的时间参与政治,二是丰厚的收入作为财力支撑。古今穷人多半是无法参与政治,一是没钱,二是没时间(需要时间挣钱)。但相对而言,一些执业较成功的律师具备了上述优势。律师工作机制较为灵活,不需要遵守严格上下班时间,同时那些较为成功的律师收入相对较高,不必为了基本生活保障而奔波,这就促成了律师参与社会治理的积极优势。但我们也必须注意到,一些律师之所以愿意积极参与社会治理,其目的也在于扩大自身社会影响力,以此促成今后更好发展。这点无可厚非,因为在报酬无法达到市场标准的时候,满足律师对于未来的职业期待和名誉需求,是可以允许的。

其三是律师具有中立优势和较强社会责任感。从中立角度而言,律师收入主要来源于自身努力工作,其工作目标就是依法维护当事人合法权益。当事人随时可以发生变化,但律师的角色并不会发生转移,也就是说,律师实际上与其他社会阶层不存在冲突。从维护当事人利益的目标转化为维护社会利益——参与社会治理,律师同样具有较为独特的中立身份。而且,律师不同于某些特殊利益群体,受制于政府管理的倾向并不那么明显,这种相对中立性是受到民众欢迎的。

从社会责任感而言,律师参与社会治理具有社会基础和社会责任感。[1] 律师的参与,主要是对当下社会中利益冲突最为激烈的问题的参与,因为那些激烈矛盾在经过人民调解、和解等方式后,还无法解决的,就会转化为法律案件,流转到律师手中,律师对社会矛盾纠纷的了解和掌握,可以说是站在第一线和前沿的,这种了解和掌握的方式,主要有两个,一是随意公开的亮相,二是接触潜在的委托人。[2] 律师通过多方接触当事人,可以最深层次地把握社会矛盾。

---

[1] 张文举:《律师参政议政优势浅析》,《广西社会主义学院学报》2007年第4期。
[2] [美]托马斯·戴伊、哈蒙·齐格勒:《民主的嘲讽》,孙占平等译,世界知识出版社1991年版,第332页。

我国对律师的角色定位在最近的30多年里发生了转变。律师曾经在1980年的律师暂行条例中被视为是"国家"的法律工作者，后来在律师法（1996）中被当作是社会法律服务的执业人员，再到律师法修订（2008）为当事人提供法律服务的法律执业人员，这一转变线路为国家—社会—当事人，这充分说明，律师角色已经发生了重大变化，律师较之那些国家机关工作人员，更加了解当事人，更加了解社会，也就更加了解矛盾纠纷的化解。

二 律师参与社会治理的意义

律师参与社会治理，具有很多重要意义，从目前实践而言，主要有以下方面。

首先是有助于促进法治社会的建设。律师通过其专业的法律服务，通过运用法治思维和法治方式，一方面能够帮助当事人解决法律问题，另一方面也是对当事人的普法宣传教育，有助于提升当事人的法律意识，建构法治社会的公民基础。当然，律师通过其不断参与社会治理，也能提升自身作为法治社会主体的功效，促进法治社会的建设。

其次是有效维护当事人权益，减少和避免出现矛盾纠纷的激化。律师的工作目标就是维护当事人合法权益，通过提供法律服务，帮助当事人实现利益需求，这就能够有效减少当事人上访可能性，减少因为矛盾激化而导致的社会问题。

再次是能够有效制约权力的任性。律师的工作需要经常在立法权力、行政权力和司法权力之间游走，这就意味着律师可通过自身的法律服务，一方面帮助这些权力依法运行，另一方面也尽量发挥影响力，减少这些权力的滥用可能。尤其对于行政权力的制约更是值得重视。"为了避免行政权力的膨胀倾向，必须在政治决策前以及过程中充分反映民意，尊重民意。由此，律师被迫切需要，只有律师能够平衡各方权利，最大限度地保护民众，维护社会公平正义。"[①] 可见律师的工作也有助于政府依法行政。

最后是律师参与能够提升民主程度。伯特·达尔认为，"民主不仅可以是一种目标或理想，还可以是部分达到了这一目标的现实。只有取得了

---

① 季卫东：《法治程序的建构》，中国政法大学出版社1998年版，第329页。

一定的政治条件作为支撑，才能使民主由理想转化为现实。而所谓的政治条件，包括公民需求多种信息来源以及自由地表达意见。"① 可见公民的参与是民主的重要表现，也是标志之一。亚里士多德曾经指出："政体随人民性格的高下而有异，必须其性格较高而后缔造较高的政治制度。"② 从这句话的假设看，在实现公民参与时候，必须先寻找合适的公民参与力量作为代表，而不能盲目进行公民参与，否则将会出现的问题是公民胡乱参与，参与质量不高，导致社会治理效果变差等问题。律师较之一般公民具有优势，律师的参与能够更加具有社会效用。律师的参与能够帮助当事人准确表达出利益诉求，并能够明确地给出法律上的依据和内容，较之一般的公民参与更具有民主的效率。

律师的参与确实有助于改善社会治理。"不管是嘲笑还是抱怨，众所周知，美国社会开国一世纪以来，律师一直都是社会和政治事务中不变的、公认的、普遍存在的领袖。"③ 律师在美国社会治理中一直都在发挥重要作用。我国已经注意到律师参与社会治理的优势，同时也关注到律师参与社会治理的积极意义，因此也正在进行各种制度设计，试图将律师转化为社会治理的重要力量，以发挥律师的积极作用。

第二节　律师参与和解制度的实证分析

2014年5月12日，宁波市中级人民法院（以下简称宁波中院）与宁波市司法局联合出台了《关于建立律师主持和解制度及沟通机制的实施意见》（以下简称《意见》），《意见》中将慈溪法院作为试点单位。2016年慈溪法院适用律师参与和解的案件仅有19件，试点并不那么成功。本书认为，律师主持和解作为ADR④的一种形式，必须首先尊重ADR的内涵与规律，不然制度设计可能就会因为缺乏理论根基而失去效用。

---

① ［美］罗伯特·达尔：《论民主》，李柏光、林猛译，商务印书馆1999年版，第93页。
② 王浦劬：《政治学基础》，北京大学出版社1995年版，第205页。
③ ［美］梅里亚姆：《美国政治思想（1865—1917）》，朱曾汶译，商务印书馆1984年版，第89页。
④ ADR（Alternative Dispute Resolution）：替代性纠纷解决机制。

一　律师参与和解制度的产生与发展

（一）诉讼制度的危机和 ADR 的兴起

20 世纪 60 年代以来，ADR 在全球获得快速发展，其直接原因和推动力源于诉讼制度面临空前的压力。在现代社会中，诉讼制度所面临的压力和所存在的弊端主要体现在以下七个方面。

其一，诉讼量激增，积案严重，一些国家的法院出现了超负荷运转态势，甚至出现所谓的"诉讼爆炸"；其二，诉讼迟延，案件从起诉到判决往往经年累月，严重的诉讼迟延无疑削弱了诉讼机制在纠纷解决方面的功能，降低了司法制度在民众中的威信；其三，诉讼费用高昂，当事人负担增加，从而凸显当事人在利用司法资源方面的不平等；其四，程序复杂，当事人往往无法亲自参与诉讼，而必须借助于律师等法律职业者；其五，在许多情况下，判决结果不符合情理，严格依据法律所做出的判决"非黑即白"，常常与当事人的期望相距甚远；其六，诉讼的对抗性使得当事人之间的关系难以修复，许多当事人实际上并不愿意通过诉讼途径解决那些基于长期性、综合性的社会关系所发生的纠纷（如家事纠纷）；其七，虽然公开审判制度可以保障程序进行的公正性，但当事人的隐私和商业秘密也因此暴露于众，而这是许多当事人所不愿意看到的，等等。[①] 尽管具体表现不尽相同，但诉讼制度面临的压力及其存在的固有弊端已经是一个客观事实。因此，许多国家和地区都将 ADR 纳入司法改革乃至社会改革的总体计划中。由于与诉讼制度具有功能互补并且在纠纷解决中已经表现出独特的价值，调解更是受到青睐，并且已经成为最重要的 ADR 方式。

国外 ADR 经验和制度形式早已经受到国内学者的关注，并在近些年转化为国内化解矛盾纠纷的具体实践。最高法于 2015 年出台《关于确定多元化纠纷解决机制改革示范法院的决定》，随即在全国有 50 家法院被确定为全国"多元化纠纷解决机制改革示范法院"，最高人民法院号召全国各级法院向多元化纠纷解决机制改革示范法院学习。

（二）慈溪法院律师参与和解制度的来源

慈溪作为浙江省经济最为发达的前列城市，社会和经济发展较快，社

[①] 齐树洁：《我国近年法院调解制度改革述评》，《河南省政法管理干部学院学报》2011 年第 4 期。

会转型时期的矛盾纠纷更加突出和典型。慈溪法院近年来的收案量增加迅速。以数据而言，慈溪法院2008年的收、结案数分别为16539件、16239件，至2014年分别增长为25348件、25440件，增长率分别为53.26%和56.66%。这么快速的增长，必然带来高强度的办案压力，也必然难以有效回应民众司法诉求，这就需要扩大法院的力量，慈溪法院由此开放渠道，从2007年开始探索物业纠纷的诉调衔接，其基本工作模式就是在法院设立工作室，邀请街道办事处工作人员、社区人民调解员对物业管理纠纷进行联合快速调处。① 经过三年实践，在2010年，借助最高院和省高院完善诉调衔接机制的机会，便与慈溪司法局共同出台《关于进一步加强诉调衔接机制的实施意见》（以下简称《意见》），由此明确诉调衔接的工作机制。四年后，由宁波中院与宁波市司法局进一步推动，联合制定了上述《意见》，慈溪法院因此成为试点单位。②

二 《意见》的规范解读及实践考察

慈溪法院试点中的律师主持和解，主要工作机制就是律师在诉讼中进行调解，这也是诉调衔接中一种实现方式，是ADR在实践中的践行。但从慈溪法院现有司法实践而言，实际上这一制度运行效果不佳，存在诸多问题。

《意见》第二条规定了律师参与和解制度必须遵循的是调解的一般原则——平等合法自愿原则，而且一般是调解优先，除非涉及一些特殊法律规定不适宜进行调解的案件。律师参与和解的制度启动权在当事人（或当事人委托律师）、法官，在不同审理阶段均有提起和解的机会。

从慈溪法院提供的数据看，在19件适用律师参与和解制度的案件中，没有任何一件是当事人或其律师主动提起的，全部是由法官主动启动这一制度。当事人在审理中并不知道这一制度，当事人的律师，也没有足够的

---

① 王蓓：《物管纠纷快速处理的"慈溪模式"》，《人民法院报》2010年9月13日第5版。
② 律师参与和解并非慈溪法院首创，早在2005年，北京市朝阳区人民人民法院在全国率先施行律师和解制度，2009年2月25日，北京市第一中级人民法院指定《关于律师在民事诉讼中协助调解、主持和解工作的规定》，2010年，杭州市西湖区人民法院与杭州市西湖区司法局联合制定了《西湖区人民法院关于律师主持和解制度的实施意见》，同年4月2日，律师主持和解制度正式启动。

积极性去启动这一程序，只有法官，可能迫于法院考核压力，需要启动这一程序，而不是直接审判。

《意见》关于和解过程主要内容有：首先，和解期限和地点（第10、11条）。律师主持和解一般不超过7天，确因正当理由无法达成和解的可申请延长10天，上述期间不计入审理期限。和解地点的选择比较灵活，可在法院调解室或法院指定的地点，也可在当事人或律师协商的地点。从司法实践看，和解的期限都未超出15天，地点均选择在法院或派出法庭的调解室。其次，律师的职责。律师的职责主要包括以下：对案件事实进行必要调查；根据己方当事人的意愿提出和解方案；化解当事人对立情绪，帮助各方当事人寻找共同的利益基础，引导当事人做出理性选择，促成和解（第13条）。此外，《意见》还规定了律师对当事人负有忠实义务和勤勉义务（第14条）。从司法实践看，19件案件中的当事人争议均不大，律师均无必要对案件事实进入深入调查，律师均尽到了忠实、勤勉的义务。最后，法官的职责（第16条）。法官的职责主要包括以下几点：对和解进展保持关注；必要时到场旁听或帮助协调；必要时参与律师主持和解，避免矛盾激化。从司法实践看，在和解成功的案例中，法官均全程参与和解，对和解过程进行实质性把握。

第18条至第20条规定和解协议的制作、内容、效力；第21、22条规定和解成功后可以申请法院出具民事调解书，也可以申请撤诉；第23、24条规定和解协议的异议之诉、履行之诉；第25、26条规定制作或不予制作调解书；第27条赋予经法院确认的和解协议强制执行的效力。从司法实践看，达成和解协议后，当事人申请法院出具民事调解书或撤诉，均未提起过异议之诉、履行之诉。

第28条至第30条规定和解终止的情形。从司法实践看，律师参与和解均因和解协议生效后，当事人申请法院出具民事调解书或申请撤诉而终止。第31条规定诉讼费用减半收取，由当事人协商解决，协商不成由法院决定承担比例。

从《意见》本身所涉及的内容看，基本上吸收国内相关法律法规，并具有一定的创新性，但如果不是在院领导的强行推广下，恐怕这一制度基本不会被适用，其原因究竟何在？又如何才能实现这一制度目的，这非常值得重视。

第三节 律师参与调解制度的发展历程

地方社会经济发展,也带来了不少矛盾纠纷,日益严峻的社会治理局势,也倒逼地方政府不断思考治理的路径。2009 年以来,宁波市原江东区(现并入鄞州区)设计了"政府主导、司法牵头、部门联动、律师参与"的人民调解新模式,其主要内容便是以律师为基础,以政府购买律师法律服务为主要方式,推动律师参与调解服务,这种"以事定费,购买服务"模式的法律服务购买计划,在现有调解体系中引进了律师的调解力量,并由政府专门购买提供给社会公众。本书通过参考律师介入调解的"江东模式",分析论证其制度优势和运作瓶颈,进一步探索律师专业化调解在新形势下的发展道路。

一 律师调解运作形式和特色

(一)发展历程

律师参与调解如何开展,能不能起到实效,能不能长效运作,对区域法治建设能不能起到推动作用,这些都是江东区近年来一直关注和研究的问题。江区东探索律师调解制度,主要经历了以下三个阶段。

第一阶段:前期摸索,初具雏形。2009 年,江东区在全市率先启动"一社区一法律顾问"制度,并实现律师结对 59 个社区全覆盖。律师结对社区主要任务是参与公共法律服务,而律师主持参与调解是公共法律服务的重要内容。从运作成效来看,律师参与的调解化解疑难矛盾纠纷的成功率明显提高,社区和居民要求律师参与调解的呼声较高。

第二阶段:多点覆盖,全面推行。2013 年初,随着全市律师事务所管理权的下放,江东区管律所由 8 家增到 38 家,为律师全面参与调解奠定了良好的资源基础。2013 年 4 月,在一个派出所试点律师参与的"警民联调"工作,2014 年 1 月,全区 8 个派出所实现"警民联调"全覆盖。此外,2014 年,江东区先后启动了律师参与法院诉讼调解、信访调解、小微企业矛盾纠纷调解等项目,律师参与调解呈现出"面广、量大、质优"的良好局面。

第三阶段:统分结合,系统提升。2015 年 6 月,浙江省委政法委下发《关于开展多元化矛盾纠纷解决体系建设项目试点工作的通知》（浙综委办传〔2015〕35号），其中，江东区承担了探索律师调解制度的子项目。江东区将以此次试点为契机，对前期的律师调解工作进行系统化回顾、归纳、反思和提升，认真分析这一制度的可行性，力促这一制度成为省内和国内的重要创新典型。

（二）运作模式

1. 选好点——设置调解室。区司法局负责调解室的统筹安排，遵循"集中布局，统筹安排"的理念，在基层区域，按照纠纷多发且集中出现的地方，在不同部门尤其是易发矛盾纠纷的地方，设置人民调解工作室。目前，江东已在区法律援助中心、矛盾联调中心和7个街道司法所、62个社区人民调解室派驻律师，并在派出所、法院、信访局等11个单位设立律师调解室。当发生纠纷时，不同部门或单位即可将调解的机构和可行性告诉当事人，由当事人选择是否愿意就近接受调解，从而将矛盾的发展限制并解决在萌芽状态，实现矛盾的解决和预防。

2. 配好人——配备专业律师。调解室的律师配备问题主要实现于政府与律师事务所的合作交易行为，即政府为其提供律师调解的必要支出费用。并按律师参与调解的次数、难易等标准给予不同的报酬。一般情况下，一个调解室与律师事务所结对，由律所自主安排派驻调解员。同时，根据所派驻基层单位的性质有侧重性地派驻相对专业的律师，比如，考虑信访纠纷的疑难、复杂的特性，江东派驻信访调解室的律师均是具有一定资历的律师，其中律师事务所主任占到近八成，以便适应调解室接收纠纷的特性。

3. 办好事——有效化解矛盾纠纷。近年来积极推动律师参与社会治理，尤其是参与社会矛盾纠纷化解，参与调解工作等都备受重视，宣传较多，也就极大增强了社会民众对律师的接受度和信任感，由此能够更加有效帮助民众解决法律问题。有些地方，已经在探索在街道或社区派驻律师参与调解，因此有大量案件分流了可能进入人民法院的民事案件，直接表现是：全区律师调解的成功率保持在90%以上；交通事故赔偿纠纷的70%—80%能够通过人民调解方式化解；其中派出所接报民事纠纷案件的40%以上在调解室得到了解决。2015年7月，律师参与人民调解作为江东区建设基层公共法律服务圈的重要组成部分。

(三) 调解特色

1. 突出一个"情"字。在江东,律师参与调解采用的是公益和市场化运作相结合的模式,政府尚不能完全按市场化的标准向律师支付报酬,有的甚至是纯公益性质。如每个月 8 号,律师进社区、商圈开展的在"阳光八号"志愿服务活动中,调解不需要给付对价,参与调解律师都是怀着一颗公益之心服务、回报社会。目前,律师参与调解基本上都是坐堂值班形式,均做到时间、人员、地点"三固定",为了进一步方便群众与律师的沟通交流,畅通信息渠道,江东区积极创新形式,变被动为主动,全区律师主动下基层、进社区、到矛盾冲突高发的征地拆迁一线。如在党政干部下访工作中,建立了律师随访制度,为党政领导干部下访配备法律参谋,参与纠纷调处;在 2013 年底启动的全市最大城中村仇毕村的拆迁攻坚行动中,在拆迁现场建立律师调解室,解答基层群众土地征用、劳动保障等方面的政策咨询 193 件,调解行政纠纷、民事纠纷 550 余件。

2. 突出一个"法"字。将律师这样一个在法律实务上的专业群体引入人民调解,是人民调解基本模式的一大创新,律师运用专业知识与法律实务技能进行的调解在一定程度上满足了纠纷的解决更贴近诉讼,很大程度上实现了民间纠纷的法制化处理,而且调解第三方对法律关系的专业化理解,能够使其在解决纠纷时更容易找到纠纷存在的争议点,了解到当事人的真正需求与底线,更容易通过制作调解书使双方达成调解协议,能够使当事人自愿妥协,同时也使得当事人自觉履行调解协议,和和气气化解矛盾。如在一起由漏水引发的楼上、楼下邻里纠纷中,浙江某律师事务所的律师从专业角度为当事人细算如若进入诉讼程序所需的鉴定费、诉讼费、代理费和败诉风险,让受害方降低求偿预期,妥善处理了双方矛盾。

3. 突出一个"理"字。在处理基层纠纷中,大多数当事人都是从善良愿望出发提出合理合情的要求,律师首先在调解中以法律为准绳,不可出现滥用或规避法律的行为。同时,律师必须注意到,当事人的目的在于一个理字的说法,就必须突出这个理字。只有充分说理,才能促成当事人心服口服。

(四) 阶段性成效

2016 年以来,全区共有 32 家律师事务所、220 名律师参与调解工作,参与调解值班、提供法律咨询和服务 1194 次,接待群众 7130 余人次,化解重大矛盾纠纷75起。具体来看，近年的成效体现在四个方面。

1. 服务大局，形成了保发展、保项目的工作常态。坚持围绕中心、服务大局，将律师参与调解作为区域经济发展和拆迁安置、项目建设的"助推器"。先后启动律师调解助力小微企业成长、服务"三改一拆"、蹲点城中村和棚户区改造等项目，助力解决企业发展、司法强拆和旧城区块改造中产生的矛盾纠纷近百起。针对江东商务楼宇密集的特点，对全区87个税收千万元和面积一万平方米以上的楼宇实现律师参与调解全覆盖，为楼宇经济发展营造更好环境。同时，发动律师积极参与拆迁安置、项目建设等重大矛盾多发领域的应对、调处工作，比如，在中山东路整治、徐戎小区成片危旧房改造征收等项目中，律师与街道拆迁组共同上门"啃硬骨头"，调解涉及有争议的房屋面积5700余平米，涉及金额830余万元，有效加快了和谐拆迁步伐。

2. 应急联动，强化了促稳定、促和谐的保障服务。在维稳工作中，调解律师具有机关干部无法比拟的专业性和中立性。因此，对于基层发生的各类突发事件，江东组织律师赴现场进行调解，其中大部分纠纷做到当场受理、当场调解、当场履行、当场结案，降低了不稳定因素升级激化的风险。比如辖区某酒店欠薪导致10余名民工到区政府门口采取打横幅、喊口号等激进方式表达诉求，调解律师迅速赶赴现场，8次进行交涉、取证，帮助民工维护合法权益，在两天之内圆满解决了问题。又如，徐戎小区居民楼倒塌后，面对一死一伤的突发局面和2500余户居民的不满情绪，调解律师第一时间介入，在党委、政府的主导下，积极参与群众接待和现场矛盾调解，"一对一"与群众进行沟通疏导，讲清法律和政策，推动事件依法妥善化解，没有产生任何后遗症。江东区还成立了由4家律师事务所22名律师组成的富有经验、政治过硬、业务精通的突发应急调处队伍，做到"哪里有重大突发事件，哪里就有律师参与调处"。2015年以来，累计参与二号桥市场经营户堵路、上访等18起较大以上突发事件的调处工作，发挥了积极作用。

3. 贴近百姓，构建了专业化、常态化的调解模式。在以往实践中，曾出现过公益律师坐堂调解时间不定、地点不明等问题，增加群众寻求调解服务的成本。对此，江东区通过由129个工作室组成的"一纵一横"律师调解网络，以"定点、定时"为原则，零距离、全时段为老百姓提供矛盾调解、法律咨询等服务,打通律师服务群众的"最后一公里"。如交警大队交通事故调解工作室、物业协会调解工作室,在工作日均有律师值守;律师进社区调解定在每月8日,已形成了具有江东特色的律师志愿调解"阳光8号"服务品牌。特别是针对公安派出所这个基层85%以上矛盾纠纷的"集散地",在辖区8个派出所定于每周一、三、五由律师与民警、"老娘舅"联合办公,形成人民调解、行政调解与律师调解"三位一体"的调解模式,2015年以来调解矛盾纠纷1045起,盘活基层一线警力工作时长约6000个小时。

4. 着眼长远,初步探索出人、财、物等保障机制。通过一段时间的摸索和实践,江东区已初步确立了组织建设、调解规程、监督激励、经费保障等四项机制,使律师参与调解进一步实现有人干事、有章理事、有钱办事。比如,在调解组织队伍建设上,设立律师参与调解的遴选准入机制,建立律师调解名册,成立矛盾纠纷律师服务团,根据律师的专长,设立6个矛盾纠纷调处小分队,通过分类调处来提高矛盾纠纷调处的成功率;在经费保障上,针对律师日常坐堂调解项目推出"以时定费"制,针对重特大案件调处,实施"以案定费"弹性保障机制,并建立受调当事人、基层机关、单位或组织以及司法局共同监督、相互评价的四方评价机制,与服务报酬挂钩,确保律师参与调解的长久生命力。

二 律师调解的四大问题

(一)如何让公众信任律师。律师在调解中的角色,必须突出中立性,尽管他们在一定程度上接受了国家的资金保障,但他们同法官确实不一样,法官将事实查明的任务交给了律师,就是希望律师能够发挥积极作用。但问题也在于此,很多人就因为上述情况认定律师是和法官一起的。在实践中,公众对律师参与调解能否保持中立、公正、公平存在诸多不信任,有的当事人会想当然地认为律师接受另一方当事人的利益,而做出对自己不利的调解方案,特别是通过政府购买法律服务的形式聘请的律师,公众认为政府是出钱者,相当于雇主,而律师是雇员,雇员肯定为雇主说话,难以保持中立态度,这种观念在信访调解中特别严重,致使未进入调解程序,当事人就存"抵抗"情绪。

(二)如何让律师调解均衡推进。近年来,江东区多形式、多途径、多领域推行律师调解,但运作成效也参差不齐,主要存在案源不均衡、成效不均衡。信访调解和驻派出所调解案源较多,其中信访调解人均调解案件在 10 件以上,而律师参与社区调解相对较少,以丹顶鹤社区为例,半年来仅有 1 件次。在驻派出所律师调解工作中,成效突出的有百丈、白鹤、东柳三个派出所,其中白鹤派出所律师调解工作室 2014 年调解案件超过 330 起,占到派出所非警务类矛盾纠纷化解总量的 44.4%。其他 5 个派出所的驻所调解室受到人员、能力、经费等多方面限制,所发挥作用与预期存在较大差异,律师驻所工作室调解数占非警务类纠纷数维持在 10%—15% 左右,大量传统非警务类纠纷仍以派出所民警调解为主,对基层公安机关的减负作用不明显。

(三)如何让律师调解优质高效。调解的目标是解决矛盾和定纷止争,律师参与调解的出发点和立足点是助力矛盾纠纷更快、更好、更圆满地化解。但在实践工作中,个别律师调解的作用未能有效发挥。据参与信访调解的某清律师事务所主任表示,在信访调解中,上访户的诉求往往想突破法律与政策的底线,违背合法性的原则,无从调解,因此,信访调解的成功率并不高,很大一部分案件只能引导当事人采取诉讼等其他法律途径解决。另外,江东某街道司法所负责人反映,部分律师参与调解的案件出现了调解成功率"不升反降"的怪现象,特别是年轻律师参与的案件,一味地以法律为纲,刻板地做调解工作,忽视情感交流,致使调解久拖不决;个别律师还涉嫌挑起事端,从而捞取案源谋利。

(四)如何让律师调解长效推进。一是在报酬上,律师参与调解最初定位于义务性质,律师定期到社区坐堂值班,每年给予 800 元的交通补贴。随着律师调解的不断深入,在信访调解、治安调解、法律援助调解等项目中,目前通行的报酬标准为每天 200 元,该标准对于刚入行的青年律师或有些许吸引力,但对于具有一定从业经验的律师来说,该标准显然过低。从律师调解工作的稳定性和持续性来看,经费保障必不可少,如果只是完全依靠律师公益心维持,那么这项工作必然无法长期可持续发展。

三 完善律师调解制度的建议

(一)进一步强化律师调解的规范性

操作规范是律师主持调解的根本。一是要把好律所律师的选用关口。

从事调解工作的律师必须政治过硬、作风过硬、业务过硬,以律师参与调解的福田模式为例,该区政府保障专项经费的支出,也即通过竞标后,成功的律所必须提供5—8名调解员的配备进行纠纷调解。这样的竞争机制,既能保障政府购买服务的阳光操作,也能实现调解主体的优胜劣汰。二是要规范律师调解流程。要把程序规范贯彻始终,并以此引导律师主持调解的实体规范,从案件的申请、受理、调解到终止,建立起衔接流畅、运作高效、公开透明的调解流程,并对每一个环节建立相应的实施办法,作为律师开展调解的工作指南。三是要建立督查考评机制。任何一项制度施行都离不开监督体制,可建立基层组织以及司法局共同监督、相互评价的机制,对调解员实行的从接受调解到调解期间,再到调解终结的全过程监督考评,将考评落后的律师律所列入"黑名单",取消下一年度竞标资格,以此提高律师调解实效。

(二) 进一步强化律师调解的系统性

江东律师调解存在"多点推进、各自为战"的局限,急需建立从"分"到"合"的系统化、一体化、联动化的律师调解模式。一是在机构设置上,可借鉴"青岛模式",其创设"青岛市律协律师调解中心"便是一种可以直接受理来自法院、政府部门、社会组织、自然人等的邀请或委托,从而进行人民调解的律师参与模式。[①] 构建"一站化"的运作模式既能强化律师调解的专业性,又能便于监管制度的执行。二是在合作机制上,可借鉴"大连模式",大连经济开发区专门成立晨大调解工作中心,该调解中心是政府垂直领导下的特别调解室,可受理一般的调解业务。[②] 这种"半官方"性质的调解,可以有效地整合司法、行政资源和社会力量,通过律师调解达成的调解协议,包含调解笔录,都可以送交劳动部门或人民法院进行确认,在确认基础上可以申请强制执行。这样的"互通"模式,既能保障律师调解的案源,也能提升律师调解的权威。

(三) 进一步强化律师调解的保障性

其一是在经费保障上,要尽可能广开渠道。无论是"大连模式",还

[①] 栾少湖:《律师调解:从配角转为主角的五年——来自青岛律师调解中心的报告》,《中国律师》2012年第2期。

[②] 张灿:《浅议律师参与型调解》,《社会纵横》2013年第12期。

是"青岛模式",律师参与调解都是有偿服务,向当事人收取一定的费用。建议律师在民事纠纷调处过程中,可以试点开展有偿调解,而在治安、信访调解过程中,考虑基层维稳的需要,应由政府埋单。在矛盾纠纷高发区域,经费运作可参考"上海长宁模式",由政府出资化解矛盾。上海市长宁区江苏路街道便与个人成立的人民调解工作室——李琴工作室签署购买服务的协议,由政府出资以12万元/年的金额向李琴工作室购买专业化的纠纷调解服务,这一工作室每年大概承担40%的街道内普通民事纠纷调解任务。①

其二是在队伍建设上,要尽可能建立专职化的律师调解队伍。我们可借鉴国外的律师调解制度,如英国具有专门律师调解的律师机构;美国法院在自己的系统内设有专任律师调解员;德国把律师作为独立中间人可以进行的服务;挪威的律师协会受托后直接指定律师进行调解,由此可见律师主持调解是国际发展的必然趋势。国内,虽然多数律师有比较浓厚的专业知识功底,但社会经验积累丰富与具有复合型知识结构的律师为数不多,需要加强律师队伍建设,培养具有娴熟法律专业技能和丰富社会经验的专职律师调解队伍。

其三是在制度保障上,需要顶层设计来指引。从顶层而言,目前律师参与调解制度并没有法律的统一规定,多数情况是由地方自己摸索、律所和律师在满大街奔波,参与调解。因此我们应当尽量寻找地方立法的支持或规范性文件的支持,明确律师参与调解的人选标准、受案范围和程序设定等问题,可以促成制度保障上有更高层面的实现。

第四节 律师参与化解和代理涉法涉诉信访案件的理论与实证

为深入推进涉法涉诉信访改革,将信访纳入法治化轨道解决,近年来一些地方司法机关开始积极探索律师等第三方力量参与化解信访矛盾和律师代理申诉案件制度,取得一定成效。2015年6月中央政法委印发《关于建立律师参与化解和代理涉法涉诉信访案件制度的意见(试行)》(以下简称《意见》),在全国推行该项制度,并要求各地政法机关结合工作

---

① 张永进:《调解工作室:上海与广安模式的比较》,《中国司法》2012年第3期。

实际，制定具体实施办法。本书首先对该项制度的相关理论进行梳理，然后对宁波市检察机关的实践运行状况进行考察，在此基础上提出进一步完善的思考。

一 理论基础：角色期待与价值分析

要准确界定律师参与化解和代理涉法涉诉信访案件制度，必须先明确涉法涉诉信访案件的概念。涉法涉诉信访本质上是信访的一种特殊类型，2005年2月，中央政法委出台的《涉法涉诉信访案件终结办法》第2条指出，"涉法涉诉信访案件是指依法属于人民法院、人民检察院、公安部门和司法行政部门处理的信访案件。"司法实践中涉法涉诉案件主要涉及人民法院、人民检察院和公安机关，相对而言极少有信访案件涉及司法行政部门。一般把由法院处理的信访案件称为涉诉信访案件，由人民检察院处理的信访称为涉检信访案件，由公安机关处理的信访称为公安信访案件。涉法涉诉信访案件主要包括这三大类型。

"参与化解"和"代理"是两个不同的概念，因此律师参与化解涉法涉诉信访案件和律师代理涉法涉诉信访案件亦有着不同的内涵和运作模式。律师参与化解涉法涉诉信访案件是指律师作为中立的第三方力量，参与司法机关化解涉法涉诉信访案件的活动，更加强调律师的中立性；律师代理涉法涉诉信访案件则是指律师接受控告申诉人的委托，代理涉法涉诉信访案件，更加注重发挥律师在依法维权方面的专业优势。值得注意的是，律师在代理涉法涉诉信访案件的过程中，认为司法机关的原处理决定正确，信访人的诉求与事实和法律不符时，应当劝导信访人息诉息访，这种情况下，律师实际上发挥了类似于参与化解涉法涉诉信访案件的作用。

角色期待即人们对具有特定身份的人应该采取的行为内容及行为方式所寄予的期望或规范性要求。[①] 律师被要求或积极主动参与涉法涉诉信访案件的处理，在这一特定事项上被赋予了特定的角色期待。由于"参与化解"和"代理"在内容和要求上均具有差异性，二者对于律师的角色期待亦有所不同。

---

① 李芹主编：《社会学概论》，山东大学出版社1999年版，第117页。

1. 参与化解的角色期待——中立的第三方。在律师参与化解涉法涉诉信访案件的情况下，律师必须明确其中立位置，既不是司法机关所雇用，也不是当事人的委托人，既不是司法机关错误的掩饰者，也不是信访人无理要求的代言者，而是应当以中立的第三方参与案件的处理，客观、公正地对信访案件的事实问题和法律问题进行分析评判，对原案件处理正确的，帮助引导信访人正确理解司法机关做出裁判或决定的法律依据，劝导其服判息诉；对原案件处理可能存在错误或者司法瑕疵的，向司法机关提出纠正建议，促使信访问题进入法律程序解决；对信访人生活困难，符合相关司法救助条件的，向司法机关提出司法救助建议。

2，代理案件的角色期待——信访人合法权益的维护者。律师代理涉法涉诉信访案件的情况下，律师是受信访人委托或者受法律援助中心指派，以代理人的身份参加涉法涉诉信访案件的处理，其角色其实是信访人合法权益的维护者，故应当充分运用其丰富的法律知识和娴熟的职业技能，为信访人提供优质的法律服务，其主要任务在于代理信访人进行控告、举报和申诉等活动，帮助信访人收集和提交相关证据材料、代写法律文书以及以律师身份参加诉讼活动等等。需要注意的是，律师在司法活动中具有独立性地位，因此如果律师在代理涉法涉诉信访过程中发现信访人的诉求于法无据，于理不合，则应当耐心释明法理，劝导当事人息诉罢访，信访人拒绝接受律师意见的，律师应当解除委托代理关系。

律师参与化解和代理涉法涉诉信访案件，具有两大优势，一是作为法律的"明白人"，具有讲法明理的专业优势；二是作为地位中立的法律服务者，具有容易取得信访群众信任的身份优势。这两大优势使得律师在参与化解和代理涉法涉诉信访过程中具有难以替代的重要价值。

1. 有助于推进涉法涉诉信访改革，实现诉访分离。长期以来，部分群众"信访不信法""信上不信下"的传统思维根深蒂固，遇到矛盾纠纷不是通过法律渠道内的诉讼主张权利，而是习惯于通过法律渠道外的信访表达诉求，使得很多信访与诉讼问题交织纠缠在一起，难以化解。[①] 为

---

① 栾少湖：《实行律师代理申诉制度的思考与启示》，《中国法律评论》2015年第5期。

此，中央于2013年开始在全国推行旨在实现诉访分离的涉法涉诉信访改革，三年多来，这项改革在推进信访治理的法治化方面取得诸多成效，但诉访分离在实践操作中还存在一定难度，究其原因，主要还是很大一部分信访人法律知识缺乏，对涉法涉诉信访问题进入法律程序的途径和标准不甚了解，希望通过信访向司法机关施压，将不符合条件的案件导入法律程序。律师参与化解和代理涉法涉诉信访案件，可以充分利用其精通法律的专业优势，正确判断信访事项的性质和法律依据，找准问题的症结所在，为当事人指明法律救济的渠道，从而将符合条件的涉法涉诉信访案件导入法律程序依法进行处理，将不符合导入条件的信访问题通过其他渠道解决，真正实现诉访分离的目标。

2. 有助于更好地维护当事人的合法权益，促进司法公正。对于律师参与化解涉法涉诉信访的情形，由于引入了律师这一第三方监督机制，使得案件的审查处理程序更加规范和透明，更加契合程序公正的要求，处理结果也更加容易为当事人所接受。对于律师代理涉法涉诉信访案件的情形，律师是当事人的委托代理人，能够利用自己的专业知识和身份进行证据收集和查证工作，提出更多对当事人有利的法律意见。律师与司法人员拥有共同的法律知识背景和职业话语，可以与司法人员就信访案件的事实和法律问题进行更有效的沟通，更理性的交流，从而有利于司法机关更全面地查清案件事实，准确适用法律。[①] 对存有瑕疵的案件及时补正，对确有错误的案件依法纠正，最大限度地维护当事人的合法权益和促进司法公正的实现。近年来媒体报道的呼格吉勒图案等冤错案件的纠正过程中，律师均发挥了重要的积极作用。

3. 有助于说服当事人息诉息访，维护社会稳定，节省司法资源。涉法涉诉信访案件数量居高不下、案件处理"终而不结"，一直是司法机关面临的老大难问题，不仅影响社会和谐稳定，妨碍司法机关工作秩序，而且耗费大量司法资源。律师参与化解和代理涉法涉诉信访案件，如果运用得当，则不失为治理信访顽疾的一剂良药。律师作为独立的第三方，与案件本身无利害关系，更容易获得当事人的信任，可以在当事人与司法机关之间很好地发挥桥梁作用，消融当事人对司法机关及其工作人员疑虑和抵

---

① 亓宗宝：《律师代理申诉制度的实践思考》，《人民法院报》2015年7月1日第5版。

触情绪。①

此外,律师还能够帮助当事人对已经发生法律效力的裁判和决定是否公正进行理性判断,通过答疑解惑、释法析理,解决当事人看不懂法律文书、不理解法律处理意见等问题,促使当事人彻底服判息诉,早日走出信访"泥潭",回归正常生活秩序;又能帮助司法机关摆脱缠访缠诉,节省司法资源,同时也能消除部分影响社会和谐稳定的不安定因素。

二 实践考察:工作机制与运行效果

(一)工作机制

宁波市检察院从2015年开始在全市检察机关探索律师参与化解和代理涉法涉诉信访案件工作机制,先后与宁波市中院、宁波市司法局、宁波市律师协会等单位联合出台了《关于律师在检察环节参与涉法涉诉信访矛盾化解工作的若干意见》《关于建立申诉案件律师代理制度和法律援助工作机制的实施意见》《宁波市检察机关公开审查实施规则(试行)》《关于进一步推进律师代理申诉工作的实施意见(试行)》等多个规范性文件。根据以上规范性文件,该项工作机制主要包括以下四点内容。

1. 联合司法局、律师协会,制定专家律师名册。与市司法局、律师协会制定参与化解和代理涉法涉诉信访案件的专家律师名册,入选名册的律师要求具备政治立场坚定,具有较强业务能力和社会责任感,热心公益事业、善于做群众工作,具有五年以上执业经历等条件。专家律师名册的制定解决了该项制度律师人才的供给问题,参与化解和代理涉法涉诉信访案件的律师,由司法机关或当事人根据从业经验和擅长领域从专家律师名册中选择,为信访人提供优质法律服务。

2. 律师积极运用多元方式参与化解涉法涉诉信访案件。一是律师参与联合接访。利用公检法联合接访平台,由政法委牵头选派律师定期到行政服务中心信访窗口接待信访群众,重点做好信访人的情绪疏导、解疑释惑和法律咨询等工作。二是律师值班接访。成立法律援助中心驻市检察院工作站,每周一上午由一名律师值班接访,并在接访大厅对律师接访的日

---

① 王良斌:《对律师参与化解和代理涉法涉诉信访案件的几点看法》,《检察日报》2016年3月5日第2版。

期进行公示,信访人可以预约律师接访;律师值班接访时,检察院接访人员根据接访需要或者信访人要求,也可以将正在接访的信访人当场转由律师接访。三是参加检察机关的公开审查活动。将涉法涉诉信访案件纳入检察机关公开审查的案件范围,对涉法涉诉信访案件公开审查时,邀请律师作为公开审查听证员,客观公正地发表意见,并参与案件评议。

3. 办理申诉案件过程中推行"一问二告三帮"三步法落实律师代理制度。即第一步在信访接待中询问申诉人是否有律师代理;第二步在申诉案件受理时,申诉人如无律师代理的,向其送达委托律师代理告知书,告知其有权委托代理律师,并提供律师名册,其可以从中自主选择代理律师;第三步对符合法律援助条件的申诉人,向其送达申请法律援助告知书,告知其有权申请法律援助,如申诉人提出申请,由检察机关帮助其联系法律援助中心。

4. 明确律师在参与化解和代理涉法涉诉信访案件过程中的权利义务。律师在参与化解和代理涉法涉诉信访案件的过程中享有查阅案卷、复印相关案件材料、约谈信访当事人,向检察机关提出收集证据、司法救助等方面的建议以及发表法律意见等多项权利,由检察机关对律师行使执业权利提供便利条件。此外,设立由司法局负责管理的专项经费,用于值班律师的生活补贴以及对律师化解重大疑难案件的奖励等。与此同时,明确规定了律师负有不得泄露法律禁止公开的信息,或者未经当事人同意泄露有关案件信息,不得煽动、教唆申诉人以违法方式表达诉求等义务。

(二)取得的成效

宁波市两级检察机关探索实施该项工作机制一年多以来,律师参与化解和代理涉法涉诉信访案件67件,其中参与化解27件,代理申诉案件40件,大多数案件都实现了申诉预期或者服判息诉,在促进社会和谐稳定,维护信访当事人合法权益方面发挥了较好的作用。下文通过两个因律师参与而取得良好法理效果和社会效果的典型案例,对该项工作机制取得的成效进行深入阐述。

1. 律师参与化解涉法涉诉信访案例——盛某某控告审判人员枉法裁判信访案。信访人盛某某因财产损害赔偿纠纷一案,不服法院判决,认为一审、二审法院审判人员故意违背事实和法律,枉法裁判,多次到宁波市检察院信访,要求检察机关追究审判人员刑事责任,但其无法提供具体的事实和证据。检察机关已通过书面答复告知其根据现有的材料不符合举报受理条件，不能依法导入诉讼程序，其可向法院申请再审，如对法院再审裁判不服，可再向检察机关申请监督。但盛某某仍一再坚持要求检察机关对其举报的审判人员进行立案侦查，情绪异常激动。为更好地做好释法说理工作，提升检察机关处理决定的权威性和公信力，2015年4月9日，宁波市检察院就该起信访案件举行了公开答复会，邀请了一名资深律师以及人民监督员、政协委员等第三方力量参与案件公开评议和答复。答复会上，该律师从案件的事实、适用法律和法定程序等方面分析案件，对控告人盛某某的控告事项进行了答复说理，最终成功说服盛某某接受了检察机关的决定，信访人盛某某对律师参加公开答复会表示满意，此后其再未就此事向有关机关信访。

2. 律师代理刑事申诉案例——董某某不服法院刑事判决申诉案。被害人董某某与被告人张某某系同事，2013年9月24日，二人在单位因工作原因发生纠纷，进而发生持械打斗，致董某某重伤。后宁波市江北区法院认定该案系民间纠纷引起，张某某归案后如实供述了自己的犯罪事实，当庭自愿认罪，系初犯，判决张某某犯故意伤害罪，判处有期徒刑三年零六个月。因刑事审判时董某某尚未作伤残鉴定，其在刑事判决后另行提起了民事诉讼。后双方在法院调解下达成协议：张某某赔偿董某某医药费等各项赔偿金共计人民币42万元，先期支付2万元，剩余款项分多次支付，但事实上张某某根本无赔偿能力。2014年4月2日，董某某以"民事赔偿没有到位，法院的判决过轻"为由，到江北区检察院申诉，要求提起抗诉。在征求董某某的意愿后，江北区检察院联系律师沈某某代理其进行申诉。沈律师查阅案卷后，对检察机关认为法院判决并无不当，不予抗诉的复查结论予以认可。遂其通过耐心细致的释法说理和心理疏导工作，有效说服董某某接受了检察机关不予抗诉的复查决定，并向法院提出强制执行申请，将2万元的先期赔偿款执行到位，此外，考虑到董某某生活困难情况，沈律师还帮助其向检察机关申请到1万元的司法救助金。

（三）制度运行的主要困境

因为法律规定不完善、配套制度不到位等原因，当前律师参与化解和代理涉法涉诉信访案件还存在诸多困境，主要表现在以下方面：

1. 法律缺乏对律师代理涉法涉诉信访案件的明确规定，导致律师执业权利得不到保障。党的十八届四中全会通过的《关于全面推进依法治国若干重大问题的决定》明确指出"对不服司法机关生效裁判、决定的申诉，逐步实行由律师代理制度"，但现行《刑事诉讼法》和《律师法》尚未对律师代理申诉制度做出明确规定，律师代理申诉案件过程中会见服刑人员、查阅案卷等权利因缺乏法律明文规定而得不到充分保障。中央政法委的《意见》只是指导性工作意见，原则性较强，而且不具有法律约束力。宁波市检察院出台《关于建立申诉案件律师代理制度和法律援助工作机制的实施意见》，虽然明确法院、检察院需为代理律师了解案情、查阅案卷、会见申诉人提供便利，但会见在押当事人仍需征得监狱、看守所等监管场所同意，司法实践中监管场所处于种种顾虑不批准会见的情况时有发生。

2. 律师参与和代理的积极性不高，导致对律师的角色期待难以实现。涉法涉诉信访案件大多历时久远、案情复杂，化解难度大，参与化解尤其是代理需要耗费律师大量时间和精力，中央政法委的《意见》明确律师参与化解和代理涉法涉诉信访案件应当遵循无偿公益的原则，对参与化解和代理的律师一般仅由司法行政部门给予较少的生活补贴费用，这与律师的付出难以匹配，而且缺乏其他方面有吸引力的激励措施，故很多律师参与化解和代理涉法涉诉信访案件的积极性不高，即使受法律援助中心指派参与化解和代理，也常常敷衍了事，未对案情进行充分了解和认真研判，代理案件往往仅限于代写申诉文书，参与案件的程度较浅，离信访人合法权益维护者的真实期待尚存差距。

3. 部分信访人对律师信任度不够，导致难以达到息诉息访的效果。在律师参与化解涉法涉诉信访案件的很多情形下，信访人对律师的中立性表示怀疑是可以理解的，例如目前值班律师的接访场所设立在检察机关，参加公开审查活动的律师一般由检察机关邀请，信访人在律师的意见与其诉求相冲突时，往往认为律师是检察机关的"自己人"，只会帮检察机关说话，甚至认为律师已被检察机关收买，因此对参与化解的律师缺乏信任，难以实现息诉的效果。在律师代理涉法涉诉案件的情形下，有的信访人由于律师的意见不符合其内心诉求，其偏执于自己的看法，听不进律师的专业意见，与律师发生矛盾而不再信任律师，甚至解除代理关系。

三 完善路径：立法修改与制度保障

（一）完善立法，保障律师代理涉法涉诉信访案件的执业权利

在全面推进依法治国的背景下，必须从立法上对律师代理涉法涉诉信访案件做出明确规定，才能使律师在代理过程中的执业权利得到保障，而只有律师执业权利得到切实充分保障，才能真正发挥律师的专业优势，更好地维护信访人的权益，实现"有效代理"。为此，长远的打算是在《刑事诉讼法》《行政诉讼法》和《民事诉讼法》以及《律师法》中对律师在申诉程序中的诉讼地位予以明文规定，规定律师在代理过程中享有和辩护人、诉讼代理人同等的调查取证权、会见权、阅卷权等执业权利，特别是《刑事诉讼法》修改时建议赋予被羁押的申诉人享有和被告人同等的律师会见权。但考虑三大诉讼法刚修改不久，现阶段比较可行的思路通过两高和公安部、司法部等联合发文的形式，制定中央政法委《意见》的具体实施办法或细则，明确要求各级政法机关，包括监管场所对律师代理涉法涉诉信访案件提供切实保障和必要便利条件，不得以各种借口阻挠律师正常行使执业权利。

（二）建立双向选择机制，增强信访人与律师之间的相互信任

律师参与化解和代理涉法涉诉信访案件的实际效果，与信访人与律师的相互信任程度密不可分。当前律师参与化解涉法涉诉信访案件的过程中，在律师的选择上较多地体现出司法机关的职权性，大多数情况下参与化解的律师是司法机关单方面邀请的，其中立的第三方角色期待时常难以体现，信访人对律师的不信任感亦不难理解。要改变这一现状，一个可行的办法是建立信访人与律师的双向选择机制，可以充分利用现代网络平台，通过建立相关律师数据库系统，在公开的平台上适当地公开律师部分情况和专长，供信访人自主选择；信访人也可以在此平台上发布自己的信访需求和难题，律师们可以针对该项信访问题进行竞价。通过这种方式合力对接律师和信访人的诉求，更有助于建立两者之间的信任，促进涉法涉诉信访案件的有效化解。

（三）强化激励机制，提高律师参与化解和代理的积极性

律师参与的积极性，决定了其提供法律服务的质量和水平。由于信访人大多经济拮据，当前律师代理涉法涉诉信访案件主要是通过法律援助渠道，当事人自行委托律师的比例极低，而律师参与化解涉法涉诉信访案件大多是受司法机关邀请，均不可能按照市场标准支付对价。因此，中央政法委《意见》确定的"无偿公益"原则是基本符合当前实际的，但从长远发展看，可以考虑将律师介入涉法涉诉信访案件由纯义务无偿性向义务性与有偿性相结合的方向转变，适当提高律师经济补助的标准，可以引入政府采购制度，把购买律师法律服务纳入年度财政专项预算，解决经费保障问题。更为重要的是要完善非物质的激励措施，如通过媒体广泛宣传律师参与化解和代理的典型案例，由司法行政部门建立律师参与该项工作的业绩档案，通过对在该项工作中表现优秀的律师进行表彰和奖励等方式，提升参与律师的职业声誉和社会知名度，以增强律师的积极性，确保律师提供更优质的法律服务。

（四）健全监督机制，确保律师执业行为合法规范

作为社会主义法律工作者，律师是全面依法治国的重要力量。[①] 大多数律师具备良好的职业素养，在参与化解和代理涉法涉诉信访案件的过程中发挥了重要的积极作用，但近年来也出现了少数律师为达到非法目的，利用涉法涉诉信访案件恶意炒作、兴风作浪的现象。例如由天津市第二中院宣判的北京锋锐律师事务所周世锋等颠覆国家政权案，被告人的犯罪手段之一正是采用炒作热点涉法涉诉信访案件的方式，制造舆论煽动仇视国家政权。[②] 类似这样的案例提醒我们，必须完善律师参与化解和代理涉法涉诉信访案件的监督机制。一方面，要把好律师的选任关，确定律师名册时，不能仅凭律师事务所的推荐，而应对该律师的政治立场、执业经历进行全面审查，确保入选律师政治立场坚定、业务素质过硬、社会责任感强烈，防止不良律师混入。另一方面，应当对律师参与化解和代理的执业活动实行动态监督，对律师在执业过程中擅自公布案件信息，泄露国家秘密和个人隐私，故意煽动信访人缠访闹访，恶意炒作信访案件向司法机关施加压力等行为，严格追究相应的法律责任，构成犯罪的依法追究刑事责

---

① 王俊峰：《全面依法治国 律师肩负重任》，《人民日报》2015年8月19日第6版。
② 《北京锋锐律师事务所被查揭开"维权"黑幕》，《人民日报》2016年7月12日第9版。

任，达不到犯罪程度的也应当由司法行政部门采取行政处罚等方式对其进行惩戒，并从律师名册中除名，从而确保律师参与化解和代理涉法涉诉信访案件始终在合法、规范的轨道内运行。

下篇

地方社会治理法治化专题篇

第九章 地方社会矛盾治理法治化

第一节 拆迁类涉法涉诉信访案件实证分析

目前我国正处于经济社会发展转型的重要时期，利益格局的深刻变化导致各类突发性、群体性纠纷频发。就N市J区而言，随着市、区重点工程项目建设的大力推进，涉及重点项目的土地征收、房屋拆迁等领域纠纷高发，呈现数量不断攀升、规模扩大、手段趋于激烈等特点。该类矛盾纠纷往往与其他社会矛盾交织在一起，社会影响大，涉及人员众多，往往引发社会广泛关注。涉法信访已成为制约人民法院审判工作、影响社会稳定大局甚或损害执政党权威的严重社会问题。本书以J区法院近三年受理的涉及拆迁信访案件为样本，对拆迁信访案件形成的原因、特点进行了分析，最后提出了司法应对之策。

一 J区拆迁类涉法涉诉信访案件现状

近年来J区法院受理的涉法涉诉信访案件中，因拆迁引发的涉法涉诉信访案件占涉法涉诉信访案件的比例呈逐年增多趋势。这一类型的涉法涉诉信访案件，往往由于政府在补偿安置过程中工作存在瑕疵而引起，但有时政府部门为转移矛盾，动员上访人员向法院起诉，法院立案受理后，如果案件处理未能使信访人的诉求得到满足，法院往往沦为信访人信访的对象。随着市、区重点工程项目建设的大力推进，涉及重点项目的土地征收、房屋拆迁等领域的纠纷频发，数量不断攀升、规模呈扩大化、表现形式趋于激烈化，而且该类矛盾与其他社会矛盾交织在一起，引发的涉法涉诉信访案件呈现出扩大化与复杂化的趋势，已成为制约人民法院审判工作、影响社会稳定大局的严重问题，该现象已被广泛地视为一种严峻的社会危机而引发全社会关注。

2012年,J区法院共受理来信来访72件,其中涉及因拆迁引发的案件数6件,占该年信访案件数8.33%;2013年,J区法院全年受理来信来访91件,其中涉及因拆迁引发的案件数10件,占该年信访案件数的10.99%;2014年,J区法院全年受理来信来访75件,其中涉及因拆迁引发的案件12件,占该年信访案件数的16%。与2012年相比,2014年该类型信访案件上升了100%,该类型信访案件占全年所有信访案件比重上升了92.08%。

二 拆迁类涉法涉诉信访案件的特点

首先是数量多、频率高,重信重访现象多发。据统计,J区法院2012—2014年受理的238起涉法涉诉信访案件中,有78起与拆迁有关,占所有信访案件的32.8%。在该院接待的与拆迁有关的78起信访件中,其中19件系信访人重复信访,重复信访数量占该类型信访件总数的24.4%,包括一些认定为已化解及终结的信访案件,有的信访人甚至在息访数年后又再次就原案进行信访。

其次是赴省进京上访比例高。涉及拆迁的信访案件原因复杂,化解难度很大,信访人往往认为级别越高的部门越有能力解决,且被拆迁地块往往涉及人数众多,有的甚至涉及上百户家庭,如果这些被拆迁人抱团越级信访,很容易造成不稳定因素。因此在节假日、两会等重要时期,许多拆迁信访人、代表人相约组团赴省进京上访。2013年省政法委交办的26件进京访信访案中,有10件系因不服法院拆迁引起;2014年省政法委和省高院交办的33起赴省进京访案件中,有13件涉及不服法院拆迁。

再次是信访表现形式呈偏激化趋势。因拆迁引发的信访案件的信访表现形式普遍呈多样且偏激化。异常访、越级访大幅增加,上访过程中对抗性增强,有的上访人情绪激动、行为偏激,有的抱着"唯闹""唯众"等异常心态,纠集百人连续就同一问题多次上访。有的信访人及代理人也通过在网络上转帖、发帖等形式进行网络信访,信访人通过网络信访的方式相互结识,组建信访QQ群,从网上个体信访变为现实中的群体信访。这种多形式相互交织、抱团的信访方式使得信访案件更容易演变为社会舆论热点,直接影响了社会的和谐稳定。

复次是信访与诉讼环节相互交织。信访人往往会就拆迁事件提起行政连环诉讼，并就这些连环诉讼实施连环信访。有相当一部分拆迁地块的信访人认为，利用提起连环诉讼可以拖延司法搬迁，使拆迁人在无计可施的情况下，为确保重点工程的进度，接受信访人不合理的要求。对该地段的拆迁许可、规划许可、用地批准文件、拆迁方案批准文件、政府信息公开等不同阶段不同行政机关做出的具体行政行为先后向法院提起行政诉讼。2013—2014年，J区法院共受理行政诉讼案件72件，其中涉及拆迁类连环行政诉讼13件，占比为18.05%。这些连环行政诉讼的当事人在案件审理之后普遍会选择继续信访，且可以就多个连环诉讼案件分别信访，有的甚至在其中一个信访案件化解后，又对另一个相关联的诉讼进行信访，以此给法院或政府施加压力，以达到自己的目的和要求。

最后是信访呈现有组织化趋势。信访人以串联、抱团形式进行信访的情形逐渐增多。由于网络信息平台的快速发展，沟通联络趋于便捷，拆迁信访人为加大向有关部门施压力度，有组织的上访逐渐增多，多个信访人跨区域串联上访，抱团集体上访的情形增多。J区法院2012年以来排查出的串联抱团的信访人16人。这些人往往形成较为固定的上访"团体"，通过网络联系到各地、各类上访人员数十甚至上百人，频繁组织到各级部门集体上访。

三 拆迁类涉法涉诉信访的成因

（一）对拆迁经济补偿不满是不断上访的内在原因

目前的拆迁补偿标准偏低。拆迁补偿标准未与市场真正接轨，拆迁户存在强烈的抵触情绪，这是近年来引发J区涉法涉诉信访案件高发的最重要、最直接的原因。随着近几年N市房价的不断上涨，房屋拆迁补偿价格虽然上涨，但明显低于房价上涨涨幅，拆迁户按评估价难以在市场上买到相应的房屋，导致对拆迁及审判工作产生抵触情绪。如该院在审理涉及N市轨道交通配套工程J区核心区地块拆迁案件中，发现该地段补偿安置款折合均价仅为1万3千多元，而同地段房产市场均价已达2万元以上，该地段某拆迁户多次向N市人大办公厅、N市政府办公室以及市、区信访局等部门信访，反映房屋拆迁补偿标准过低等问题，虽经J区政府、J区拆管办、J区某街道办事处等单位和主要负责人多次与其协商沟通，均未促使其签约。价格上的巨大差异成为拆迁户不断上诉、上访的根本原因。

同时,补偿安置标准不统一。由于一些拆迁项目实施的复杂性和特殊性,不同拆迁项目的实施主体为了达到有效推进拆迁项目进度的目的,往往设定不同的补偿安置政策标准,导致不同拆迁项目时常出现安置补偿标准不统一的情况。如J区法院在审理多起涉拆迁的行政诉讼中发现,拆迁户常常会提出其他地块的拆迁政策并要求享受同等待遇,进而引起拆迁户的心理失衡,不断提起相关权利请求,在诉讼中制造障碍,在诉讼终结达不到其要求后则选择继续上访。

拆迁户在拆迁进程中的参与度较低。由于受项目进度影响,上级机关对拆迁任务时间节点要求比较严,相关部门在任务重时间紧的压力下,对拆迁工程的目的、意义、拆迁相关的政策法规、补偿安置办法以及优惠政策未及时进行广泛深入的宣传报导,造成拆迁户对拆迁政策、拆迁程序不甚了解。在整个房屋拆迁程序中,公众参与机会很少,被拆迁人只是被动接受。如J区法院在该类案件审理过程中发现,被拆迁人普遍反映没有参加过有关拆迁的听证会,也没有人来评估房屋价格,也不清楚补偿安置标准,从而导致拆迁户从拆迁进程刚刚开始便产生了强烈的抵触情绪。拆迁户之间必然要对补偿条件进行相互比较,同时拆迁程序的不透明又加剧了因比较而产生的心理失衡,从而导致拆迁信访"钉子户"的产生。

(二)行政及司法运行过程的偏差是上访的重大诱因

当下司法体制设计不够合理,虽然目前是以省级财政保障法院经费,但是"就人类的天性之一般情况而言,对某人的生活有控制权,等于对其意志有控制权。在任何置司法人员的财源于立法机关的不时施舍之下的制度中,司法权与立法权的分立将永远无从实现。"① 之前在我国各地实践中,"人大的审查批准功能相对弱化,司法经费的预算、划拨都掌握在行政机关手中,司法机关的经费完全取决于地方领导,其不得不受命于地方领导。"② 现在这种情况虽然有所改善,由省级和中央财政保障,但法院仍然会受到诸多干预,尤其是在地方政府全力推进的重点工程上,更是

---

① [美]汉密尔顿:《联邦党人文集》,程逢如译,商务印书馆1980年版,第39页。
② 王学成:《再论良好司法公信力在我国的实现》,《河北法学》2010年第2期。

会遇到难以协调的问题。如 J 区法院在审理多起涉及政府重点推动的项目工程行政诉讼中，发现有关部门在办理拆迁过程中在事实认定、适用法律、行政程序等多个方面存有这样或那样的问题，但出于推进市、区重点工程项目的考虑，一般未能支持拆迁户的诉讼请求，从而引发拆迁户对法院司法裁判不满进而形成涉法涉诉信访。

行政行为法律程序缺失现象还比较严重。调研发现，行政机关在相关拆迁工作中，普遍存在着重实体、轻程序的现象。从一些征地拆迁的行政连环诉讼看，当事人主诉的对象就是行政行为的程序不合法，很多征地拆迁人物都是先拆后办证，有的还缺少应有的规划许可、环评程序。虽然政府相关部门会在之后补办，但这种补办很容易成为诉讼的焦点，因为从程序而言是违法的。与此同时，常有争议产生，由行政裁决时，很多拆迁户也起诉，认为自己没有收到行政裁决书，这主要是因为行政裁决书的送达程序不够规范，裁决书的送达工作人员担心引发冲突，仅仅是张贴在被拆迁户门口，或者由他人代收，或者拆迁户拒收等情况，都没有依法收集相应的签名或证明，这也是拆迁户不断上访的一个原因。

司法公信力相对于人民群众的期待尚有差距。司法的公信力有两方面的含义，"一是社会公众是否相信法律本身是公平正义的，二是他们是否相信法律有足够的力量按它自己的逻辑发生作用。"① 一方面，近一段时间以来，全国司法系统腐败事件频频爆出，引发人民群众对法官职业操守的担忧，这在很大程度上削弱了司法公信力。另一方面，受制于地方政府，对在城市拆迁、征地补偿等行为中普遍积聚的大量矛盾纠纷，在司法实践中，法院往往倾向于采取不立案、裁定驳回起诉等程序上的方式避免对拆迁行为进行实质审查，即便在判决中对存在的明显违法事实，也仅仅将其作为瑕疵予以指正而不予以撤销或确认违法，导致拆迁户对司法行为不满，从而引发涉诉上访。

（三）传统人治观念的影响是上访的意志根源

传统"人治"文化在今天仍然存在深刻影响。中国的民众基于长期的封建传统和官吏治国所形成的青天情节、清官情节、圣君情节等，虽然历经剧烈社会变革，仍然根深蒂固。现代的信访制度已经成为这种情节的

---

① 郑成良：《司法公信力建设的思考》，《江苏法制报》2010 年 8 月 6 日第 4 版。

延续和发展,"上访制度的设立作为'人民民主制'的实质性内容……使国家权力对乡村社会日常生活的管理进入制度化、常规化了。"① 在这样的观念下,司法审判从来都不是纠纷解决的最终决定力量。

与此同时,对群众路线的片面理解助长了信访意志。群众路线是党领导人民取得革命胜利的重要法宝之一,也是新中国成立后长期坚持的一个路线。信访制度同样是群众路线的一个制度设计,在改革开放前是被作为收集群众意见、改变政府作风,推进社会进步和发展的重要政治参与手段的,但是,"现代化使得许多原来不构成问题的现象成为了问题",② 与改革开放前所坚持的信访政治参与功能不同的是,信访制度已经成为当下群众的重要权利救济手段,"为权利而斗争"实际上已经不仅仅是一种法学话语的表达,更是民众的一种具体实践。信访人为自身权利而进行的来信来访活动,被视为权利诉求表达的一种方式。但我们也必须认识到,并非所有信访都是权利表达,有些信访是"无理信访",也即信访人并无相应权利,只是希望通过信访方式达成某种目的,这就需要我们认真鉴别,不要误将所有信访人的意见都当作群众意见,否则很可能陷入对群众路线的片面理解和错误执行中,甚至会出现"以群众意见"的名义干扰正常司法活动,损害本已经较为脆弱的法治权威。

(四) 党政部门维稳需要是现实的"激励"

地方政府信访考核在近年来呈现一种外松内紧的态势。随着法治建设的推进,以往对信访人可以采用的手段已经不能再采用,对信访的治理手段正在趋向法治化,但也意味着并没有找到非常合适的手段治理信访。近年来,信访出现了一个倒金字塔的数量结构,也即地方上出现的信访量反而在减少,而省里和北京的信访量逐年增多,个中原因极为复杂。又因为我国实行的是基层信访工作责任制,中央明确要求地方将矛盾解决在基层,"谁家的孩子谁家带",按信访量给地方排名,并纳入政绩考核体系。导致地方政府官员为了政绩考核和职位升迁,被迫接受信访户的无理要求,增加了行政运行成本,加剧了地方政府的财政负担。

政府随意改变的政策对信访人起到了现实"激励"作用。地方政府

---

① 应星:《大河移民上访的故事》,生活·读书·新知三联书店2001年版,第367页。
② 苏力:《道路通向城市——转型中国的法治》,法律出版社2004年版,第14页。

迫于考核压力,采取"截访""息访"等非正常手段花钱买平安、买稳定,满足上访户的无理要求,甚至对已发生法律效力的判决法外再调解、再解决。据统计,有领导批示或上级要求的信访案件有90%以上得到解决。于是,强烈的示范效应和上访成功经验使得一些人开始对领导批示充满期待,抱着"不闹不得利、小闹小得利、大闹大得利"的想法,坚定其信访决心,"信访"不"信法"、"信上"不"信下"、"信闹"不"信理",激起一轮又一轮的上访、闹访、缠访。甚至部分信访人在获得补偿签订息访协议后反悔再次信访,在如J区法院审理的"戎家地块"案,在两级法院审理后,当事人仍然对拆迁安置补偿不满,多次向中纪委、全国人大办公厅、Z省人大办公厅、N市政府办公厅、市委书记办、市政协以及市、区信访局等多个部门信访。后经多次协商,当事人与拆迁人签订了拆迁安置协议,其共得拆迁补偿款530万元,当事人也当场出具了承诺书,承诺今后不再就该房屋拆迁安置问题向各级部门信访或起诉。但之后没多久,当事人就违背承诺,又多次向有关部门信访。

四 解决拆迁类信访案件的对策

其一是注重办案质量,严把案件质量关,从源头上减少涉法信访案件。一个比较无奈的选择是,对于目前暂时不宜由司法机关受理的案件,应当对当事人进行充分释明,避免出现误解,同时把握好立案的原则,避免出现立案后无法审理的情况。这并不是法院在推脱自身责任,而是基于当下特殊的社会实践所造成的。当然,另一个选择就是将不宜由法院受理的案件转交给适合进行处理的部门,可以通过建立联席联动机制,通过与其他部门的合作,有效化解这些暂时不宜由法院受理的案件,但问题是,法院真的有这种必要去化解这些纠纷吗?这点就涉及到社会主义国家法院的职能定位问题。正是因为法院被要求参与社会治理,有效化解矛盾纠纷,其职能并非全部是审判,而是作为社会治理的重要主体,因此也需要对上述问题加以解决。

法院内部还引入了人民调解室,建立了速裁庭,积极探索诉调衔接制度,有些法院还在探索判后答疑活动,避免出现判后当事人不配合执行问题。对于一些政策性较强的信访案件,法院还积极联系相关政府部门给予解答,引导当事人正确理解法律和政策。

其二是整合各方力量,建立内外联席联动机制。因土地征收、房屋拆迁等土地纠纷牵涉的范围广,单靠法院一家力量是解决不了问题的,需要多个部门共同解决。尤其是针对征地拆迁这样政策性非常强的案件,法院唯有通过内外联动,积极主动联系,第一时间掌握情况,使问题在第一时间解决,依靠多方力量解决群众上访问题。

其三是充分发挥司法建议的作用。在处理涉及征地、拆迁的涉法涉诉信访案件中,可以向有关政府部门提出有针对性的司法建议,建议上级政府督促有关部门将政务公开、财务公开的国家政策落到实处。只有将征地、拆迁事务、财务和有关国家政策法规向群众公开,使政务公开顺应民意,才能消除群众因猜疑而导致不必要信访的发生。同时建议有关政府部门在征地、拆迁过程中,制定相关的法律、法规,规范征地、拆迁行为,解决同一地段的土地补偿标准差距过大、补偿安置依据和程序混乱等突出问题,切实维护人民群众的合法权益。

第二节 基层法院涉法信访问题及其治理

信访制度是我国政治文化建设的重要成果,早在1951年5月16日,毛泽东同志就在中共中央办公厅秘书室关于处理群众来信情况的报告上批示:"必须重视人民的通信,要给人民来信以恰当的处理,满足群众的正当要求,要把这件事情看成是共产党和人民政府加强和人民联系的一种方法,不要采取掉以轻心、置之不理的官僚主义态度。"[①] 此后,中华人民共和国政务院于1951年6月7日颁布《关于处理人民来信和接见人民工作的决定》,正式以立法的方式确立了信访制度。可以说,在政权建立初期,信访制度所具有的联系人民群众、克服官僚主义的属性,为巩固新政权、解决社会问题、服务人民群众发挥了重要作用。但是随着历史的发展,社会经济政治形势不断变迁,在社会主义建设初期、文化大革命、改革开放和现代化建设的不同时期,信访制度发挥的作用因服务于不同的历史任务而有所改变。

在当前建设社会主义法治国家的重要时期,信访制度虽还在行政领域

---

① 《毛泽东文集》第6卷,人民出版社1999年版,第164页。

与司法体制内占据一定位置，但本书认为，随着我国法治进程不断深化，这一制度应逐渐弱化其功能直至最终退出历史舞台。在信访制度与诉讼制度交融时，非检控类涉法涉诉信访和与司法相关的检控类信访也就应运而生。尽管这些信访是党的工作路线在司法领域的适用，是公民参与司法的方式之一，为当事人提供了权利救济的通道，弥补了司法的漏洞。[①] 但对于信访制度的利弊，应当结合特定历史时期的政治法律制度做出整体评价。在中华人民共和国法律制度尚未健全的时候，信访制度确为开创中国特色社会主义事业发挥了不可替代的作用。但如今，以宪法为核心的社会主义法律体系形成，党的十八届四中全会也明确把依法治国基本方略写进全会报告，法治大于人治的思想应当得到根本强化。质言之，通过几代人艰苦卓绝的努力建立起来的诉讼体制，应成为权利救济的普适化常态化途径，而不是信访。信访制度在诉讼体制外游走，一定程度上也许起到弥补司法漏洞的作用，但更多的则是损害法院的地位与职权，特别是当信访演变为重复访、越级访时，其对于司法独立、司法终决的影响，对于法治的冲击甚或是侵蚀更是不言而喻。

一 涉法信访的常态表现及其消极影响

本书之所以对司法领域的信访尤其是其中的重复访、越级访，更多给予否定性评价，并不在于"重复""越级"这些表面因素，而是因为其内含的与诉讼体制相冲突、对诉讼体制造成消极影响的因素。本已纳入司法终局体系，完全可以依照程序法、实体法规定来处理裁决的诉争事项，却由于当事人的意志将其游离至诉讼体制之外，以其他途径质疑司法，无论如何都是一大遗憾甚或是悲哀。例如，当事人因为自己主观上对诉讼程序或判决结果不满，而以各种理由反复信访，或是通过向上级机关越级信访，意图对承办法院、承办法官施压，干预正常的司法秩序，其不法性和不合理性显而易见。当然，若某个案件因审理程序严重违法，判决结果明显不公，或者存在不公正的重大可能性，致当事人反映的个别司法不公问题得不到解决时，信访甚至重复访、越级访或许在一定程度上可视作申冤

[①] 王东、田晏：《涉诉信访的权利救济功能与公民信访权利定型》，《行政与法》2010年10期。

无门的无奈之举。但是从目前司法体系的运行状态考量,基于这种无奈的可能性微乎其微。因为我国目前已经建立起了相对完善的审级制度、审判监督制度,还有配套的纪律监察制度,应可谓"上告有门",所有救济制度集体失效的事例仅存于极个别案件。不可否认,近年来,轰动全国的冤案确有发生,但相对整个案件数量来说占比是极小极小的。从杭州叔侄、念斌等人最终获得"平反"的结果来看,审级制度和审判监督制度运行效果或有瑕疵,但确实是在发挥作用。再譬如"聂树斌案",当王书金坚称自己是真凶,并且对犯罪情节的描述有据可查,足以引起人们对"聂树斌案"为冤案的合理怀疑,无论真相如何,在河北政法机关已无实质作为的情况下,聂母的重复信访显得合理正当。可见在当前司法体制下,涉及司法领域的信访特别是其中的重复访、越级访,其合理性仅依存于极少数个案。当信访尤其是重复访、越级访介入司法领域并成为一种常态,且数量急剧膨胀时,其间所含的不合理诉求成分以及错误的示范效应已经大大逾越了"冤案平反"的范畴。从慈溪法院纪检监察部门2012—2014年来登记的信访件数量以及最终核实的结果分析,足以证实这一论断。

慈溪法院作为浙江最大的基层法院,虽然近三年来办理的审判执行案件数呈持续增长势头,办结案件数量年年突破万件大关,且年增量均在30%以上,但较之于投诉信访增速,还是极不对称。如2012—2014年办结案件数量分别为18322件、21785件、25440件,而信访案件2012—2014年分别为49件、69件、131件,年均增长量在60%以上。详见表6。

表6　　　　　　　　2012—2014年慈溪法院信访结构

年份	信访总量/件次	重复信访/件次	初访/件次	重复访占比/%
2012	49	20	29	40.8
2013	69	34	35	49.3
2014	131	79	52	60.3

从表6比较中不难看出,尽管随着案件数量的提升,纪检监察部门登记的信访总量也在逐年攀升,但最近几年的信访增速远远超过了案件增速。究其原因,重复访、越级访的大量存在是支撑信访总量节节攀升的强大推手,重复访、越级访已然成为司法领域信访的常态化表现形式。仔细

分析慈溪法院纪检监察部门2012—2014年受理登记的信访数，不难发现，2012—2014年，信访初访数与重复信访数在信访总量中所占比重正在发生明显变化，由当初的近2∶3到以后的1∶1直至目前的3∶2。在2014年登记的131件次信访中，就有79件次系重复访，占到信访总量的60.3%之多；从信访的来源渠道进一步考察，在这131件次信访中，直接向本院信访投诉的仅44件次（且包括其中的重复访16件次），因越级上访或向他部门信访被转来的87件次，约占信访投诉总量的2/3。而根据纪检监察部门初核审查结果，在这些数量庞大的重复访和越级访案件中，均未发现承办部门或办案人员存在所反映的违纪违法行为事实。由此可见，当前并不能排除存在滥用信访权利的情形。甚至部分案件尚在诉讼过程中，当事人即开始多方反映承办人这不对那不行，试图以信访干预司法的目的昭然若揭。

司法领域中的信访尤其是重复访、越级访，其消极影响主要体现在以下方面：

其一是削弱法院的司法权威。司法权威的重要来源之一是裁判的终局性，案件经二审生效后，当事人仍重复申诉、缠访、越级上访，想以此"改变自身的不利命运"，即使最终未能如愿，但在社会公众面前展示、形成和强化了"法院判决并非最终救济途径"这一概念，起到了消极的示范效应——人们把诉讼当作了权利救济过程中一个阶段性的选择，而非终局性的权利救济手段。考察现实生活，"信访不信法"的情况确实普遍存在，且已经对司法权威造成了实质的影响。

其二是浪费行政资源和司法资源。无论是接到信访的部门，还是被信访的部门，均需花费大量精力去应对，特别是进京重复访，化解的成本非常高。

其三是影响独立审判。一些地方领导疲于应对眼前个案的困扰，为了换回一时"宁静"，突破了法定纠纷解决机制，对正常的司法程序进行干预，影响了司法独立。

其四是导致恶性循环。为了解决越级访、重复访的个案而采取的"非正常息访"措施，譬如以适当的经济补助或救助方式让信访人息访，虽可换回一时"太平"，却于无形中助长并强化了信访人和普通民众"信访不信法"的错误思想，认为依靠法律解决不了问题，只有吵、闹、访，自己的诉求才能满足。而这种错误思维又反过来损害了司法权威，如此恶性循环。例如慈溪法院2014年登记的信访人吴某，以某行政机关处事不力致使其遭受他人侵害的后果扩大化为由多次到该行政机关的上级部门吵闹撒泼，被访单位为息事宁人，竟通过多重渠道违心地为其争取来较大利益。

二 基层法院涉法信访的治理

在探索解决问题的思路的过程中，很多人认为应当直接将信访制度从诉讼中剔除，以保障诉讼制度的运行效果。这种想法是片面的。[①] 社会主体的纠纷除了法律层面的之外，还有道德、政策、习惯、纪律等多种形式，不能因为诉讼制度的存在而否定与其并存的其他纠纷解决方式。我们应当认识到，信访制度本身与法治国家的理念并不冲突，当前法治成熟的国家也存在类似于信访的议会督察专员体制、公民申诉制度，并且信访制度的正当运用能够很好地辅助诉讼制度的高效运行。因此，目前不需要讨论司法领域的信访存废问题，该制度当前存续有其历史沿革的原因及存在的合理性，且是党的群众路线在诉讼制度中的重要体现。我们所要讨论的，是如何对司法信访制度进行改革完善，推陈出新，去伪存真，使之成为司法救济制度的重要辅助。本书认为，应当从公权机关自身着手，通过法院自身的思想、队伍建设、法院与行政机关的协调配合、涉诉信访制度完善等手段，解决重复访、越级访、向他部门访的症结。

（一）从法院自身着手

程序正义的内涵不仅仅是按照法律规定将司法程序走完即可，还要让当事人切身体会到。某些案件对实体处理并无不当，但因为在整个诉讼程序中当事人的沟通需求没有得到满足，工作人员态度"生、冷、硬"，法官"一判了之"，或者案件审执期限较长的情况下，未能向当事人合理解释。如果当事人完全没有感受到程序正义带来的"温暖"，不信任感便会由此而生，导致当事人信访。在慈溪法院2014年受理登记的131件信访中，有22件次为投诉办案人员的司法礼仪工作态度，有30件次反映工作效能低下。造成这种结果的很大一部分原因在于，法院干警在工作中没有

---

① 童之伟：《信访体制在中国宪法框架中的合理定位》，《现代法学》2011年第1期。

设身处地为群众着想，也没有耐心地与当事人沟通。由于身心压力大导致干警脾气变躁、作风变差、处事唐突已然成为不可回避的现实问题，这就对管理者提出了要求，抓队伍建设必须进一步人性化、亲情化，除了压担子，还要特别关心干警的身心健康问题，把对干警的心理疏导和减负作为管理上的当务之急。

当前有些法院干警的工作、生活状态已经脱离了基层，脱离了群众，无法真正做到"想群众之所想、急群众之所急"。想要让群众路线的思想深入法院工作人员内心，不能单靠灌输，还应当辅以合理的评价机制和激励机制，使年轻干警们能够感觉在群众工作中得到了认可。一份优秀的判决，能够体现自身的价值，而花了大量精力所做的息诉罢访工作，即使成功了，也没有多大的成就感。事实上法院内部也没有针对信访工作的评价、奖励机制。所以，法院在信访工作的思想建设方面尚有待提高。最高人民法院《关于进一步加强人民法院"立案信访窗口"建设的若干意见（试行）》就进一步加强"立案信访窗口"建设提出了具体意见，各级法院积极响应，均建立了专门的"信访窗口"，在信访接待方面发挥了重要作用。但是"信访窗口"人员力量的配置与实际需求相距甚远。涉诉信访的特殊性，要求接访人员不仅熟悉业务，而且有较强的沟通能力，以及极大的耐心、责任心，否则，接访人员无力应对数量众多的信访案件，无法实质性地解决信访人员的问题或者较好地满足其内心的沟通需求，接访无疑成为了一种摆设，信访工作人员成了"守门员"，不是为了解决问题，而是为了把问题推出去，所谓的化解也只是将信访件"踢出"本部门而已，信访件仍然存在，信访人走出本院大门后，并不是息诉罢访，而是想方设法提高化解矛盾的层级，初访恶化为重复访、越级访。因此，法院在信访队伍的建设方面，应当有所加强，适当配置精干的力量，而且能够有合理的人员数量。

（二）从综合治理着手

对慈溪法院涉及行政案件的信访件进行分析，可发现矛盾的真正爆发点多数不是产生于诉讼过程，而是产生于行政行为过程中。也就是说，当事人在行政处理过程中已经感受到不公正。这给了我们两个启示。

第一，在中国特色的纠纷解决机制中，信访存在具有必然性，特别是行政处理过程中，当事人已经习惯于通过信访反映问题，而这也是为党的群众路线所推崇的,即初访的存在是合理的,我们所要避免的,就是初访恶化为重复访、越级访。

第二,基层组织在化解矛盾方面没有发挥应有的作用,很多时候,当事人在提起行政诉讼前,先向行政机关提出了信访件,但往往只得到一个冰冷的书面答复,所反映的实体问题,也无实质性的解决或者答复。所以要解决信访突出的问题,首先必须抓住源头,要把可能引发的信访事项解决在初始阶段、萌芽状态,吸附和化解在基层。作为首当其冲的基层组织或行政机关应当正确对待当事人反映的问题,任何一个简单的诉求如果处置不当,今后很可能轻则提起行政诉讼,重则成为重复访、越级访案件。基层行政机关应当尽一切努力化解矛盾。而法院则应注重与辖区公安机关、调解组织、司法机关、具体接待信访的机关及村委会、居委会等加强联系,必要时可以就行政机关共性问题发送司法建议,努力形成化解矛盾纠纷的合力。针对审判、执行案件基数不断上升的实际,要切实加强对全社会公民的法制教育、思想道德教育和社会主义核心价值观教育、荣辱观教育,大力培植和深化社会诚信体系,遏制损人肥己和功利主义思潮,把社会公众的负面情绪、浮躁心理、矛盾纠纷控制到最低限度,通过降低纠纷成讼率来直接缓解基于诉讼引发的信访压力,而这一系列的教育工作,也需要社会综合力量的全方位参与。

(三) 从制度建设着手

信访程序简便、成本低廉,某些情况下甚至成为最有效的方式。但是,信访制度的设置应当以信访权的存在为核心,有权利才有保障权利的制度。目前法律并未明确规定信访权。《中华人民共和国宪法》第四十一条规定了公民的监督权,具体表现为控告权、检举揭发权、建议权、申诉权,这些权能与"信访权"的外延有相同之处,但涉诉信访在实践中的表现远超过上述权能范围。至于《信访条例》则侧重于设置行政机关的信访工作规程,无关公民的信访权。以此可见,信访在诉讼程序中是一种"非法"的存在,信访只能作为启动其他权利救济程序的方式,其本身并不具有干预司法程序的法定权能。实践中,信访既可能启动法定的救济方式,如审判监督程序、错案追究程序,也可能启动非法定的救济方式,如领导个人干预。而非法定救济方式的启动,正是对法定救济程序造成消极影响的直接原因,也是信访人所迷信的东西。从法院的角度来讲,来自于党政机关的信访压力,应当是一种合法的压力,例如案件审理程序确有问题,或者承办人员确有违法违纪行为的,在这种压力下通过合法的审判监督程序,对案件审判的错误方向予以纠正。如果单纯是迫于人事管理、领导人个人关系等压力而干预正常的司法程序,明显有悖于信访制度设立的初衷,虽然问题得到暂时的解决,但相对现有司法体制的损害而言,这种所谓的解决问题只不过是饮鸩止渴。

制度建设应当纳入法治轨道,可以从以下三方面着手。

其一是建立涉法涉诉信访事项导入法律程序工作机制。审慎甄别信访事项,准确把握信访问题的性质与类别,做好诉与访的审查分流工作。对于符合法律规定可以通过司法程序或相应法定救济途径解决的,作为诉类事项,符合法定立案条件的,及时倒入相应的法律程序办理;对于不符条件的,耐心释明,讲清依据与理由,书面答复信访人,以减少对立案、审判监督及其他程序问题的重复多方投诉。对于检控类信访,在查明事实基础上依法处理,初核涉嫌违纪违法的,立案调查并依法处理,初核不成立的,说明事实理由告知信访人,以减少不必要的重复投诉。

其二是确立无理信访司法终结制度。2014年2月,中共中央办公厅、国务院办公厅印发的《关于创新群众工作方法解决信访突出问题的意见》(以下简称《意见》),要求突出领导干部接访下访重点,把领导干部接访下访作为党员干部直接联系群众的一项重要制度,但同时也要求省、市及其工作部门领导干部一般不接待越级上访。这种要求领导干部"有所为有所不为"的规定,正确区分了对合理的初访和无理的越级访的不同应对方式,防止信访人员通过非法定的救济方式干预正常司法程序。对于重复访的问题,也可参照上述《意见》进行规制。例如,当事人单凭主观臆断,认为司法不公而信访的,经审查信访所反映的问题确与事实不符,予以耐心劝解答复后,仍重复信访的,对其重复访可直接不予接待或不予受理;对于司法机关已经发生法律效力的司法结论,当事人已经行使了救济权利或不愿行使或自愿放弃或已经丧失等,表明信访问题已经获得了法律上的救济,但当事人仍然纠缠不清、缠访缠诉,可在依法做出审查终结结论后,制作终结告知书送达信访人,今后不再启动复查程序,也不再作为信访事项进行登记、统计、处理。

其三是探索涉诉信访时效制度。① 类似于民事诉讼中的诉讼时效，为涉诉信访设定一定的时效，在符合信访的条件之后，经过一定的时间未信访的，信访资格即归于消灭。时效制度的本意，就是使权利人的权利受到一定的限制，使长期存在的事实状态合法化，稳定社会秩序，使人们减少对既往的追究，增强对未来的信心。② 当然，信访时效制度的设置是一个系统的工程，包括设置制度的目的、时效的起算点、时效期限、配套措施等，在制度的设计过程中都需要仔细研究。

第三节 基层检察院涉检信访及其治理

一 基层检察院涉检信访的概念和范围

2007年3月2日公布的《人民检察院信访工作规定》（以下简称《规定》）第2条规定：本规定的信访，是指信访人采用书信、电子邮件、传真、电话、走访等形式，向人民检察院反映情况，提出建议、意见或者控告、举报、申诉，依法由人民检察院处理的活动。

《规定》第3条以列举方式明确了由检察院处理的信访事项包括以下8种：1. 反映国家工作人员职务犯罪的举报；2. 不服人民检察院处理决定的申诉；3. 反映公安机关侦查活动存在违法行为的控告；4. 不服人民法院生效判决、裁定的申诉；5. 反映刑事案件判决、裁定的执行和监狱、看守所、劳动教养机关的活动存在违法行为的控告；6. 反映人民检察院工作人员违法违纪行为的控告；7. 加强、改进检察工作和队伍建设的建议和意见；8. 其他依法应当由人民检察院处理的信访事项。

可见，《规定》对检察机关所负责处理的信访事项定义为与检察职责相关的依法应当由检察机关处理的信访事项，范围较为广泛，既包括因对检察机关自身执法办案环节处理决定不服而产生的申诉，也包括因对其他机关部门（如公安、法院、监狱等）在刑事侦查及执行等方面存在违法行为而产生的控告，同时还包括对检察干警自身违法违纪行为的控告等，这是法条中规定的广义的涉检信访的概念。

---

① 彭国全、薛永奎：《涉法涉诉信访时效制度研究》，《公民与法》2011年第12期。
② 旷渝练：《诉讼时效制度若干问题的思考》，《社会科学研究》2003年第5期。

而《检察机关执法工作基本规范》（2013年版）所界定的涉检信访问题，其含义较为狭窄，仅仅指的是公民、法人或其他组织以信访方式反映的涉及检察机关及其工作人员的案件，主要类型包括：1. 不服检察机关处理决定的案件；2. 反映检察机关在处理群众举报线索中久拖不决、未查处、未答复的案件；3. 反映检察机关违法违规或检察人员违纪违法的案件。

根据上述内容可看出，涉检信访既是司法程序外维护群众利益的救济途径，同时也是公民批评建议检察工作的表达方式。涉检信访既具有一般信访的功能，比如倾听群众呼声、密切干群关系、防止腐化堕落、缓和社会矛盾等；同时涉检信访又不同于政府机关的一般信访，它是司法机关进行救济的最后一个环节。涉检信访在一定程度上检查和弥补法治的缺陷和漏洞，就像英国的平衡法一样，可以缓和法治发生过分的僵硬和过度的刚性。

二　基层检察院涉检信访的基本形势

（一）数量居高不下

某区检察院近三年信访情况见表7。

表7　　某区检察院2013—2015年信访状况

年份	信访总量/件次	来访	来信/件
2013	37	25批次40余人	12
2014	33	14批次100余人	19
2015	32	18批次60余人	14

以民生为内容，以信访为载体的矛盾日益凸显。这些涉检信访案件往往是一些跨度时间长、处理难度大、案情复杂的久拖未决的积案，解决难度大，一些群众性的集体维权事件增多，涉检信访不稳定因素大排查大化解任务艰巨。

（二）反映问题集中

该检察院信访案件具有涉刑性的特点，主要涉及司法诉求类和举报控告类。司法诉求的信访人大多是犯罪嫌疑人或者受害人的近亲属，信访对象是普通公诉案件，内容是了解案情和办案进程，不服检察机关立案或者不立案的决定、批捕或者不批捕的决定、起诉或者不起诉的决定，要求从轻或者从严处罚犯罪嫌疑人，以及及时返还财物或者给予刑事赔偿。举报控告类的信访主体是村（或者经济合作社成员）集体经济组织成员，主要内容是举报控告村集体财务账目混乱，对村干部的工作提出批评和建议，反映村干部的违法违纪现象。

（三）矛盾尖锐

检察院可以对侦查活动进行监督，做出立案撤案、批捕不批捕、起诉不起诉的决定，使刑事司法程序走向终结；同时对审判活动进行监督，可以发放纠违通知书、抗诉，影响裁判结果。检察院的监督活动影响到了当事人的实体权利，矛盾焦点集中于检察机关，这也导致了涉检信访矛盾尖锐。

（四）演化过程明显

很多涉检信访像一环套一环的链条，涌向了控申这个窗口。重复访、集体访往往是先有信，后有访；先有个体访，后有集体访。信是访的开头，访是信的发展。信访人员往往是先试探性地来信反映问题，问题得不到解决，来信没有效果，就会个体访，个体访得不到重视，就会聚集多人上访。这就是涉检重复访和集体访的演化过程。

（五）常带有偏激对抗的倾向

有的信访人员抱着"人越多越有压力，官越大越有效果，闹得越凶越能解决问题"的心态，穿状衣举照片打横幅喊口号敲锣打鼓堵塞交通；打着白旗鸣冤横躺马路静卧；或者互相串联集体到多个党政司法机关缠访多头访，扬言去省城进北京闹访；在重要会议、重大活动节日敏感时期尤为明显；有的群众误认为官越大越解决问题，信访案件一般直接寄给本院检察长乃至上级领导；信访人员成分复杂，老上访户多为文化程度不高的弱势群体，存在着认知偏执死抠字眼断章取义的情况，无法理解法律对刑事案件的证据要求，很难听取不同意见，怨气深心理失衡，认为自己绝对有理，错是对方或者司法机关的，把对方当事人当成是"假想敌"，一旦结果不如意，就千方百计上京城，一条上访路走到底，不达目的誓不罢休。

三 基层涉检信访产生的主要原因

(一) 案件瑕疵是导致涉检信访的重要客观原因

不平则鸣,很多涉检信访当事人的信访要求有一定合理性,这是因为司法机关办理的案件事实不清、证据不足、定性不准、查封扣押财产冻结存款不当、答复不全、说理不透以及侵犯当事人利益等因素都可能使当事人误以为办案人员偏袒对方当事人,而导致涉检信访的发生。当事人认为案件处理有不公平的情形后,除沉默以外,可能有三种反应。"第一是继续通过诉讼渠道寻求解决,如上诉申诉,这是最恰当的;第二是到司法机关信访;第三种是对司法机关和司法人员严重不满,铤而走险非法报复。涉检信访的主要特征是不走诉讼道路,也不走冒险之路,而走温和合法的信访之路,想通过信访,补救司法诉讼的不足。"如陕西一桩传奇性的"刀下留人案",就是律师闯进最高法院得到一通电话才阻止了死刑的执行。再比如江西抚州拖了7年没有判决的拆迁补偿案在2011年钱明奇"5.26"抚州爆炸案后几天就得到了"及时判决"。这也说明了有些信访案件是司法机关和人员的原因造成的。这些有瑕疵的案件损害了当事人权利,导致了他们对法律的失望、对司法机关的怨恨,其情绪从平和走向激烈,形成了"大闹大解决、小闹小解决、不闹不解决"的心理,大有不到北京不罢休的信心和理由。

(二) 信访不信法是涉检信访发生的主观原因

中国古代民众有找"青天"来替自己申冤,通过青天来改变自己命运的传统。在中国古代民众眼里,清官是可亲的,他们只在遥远的地方,只有上访才能找到。古代民众把坐在衙门里的老爷称为父母官,既然是父母,还有什么不能管的?中国正处于传统向现代过渡的阶段,传统的青天意识和法律观念有惊人的惯性力量。找领导反映问题,这是改革开放前大多数民间纠纷解决方式。直到现在,根深蒂固的青天意识也是催生涉检信访的思想根源。有些案件当事人偏激固执,无端怀疑办案人员办案不公,损害自己的利益。民众认为通过法律没能有效解决矛盾或者没有达到自己预期目的时,就会信访不信法,通过信访来寻求心目中的青天表达其诉求以及在法律轨迹以外寻找解决办法。2003年上海市对贫困人群的问卷调查显示,当被问到假如遇到利益受损的情况,首先会通过哪种渠道救助,

35.7%的人会选择信访上访,只有2.7%的人会选择法律手段。① 当事人往往把信访看成优于司法救济的一种特殊权利,是解决问题的"尚方宝剑"。"当事人往往不起诉就直接上访寻求救济,有的在审理过程中上访,使得这种看似有利于冲破关系网束缚的信访更受人青睐,催生了缠访的形成。"②

(三)实用主义是造成涉检信访的经济原因

诉讼需要缴纳诉讼费,而且周期比较长。基于减少诉讼成本的心理,信访人会在诉讼之外通过信访寻求公道。司法机关因为和谐稳定的考核,只能尽量满足上访人的诉求,有时信访比正常的诉讼更经济更便捷更有效,信访人形成了"会哭的孩子有奶吃"的实用观念。比如某省林地承包纠纷,某人在20年前承包了300多亩林地,在承包期内有一部分被辟为墓地高价外卖了,承包人状告有关部门要求赔偿,法院按照标的要收取5万元诉讼费,承包人交不起费用打不起官司,于是去北京到高法高检等单位信访。释理说法、思想疏导都无助于解决当事人的经济困难,当事人就会选择信访这种代价低廉的解决问题的方式。

(四)对心目中正义的追求是涉检信访的精神动力

在中国古代,鸣冤告状屡见不鲜,被民间所鼓励。哪怕是蒙冤受屈的人去世了,其后人也要"找青天"想方设法还之以清白。哪怕到现在,秋菊打官司只为"讨一个说法"。有时涉检信访无关利益纠葛,只为说清一个"理"字。有的媒体听信一方当事人的一面之词就对案件进行新闻炒作,案件事实不能得到客观真实的报道,使本来简单的案情复杂化,助长了当事人信访的势头,加大了检察机关工作难度和压力。

(五)稳定压倒一切是涉检信访形成的现实因素

司法机关奉行"三个至上",无论哪一级的司法机关,"维护政治稳定"都是其必须面对的首要问题和考虑的首要因素。检察机关和检察官被赋予了很多的崇高使命,要做"包青天",还要做政治楷模人民公仆,如果检察官难以兼顾所有的使命,就会有人来兴师问罪。回想"佘祥林杀妻"事件发生的环境,思考一下湖北省高院检察院面临的处境:佘祥

---

① 《新信访条例是否会带来新一轮信访洪峰》,央视国际,2005年4月7日。
② 应星:《作为特殊行政救济的信访救济》,《法学研究》2004年第3期。

林之妻张在玉家属组织了200多人的上访队伍,要求对佘从重从快处决,党委政府历来对政治稳定极端强调,对群体上访事件非常地重视,湖北高院和省检察院能如何作为?更何况人命关天,任何公诉人都没有必要没有理由去冒很大风险按照疑罪从无从轻的原则发表对佘祥林减轻处罚的公诉意见。

(六) 法律援助不到位是催生涉检信访的法治因素

在缺乏法律援助的地区,信访是一种最简单最低廉的解决问题的方式。信访不需要证据,只要一张信访状,甚至亲自到控申部门口头反映问题就可以了,剩下的由检察机关调查。《法律援助条例》在2003年颁布以后,法律援助资金人员短缺的局面得到了一定程度的缓解,可以依然远远不够。根据司法部法律援助中心的统计,2015年全国法律援助办案数仅为25.3万件,全国每年需要法律援助的案件超过100万件,实际得到援助的案件不足1/4。"目前开展法律援助工作的地区主要集中在大中城市,县级地方的法律援助工作开展得十分有限。在贫困人口最集中,法律援助需求量最大的乡村,恰恰是法律援助覆盖面最小的地方。真正活跃在县域的法律服务人群是基层法律工作者,他们准入门槛比律师低得多,……多数法律服务所仍然集中在中小城市和县城,广大乡村难觅法律工作者的踪影。何况法律工作者毕竟是要收费的。"[①]

四 基层检察院涉检信访治理的路径

党和国家强调畅通信访渠道,历年的《政府工作报告》多次提出了"创造条件让人民批评和监督政府",维权才能达到维稳。涉检信访是检察机关倾听群众呼声贯彻群众路线的主要途径,其主要功能是使法律监督领域内的社会矛盾和情绪找到出口,为社会不满提供可以疏通的渠道,以减少信访的规模,给政府减压。控申部门主要负责涉检信访工作,信访工作室已经成为检察机关贴近群众第一线,成为了解社情民意和体现司法为民的窗口,但是控申部门并不是直接解决问题的部门,一般并不直接参与案件的办理,没有对案件进行实体处理和决定的权力,其权利救济的功能

[①] 应星:《迎法入乡与接近正义——对中国乡村赤脚律师的个案研究》,《政法论坛》2007年第1期。

并不突出,它往往不能单独解决问题,而是信息的中转站,承担着信息的收集、中转、综合研判的功能,扮演着社会稳定的晴雨表、司法公正的检验台、发现问题的信息源、罢诉息访的助推器等多重角色。它的主要功能一方面是为领导提供科学决策提供参考,有效地化解社会矛盾,防止矛盾激化后果恶化出现类似贵州瓮安事件的发生,另一方面引导信访人员去相应机构,把涉检信访问题引入司法程序,最终实现权利救济。

基层既是信访的源头,也是处理信访问题的前沿。涉检信访工作是一件政策性、法律性、公正性要求都很高的工作。化解涉检信访矛盾,实现案结事了、息诉服判罢访,是一项十分复杂艰巨的任务,需要十二分的耐心和努力。对待信访者,关键在疏不在堵。根据涉检信访的实际情况,本书提出如下化解方法。

(一) 在接待过程中体现真情

畅通信访诉求表达渠道,提高息诉罢访的效果。社会主义的本质和共产党员的宗旨意识决定了信访工作就是每天都要倾听、疏导、化解、消融这些社会矛盾。信访者往往都是弱者,信访工作其实就是在做人的工作,检察人员在接访工作中贯彻"相信群众、依靠群众、为了群众"的理念,首先按照"上访有理推定"的理念和"换位思考"的态度,热情接待,真心、耐心、细心、诚心地倾听其诉求,吸收信访群众在诉讼中产生的不满,始终做到不急不躁、热情和蔼,使上访人员的消极情绪得到释放和宣泄。重复上访人群中,有35%是心理问题引起的。一些老上访户遭受过不同程度的不公正,在长期的上访过程中遇到过很多坎坷,对社会产生了不满,情绪往往比较激动,看到的社会阴暗面比较多,存在着不同程度的心理症结,他们表现出来的抑郁、痛苦、不满都很正常。有的信访人员合理诉求与不合理诉求相交织、刑事诉求与民事诉求相交织,客观上增加了说理释法息诉罢访的难度。检察人员耐心倾听不单为了解信访者意图,掌握其心理活动和变化规律,倾听更是一个主动引导、积极思考并且拉近信访者距离与信访者形成感情互动的过程。倾听的方式和质量决定着沟通的效果,耐心地倾听、设身处地地帮助信访人分析情况会让信访人觉得自己受到了重视,使信访人员有找到了倾诉者的感觉。接访人员通过倾听找到了问题的焦点、诱发因素,心理障碍和危机,从法律角度考虑信访人员反映问题的目的、动机和下一步的打算,其诉求的合理性合法性,寻找息诉罢访的突破口，从息诉的角度考虑如何让信访人从思维式的台阶上走下来，从死理中解脱出来，从牛角尖中解脱出来，让信访群众在情感上接受检察机关，在解决问题上相信检察机关，在息诉罢访上配合检察机关。接访人员应当按照"处理实际问题与思想疏导、法制宣传教育相结合的原则"，检察人员把信访群众当家人，把信访信件当家信，把信访事件当家事，用群众听得懂的语言解释专业的法言法语、给信访人讲通道理，缓解信访人心理困惑、减少焦虑抑郁。同时，检察人员用群众信得过的方式处理问题，引导他们用良好的心态来面对压力、处理问题、适应生活，达到"息事宁人"的效果。检察机关应当把"服务群众，维护群众合法权益"作为涉检信访的出发点和落脚点，修复信访人对司法公正产生的偏见。按照政治、法律和社会效果相统一的原则，既解决矛盾维护群众正当利益，又坚持依法办事提升检察机关的执法公信力，逐渐地摸索出服务群众工作和法律监督工作的最佳结合点。

(二) 建立健全信访管理机制

有些涉检信访问题十分复杂，一个来访者反映多个问题，或者涉及多个部门，有的属于法律管辖，有的属于政纪约束，有的需要其他部门协调，应当建立多元化的调处机制。一方面，建立领导责任制，检察长亲自接待，便于协调检察机关民行、侦监等各个部门，便于了解情况，集中力量解决群众反映的问题，减少工作环节，完善内部协作机制，加强检察机关内部职能部门的协作，尽早化解矛盾，增强来访群众的信任感。另一方面，对有可能引发群体性事件的信访情况进行摸底排查。人心稳定与否，是社会稳定与否的一个重要标志。社会矛盾萌芽时，只是存在矛盾冲突的可能性，这种可能性在平时生活中可能并不十分明显，但经过长期发酵，可能性达到一个特殊的燃点，加上一定行为或事件的引导，就会转化为一种明显的矛盾冲突。对可能引起更大范围内群众上访的问题，及时梳理，按照问题的性质分级处理，通过进一步健全信访工作标准管理体系，逐步建立规范化多元化的涉检信访工作流程，开辟和提供多种渠道来排泄不满情绪，化解各种隐性、显性的矛盾，以及时、有序、高效的信访工作，疏导尚未积累起来的矛盾冲突。

(三) 在案件办理过程中注重效率

检察机关参与社会治理的方式并不多，重点关注的都是刑事问题，而其中疑难复杂的刑事案件,部分地转化为涉检信访工作。检察机关通过化解这些信访矛盾,维护社会和谐稳定,维护检察机关的权威和公信力。效率低下是对司法公正的最大的冲击。案件办理时间越长,越容易产生新的矛盾。所谓"迟来的正义是非正义",正说明了这一道理。因此在强化法律监督能力的过程中,着力解决效率不高的问题。在办理信访案件时在保证公正的前提下,更加注重效率优先原则,依法及时地处理群众反映的问题,在尽可能短的时间内为信访群众提供法律援助,采取得力的亲民利民措施及时解决信访人实际困难,着力提高信访群众的满意度。

(四) 规范信访答复

控申部门对于信访诉求,应当做到件件有着落,事事有回音,切实为信访群众排忧解难。信访人员对事实和法律的误解是导致信访的一个方面,在接待信访人员过程中,耐心为当事人释疑解惑,化解当事人因对法律不理解或错误理解而引发的涉法涉诉信访案件。通过向当事人讲解法律法规,引导当事人从思想上端正态度,从法律上正视问题。而案件质量存在瑕疵,也是导致涉检信访的另一个方面。案件质量是检察机关办案的基本生命线,涉检信访案件是对检察机关的办案质量提出了质疑,这就要求检察机关必须从源头上减少信访的发生,建立起规范的依法执法运行机制。

因此应当建立案件质量考评体系,案件质量监督机制和责任倒查、责任追究制度,严把事实关、证据关、程序关、法律关,确保案件质量,把因为案件瑕疵而导致的涉检信访纳入案件质量的考评范围,强化办案人员从源头上防止涉检信访发生的责任意识,提高司法公信力,最大限度地减少涉检信访案件的发生。

(五) 延伸救济帮扶解民忧

经济救助时处理涉检信访的善后措施,体现的是人性化检察工作。信访者可能确实遇到了一些不公平的待遇,对其家庭、就业、收入产生了一定影响,经济上的困顿也促使其走上了信访之路。在运用综合手段化解社会矛盾纠纷的同时,应当更加注重特殊涉检信访人实际生活困难的救助。很多信访积案与民生密切相关,有的涉检信访人生活有特殊困难,有的精神受到严重创伤,成为了社会弱势群体,但是因为事实不清证据不足而无法通过法律途径获得赔偿。被害人救济制度就是对这些被害人的法度之外情理之中的诉求予以适当解决，与刑事赔偿制度不同，被害人救济制度属于案外救济。现行《刑事诉讼法》对被害人的权利保护并不充分。虽然刑诉法赋予了被害人当事人以法律地位，但在权利体系上并未给予充分设计，制度设计上主要是通过刑事附带民事诉讼实施保护，但这一保护手段作用较为有限，能够提起赔偿的范围有限，而且刑事附带民事诉讼赔偿的裁判做出以后，又常常因为加害人的赔偿能力的限制，使得受害人的损失得不到充足的赔偿。在犯罪嫌疑人未被追究刑事责任、被害人未得到任何补偿以及证人遭到打击报复的情况下，一旦自身生存状况恶化而得不到帮助，被害人、证人就会产生二次被害，就会对司法机关产生失望和不信任心理，走上上访之路，甚至对犯罪嫌疑人进行报复，产生新的不稳定因素。因此建立被害人救助制度，帮助遭受重创的被害人及家庭走出刑事案件带来的困境，这也是人本主义法律观的重要实践，是司法人性化的重要体现。

被害人救济制度应当包括如下内容：首先明确救助前提条件，必须是司法机关合作的并且自身没有严重故意过错的被害人或者证人；其次，严格界定范围，被救助的对象限定为案件未侦破，犯罪嫌疑人或者被告未缉拿归案或者因为证据不足被作撤案、不捕、存疑不诉，或虽然被告人受到了刑事追究，但是没有民事赔偿能力而遭受严重生活困难的刑事案件被害人、被打击报复的举报人、证人以及特殊条件下的长期信访人员。检察机关应当尽量用法律手段为被害人争取经济赔偿，对于主动赔偿判决前执行完毕的被告人，应当相应地提出酌情从轻处罚的量刑建议，鼓励被告人主动地向被害人承担起赔偿责任。再次，明确经济援助的适用原则，经济援助具有补充性、有限性、有效性的性质，刑事案件的加害人没有经济能力，无法赔偿到位，并且被害人也无法从其他社会渠道，比如社会保险或单位救济中获得救助；救助属于扶危救困的性质，不是一种社会福利，只是帮助其解决紧急生活困难，不能成为其生活来源；经济救助实行救助与说理并重，解决实际困难和思想工作并重，把物质救助和精神安抚相结合，通过救助实现息诉罢访。最后确定救济方式，救济应当包括经济救济、解决生活困难、实施社会化救助、提供长期帮助等救济措施。

涉检信访是一个极其复杂的问题，也是一项内容极为庞杂的治理工程。涉及许多部门和利益相关者之间的博弈和平衡；涉检信访的解决，涉及司法公正与效率、社会矛盾解决机制、诉讼成本等多种因素,这都是不容回避的事实。检察机关是一个责任部门,在一个利益多元化和价值观念多元化的社会里,上述办法的提出和完善对于化解涉检信访矛盾、维护稳定,应当是有积极意义的。

第十章　区县法律公共服务实证调研

第一节　宁海县公共法律服务状况

随着我国法治建设进程向纵深推进，中小城市群众的法律意识和维权意识不断增强，近年来中小城市的法律服务市场也取得了一定发展，法律服务队伍活跃在参政议政、服务经济社会发展、帮扶企业转型升级、维护群众合法权益、保障社会和谐稳定等领域。但在肯定发展的同时，我们也需要清醒地认识到，制约法律服务市场发展的因素仍存在，法律服务人才队伍的建设和培养，法律服务市场的完善与健全，我们仍有很长一段路要走。本节主要以宁海县2013—2015年法律服务市场发展状况为样本，分析研究中小城市法律服务市场的发展现状以及存在的问题，并积极开展路径探索，旨在为中小城市运用法律服务市场进行社会治理提供建议。

一　现状分析：瓶颈与困惑

目前，宁海县法律服务行业中，共有律师事务所7家，其中合伙所6家（2家为分所），个人所1家，执业律师58人；共有基层法律服务所4家，基层法律工作者54人。

（一）队伍情况

1. 年龄结构——"半路逃离"：留不住的新生力量

宁海县112名法律工作者中，35周岁以下的61人，36—45周岁的29人，46—55周岁的16人，56周岁以上6人，法律工作者的年龄结构呈现"金字塔"形。从表面上看，宁海的法律工作者队伍新生力量多，发展潜力大、后劲足，但值得注意的是，这部分新生力量因业务开拓、发展机遇、工资薪酬等问题在其职业"攻艰期"容易"逃离"法律服务行业，把目光更多地投向公务员等较为稳定的职业,从而导致后备力量的流失。2010年以来,共有42名法律工作者进入公务员队伍或流向其他行业。

2. 文化程度——层次集中:高学历人才欠缺

宁海县112名法律工作者中,高中学历1人,大学专科学历3人,大学本科学历104人,硕研及以上学历4人。人员主要集中在大学本科学历,占到92.86%,其中34.62%是通过电大等在职教育取得的。就目前人才层次结构来说,硕研及以上学历人员相对偏少。

3. 性别比例——男生VS女生:逐步拉近的性别差

2013—2015年宁海县法律工作者的性别比例较大,男女比例基本上维持在3∶1以上,这与当前失衡的在校大学生男女比例不无关系。

4. 专业情况——专业单一:复合型人才稀缺

目前宁海县法律服务行业的从业人员基本上都有法律相关专业学习背景,该人员比例占到98%。但是,他们大多数知识结构比较单一,经济、外语、科技等方面的复合型人才很少。

(二) 业务开展

1. 业务量——广阔的业务拓展空间:传统领域仍大有作为

2013—2015年宁海律师在刑事诉讼中的参与率在20%以下,除去由其他地区的律师进行辩护的案件,说明仍有相当一部分的刑事案件没有律师参与;民商事诉讼的参与率相对刑事诉讼较高,但2013—2015年平均维持在34.7%;行政诉讼案件相对较少,平均参与率在34%左右;劳动争议仲裁案件的参与率分别为27%、11%、16%,参与率较低;总体来说,这些传统领域的业务拓展空间还很大,法律工作者在这些领域仍大有可为。

2. 业务收入——律师界的"二八定律":谁动了我的案源

(1) 总体情况。2010—2015年,宁海县法律服务业的业务收入虽连续五年呈递增趋势,但是同比增长幅度不断下降且降幅明显,2015年虽有所回升,其中缘由与2014年新引进一家律师事务所不无关系。法律服务业在第三产业这块蛋糕中所占的比例经过五年的起伏变化,2015年又回到2010年的0.12%的占比。

(2) 构成情况。以宁海县律师事务所为例,2013—2015年宁海县律师事务所的诉讼业务收入占70%以上,而仲裁及其他收入少到几乎可以忽略不计。以宁海6家律师事务所2013—2015年诉讼与非诉讼业务收入情况为例,诉讼业务收入在业务总收入中占绝对比例,D律师事务所2013年诉讼业务收入与非诉讼业务收入比甚至达到6.82∶1,更值得注意的是法律顾问费占到非诉讼业务收入的90%以上。2015年这个比例达到95%,有些律师事务所除担任法律顾问外无其他非诉讼业务收入,而美国律师诉讼业务收入与非诉讼业务收入比为1∶5[①]。这也进一步说明了作为法律服务业主力军的律师业,服务项目比较单一,仍然"徘徊"在诉讼业务领域,开拓非诉业务能力还有待提高。

(3)分层情况。以2015年业务收入情况为例,在律师事务所中根据职务类型来看合伙人与其他律师的人均业务收入比为3.4∶1。根据年龄段来看,36—45周岁的律师人均业务收入是35周岁以下的6.7倍,46—55周岁是35周岁以下的7.5倍,56周岁以上是35周岁以下的6.5倍;根据性别来看,男女人均业务收入比为1.6∶1,男女人均业务收入差距较大。基层法律服务所中,从职务类型、年龄段及性别来看,人均业务收入差距也较大。目前法律工作者中担任合伙人的女性共6人,占合伙人总数的16.7%,业务收入处于30万元以上的仅2人。业务收入分配制度、职业经验积累程度以及职业女性面临的"玻璃天花板"等因素,都在一定程度上导致了法律工作者内部不同层级间业务量以及业务收入等方面的差异。

3. 行业环境——律所VS基层所:谁动了谁的奶酪

一般情况下,律师在专业素质和业务领域方面相较于基层法律工作者应该更占优势,但从表8可以看出,在人数、规模甚至部分业务领域方面,宁海的基层法律服务所似乎更具竞争力。

表8 宁海律所与基层法律服务所的规模

分类	律师事务所							基层法律服务所			
	A所	B所	C所	D所	E所	F所	G所	H所	I所	J所	K所
规模	13人	13人	8人	8人	5人	7人	4人	15人	11人	20人	8人

律师事务所与基层法律服务所的民商事诉讼业务量之比最高达到1∶2,在律师事务所未明显"转战"其他业务领域的情况下,这种发展

---

① 《非诉是年轻律师的奶酪》,载 http://www.deheng.com.cn/dhbbs show.asp?id=792 2007-12-14。

态势对一个服务行业来说显然是不健康的。同时，律师事务所与基层法律服务所的仲裁业务量之比更加触目惊心。但从平均业务收入来看，境况出现逆转，以民商事案件的平均业务收入为例，律师事务所基本上维持在 0.9 万元/件的收入水平，而基层法律服务所甚至连其一半都达不到。

（三）业务能力

1. 品牌意识不强。宁海的法律工作者更多的是"万金油"，没有形成自身的"品牌"效应，在业务开展过程中也缺乏为自己打上专业性标签的意识；律师事务所和基层法律服务所当前"主任负责制＋个人单打独斗"的管理运作模式，使之无法形成核心的专业团队。

2. 竞争机制不优。当前，宁海的法律服务市场出现同质化现象，即各律师事务所与基层法律服务所提供的法律服务，在内容、品质、技术含量等方面一样或者差别较小，从而以残酷的"价格战"来抢占市场份额，没有形成"人无我有、人有我优"的差异化竞争机制。

3. 高端服务欠缺。宁海法律工作者对高端产业的供应力明显不足，以知识产权诉讼代理为例，2013—2015 年，宁波市中级人民法院审理的涉及宁海企业或个人的知识产权案件共 127 件，聘请委托诉讼代理人的有 46 件，其中由宁海律师代理的仅为 6 件，87% 的案件是由宁波或其他地区的法律工作者代理。

4. 业务类型单一。从业务收入情况来看，如图 5 所示，宁海法律工作者的业务类型主要为诉讼业务、非诉讼业务、仲裁三块业务，其中又以诉讼业务为主；从业务量上来看，民商事诉讼业务占绝对优势，在 87%—90% 之间，而且比例没有下降的趋势。

5. 前置服务薄弱。法律服务作为一种生产力，最大的价值应在于防范和控制法律风险。宁海的法律工作者主要还停留在提供应对和化解法律风险服务的后置服务上，在政府依法行政、重大项目建设、企业改制并购重组等方面提供法律风险防范系列产品严重不足。

二 公共法律服务体系的发展契机

（一）供需关系：法律需求 VS 服务产品

1. 经济建设方面

（1）企业法律服务。企业在设立和运行过程中，由于内部管理、经营行为以及社会环境等因素容易引发法律风险,法律工作者作为"风险管理专家"对企业开展全面的"法律体检",帮助企业在运营的每一个环境都建立起相对固定的法律风险防范机制,提升企业应对法律风险的能力,防范和化解企业经营风险,同时围绕实施"走出去"战略,为企业开拓国际市场提供法律服务和支持。目前宁海县共有规上企业 495 家,在宁波市各县市区中排名第六。① 2013—2015 年法律工作者担任规上企业法律顾问分别仅占规上企业总数的 12%、15%、15%。

(2) 知识产权领域。2013—2015 年,宁海县专利申请量共计 10029 件,授权量共计 8029 件,年均增长率分别达到 14.8% 和 24%;② 宁海县目前共有注册商标 6910 件,驰名商标 3 件,省著名商标 37 件,市知名商标 96 件,仅 2015 年新增注册商标就达 1012 件,其中省著名商标 4 件,市知名商标 6 件。③ 宁海企业目前处于知识产权海关保护备案有效状态的有 9 家企业的 54 个知识产权。④《律师事务所从事商标代理业务管理办法》《专利代理管理办法》等相关法律、法规都明确规定律师可从事商标、专利代理业务,但从当前的实际情况来看,宁海的律师还并未涉足商标、专利法律服务市场这块待开垦的"处女地"。

(3) 金融证券领域。金融市场改革加快建设多层级资本市场,一些新的市场模块,如新三板、场外交易市场等也获得了迅速发展,越来越多的中小企业欲上新三板,这给区域资本市场当地的律师带来了更多的机会开展 IPO 业务,目前,宁海共有 10 家企业有意向上新三板。另外,个人理财意识的提升也带来了旺盛的金融消费需求。

2. 法治建设方面

(1) 相关职业人数对比。在"全面推进依法治国"的时代背景下,法律服务将越来越成为人们生活中不可或缺的日常消费品。相较于近几年

---

① 数据来源:浙江省知识产权局,http://www.zjpat.gov.cn/,2016 年 11 月 23 日。
② 数据来源:宁海科技网,http://www.nhkj.gov.cn/news-news-id-609-cid-13.html,2016 年 11 月 23 日。
③ 数据来源:宁海县市场监督管理局,http://www.nhscjg.gov.cn/gzdt/3160.htm,2016 年 11 月 23 日。
④ 数据来源:知识产权海关保护系统,http://www.haiguanbeian.com/zscq/search/jsp/vBrandSearchIndex.jsp,2016 年 11 月 23 日。

基层法院、检察院迫切探索"案多人少"问题出路的苦楚,各类诉讼案件的急剧增加对于法律工作者来说却是福音。宁海的律师相对法官人数较少,2013—2015年宁海律师人数占法官总人数的43%—64%。在年龄结构和文化程度上也并未优于法官、检察官。人们更多地选择将纠纷诉诸于法院,说明法律意识的增强,直接促进法律工作者诉讼业务量增加的同时,也能间接提升法律咨询、法律顾问等非诉业务量。而目前宁海县每万人中拥有律师0.9名,远远低于1.6名的全国平均水平,占户籍人口的比重仅为万分之0.9。① 不可否认,在目前供不应求的状况下,人们日益增长的法律需求正是法律服务行业发展的最大契机。

(2)服务政府决策。作为民主法治进步的一支重要力量,法律工作者应以其较强的专业性和广泛的代表性为政府决策积极建言献策,特别是参与政府重大决策、重大项目的社会稳定风险评估,就其合法性、可控性等方面预测法律风险、制定预警措施。目前宁海县共有5名律师和基层法律工作者被聘请组成县政府法律顾问团。2015年宁海县投资重点实事工程144.5亿元,法律工作者在项目法律风险评估、社会稳定风险评估等方面大有作为。在推进职能部门法律顾问建设方面,目前法律工作者被聘请在57家机关事业单位担任政府部门、事业单位法律顾问,提供相关法律服务。

(3)服务社会发展。在推进基层民主法治进程中,法律工作者作为专业人士就加强宅基地审批、村级招投标、征地拆迁、环境治理、股份合作制改革、村规民约的制定修订等一系列涉及农村重大民生问题的法律服务,提高村民权利义务意识方面具有不可替代的作用,特别是近年在全县范围内开展的农村土地承包经营权确权登记颁证工作,法律工作者可依托农村法律顾问制度,发挥专业优势,开展合同审查、提供法律咨询、进行政策宣传、参与纠纷调解等法律服务;在推进社会矛盾纠纷预防解决中,法律工作者在争议解决特别是纠纷防范方面能够发挥重要作用,如近几年教育机构责任纠纷、医疗损害责任纠纷等案件多发,② 但实际情况是,全

---

① 2015年宁海县户籍人口为627794人。
② 教育机构责任纠纷、医疗损害责任纠纷部分数据:2013年启动诉讼的7件,人民调解的29件;2014年启动诉讼的4件,人民调解的41件;2015年启动诉讼的0件,人民调解的38件。

县教育、医疗机构中聘请法律顾问的仅2家,在这块市场法律工作者发挥空间很大。

(二)"政策红包":加大扶持力度

2013年以来,宁海县出台了《关于进一步加强和改进律师工作的实施意见》《宁海县引进与培养律师人才专项资金使用管理办法》等一系列惠及律师业的政策性文件,加大了对律师行业发展的扶持力度。

1. 资金保障方面

(1)经费保障。主要是为律师从事公益活动和担任政府法律顾问提供相应经费。律师从事政府法律顾问和基层法律顾问,并未有相对应的报酬,尤其是在参与化解信访问题、社会矛盾纠纷等问题上,律师需要耗费大量时间精力,却并无法从中获得报酬,因此必须通过一定的补贴才能继续激励律师参与社会矛盾纠纷化解和社会治理。合理确定律师承办法律援助案件的经费补贴标准,使其与律师承办案件成本、律师基本劳务费用相适应,目前,宁海县的法律援助案件经费补贴标准为:民事案件(仲裁案件)2000元/件,群体性案件每增1人另补300元,30000元/件封顶;刑事案件侦查、起诉、审判阶段分别补助800元、1000元、1600元。2013年发放该项补助51万元,2014年发放该项补助95万元,2015年发放该项补助120万元。

(2)财政补助。自2013年宁海县设立了引进与培养律师人才专项资金,用于律师人才引进、律师培养与培养和扶持律师事务所发展,实行专款专用:对新增初次执业与引进律师,从执业获准之日起3年内,每年补助12000元;对律师事务所培养实习律师按每人5000元一次性给予补助;对引进外地律师事务所在宁海设立分所,奖励补助5万元,如为"全国优秀律师事务所"或"省级优秀律师事务所",则奖励补助30万元。2013—2015年共发放专项资金207000元。

2. 培养使用方面

(1)业务培训。宁海县已经将律师人才的培养纳入全县人才建设总体规划中,并且将之列入转型时期的重点领域急需的紧缺人才目录,提供了保障政策。实施律师人才工程,建立律师人才培养使用长效机制,开展专项培训,目标在于建设一支精通法律、经济与外语,具有较强国际视野的高端律师队伍。围绕这一目标,2015年以来宁海全县律师开展了人力资源法律服务新业务、法律尽职调查等各类专题培训6次。

（2）参政议政。通过建立律师参与信访接待、领导接访随行、参与政府重大工程项目建设和重大政策的法律风险评估、为人大代表和政协委员提供法律咨询等制度，提升律师对国家事务和社会公共事务的参与度。支持有政治进步需求的律师，推荐优秀律师参选党代会代表、人大代表和政协委员，目前全县共有2名律师担任政协委员。

3. 执业权益方面

（1）建设良好执业环境。首先注重严格落实律师执业权利的相关法律法规，如刑法、刑诉法、律师法等对律师权利的相关规定，创设各种条件保障律师行使上述法定权利。同时注意建立律师与其他司法人员之间的良性互动机制，严格规范律师与司法人员关系。严格监管法律服务市场，依法查处各类非法提供法律服务业务行为，打击各种违法执业活动，净化法律服务市场。

（2）执业保障。目前主要是严格检查律师事务所劳动用工关系，社会保险缴纳情况，并通过建立律师执业责任保险制度，以分担其因专业工作上的失误造成的涉讼赔款风险，减轻执业风险。目前全县7家律师事务所均已投保律师职业责任险。

（三）"互联网+"时代：迎来待激活的"长尾"市场

"互联网+"时代带来的全国"13亿手机用户+6.5亿网民"的庞大用户群，为法律服务业提供了广阔的发展空间，被抑制的巨大的"长尾"市场亟待激活。

1. 开辟案源渠道

互联网打破了"以人脉资源获取案源"的传统方式，通过搜索引擎，迅速在客户和法律工作者之间建立连接，瞬间实现需求信息和供给信息的匹配。同时，通过互联网上记录的有效法律服务和过往客户点评，将快速积累起来的口碑形成客户认同，深挖潜在客户，从而转化为稳定的案源。

2. 打破空间限制

互联网为法律服务市场的无边界提供了可能性，这种无边界在现实中表现为：一是法律工作者之间的合作，甚至是执业机构之间的专业化分工和大规模协作。二是跨地区的法律工作者和客户之间的合作。这种资源整合下的分工合作，实现了精细化分工和提高服务水平之间的良性循环。

3. 保障服务过程

互联网化的办公用具能够使法律工作者和客户之间建立起有效的沟通机制,法律工作者通过实时分享在工作中产生的每一个成果,向客户展示服务进度,让客户全程感知其所提供的价值相当的法律服务,避免了客户在承担不利法律后果后,对法律工作者产生信任危机甚至引发不必要的矛盾。

三 公共法律服务体系的建设路径

(一) 创新服务产品,进军非诉蓝海市场

[韩] W. 钱·金和 [美] 勒妮·莫博涅在《蓝海战略》中提出"蓝海战略激励企业去冲破充满血腥竞争的红海,开创无人争抢的市场空间,把竞争甩在脑后。蓝海战略不去瓜分现有的且常常是萎缩的需求,也不把竞争对手立为标杆,而是去扩大需求,摆脱竞争。"① 目前,非诉讼服务的"蓝海"已被开辟,那么,如何跟随"哥伦布"发现新大陆,抢占先机?

1. 以业务能力为基础。律师事务所、基层法律服务所以及法律工作者的业务能力,就是法律服务产品的生产能力,其所推出的法律服务产品的质量直接体现了法律工作者或者团队的能力水平。法律工作者生产法律服务产品的能力最直观的体现就是在法律法规与法律服务之间自由穿梭的能力。在传统的业务领域中,法律工作者走的是"根据具体案情、锁定法律依据、进行法律推理、提出法律主张"的流程,而在当前的法律市场环境下,法律产品的生产流程为"解读法律法规、提炼法律要素、设计法律产品",不难看出,非诉领域服务产品的设计对法律工作者解读和转化法律法规的能力提出了更高的要求。

2. 以市场需求为导向。无法满足市场需求的法律服务产品,就如无源之水、无本之木。设计法律服务产品,主要是要找到法律服务与市场需求的结合点。随着市场经济的发展,市场经济主体对法律服务的需求也越来越具有综合性,法律工作者必须具有在经营管理、劳动人事、安全生

---

① 李金升:《律师业的蓝海在哪里?——读金和莫博涅的〈蓝海战略〉》,《律师文摘》2012 年第 5 期。

产、环境保护以及改制重组、融资上市等多个方面提供全方位服务的综合能力，包括事前的风险防范和事后的迅速救济。法律工作者应该通过提高自身的专业化水平、综合性能力，以"套餐组合"或者"私人定制"的形式，增加法律服务的附加值，尽可能全面、系统地满足市场经济主体多元化、多样性的法律需求，甚至是一条龙式的服务。如广东省中山市法律服务市场推出的《法律服务产品目录》，政府、企业或者个人可以按需"点菜"，购买并享受有针对性的法律服务，切合市场需求。目前，宁海县人力社保局正在探索推广的"用工管理内审"服务外包项目，法律工作者应抓住机会推出相应法律服务产品。

3. 以品牌打造为目标。法律产品作为服务类商品，具有的同步生产与消费的特征，致使其无法通过免费体验、尝试消费等方式获得消费者对产品的信心和认可，即使可行，服务对象的感知也有差异。在当前仍以传统业务为主的宁海法律服务市场，想要在同质化市场中凸显竞争优势，独特的、体现律所或服务律师个性的服务，才能引起客户兴趣，促进客户消费，从而实现法律服务产品的价值。通过一系列的特色服务实现服务创新，形成法律服务品牌。这种品牌效应为客户选择服务提供了可靠的依据和有利的指向，并将其他竞争对手扼杀在萌芽状态，对开拓法律服务市场和节约营销成本都大有裨益。

（二）健全诚信体系，营造良好行业氛围

诚信是个人生存、行业发展和社会进步的基石，作为服务行业，诚信更是律师事务所、基层法律服务所和每个法律工作者业务开展的生命线。

1. 建立"诚信档案"。司法行政机关或律师行业协会应及时收集律师事务所、基层法律服务所和法律工作者基本情况、荣誉记录和不良信用记录等信息内容并建立"诚信档案"，实行"一所一档""一人一档"，规范法律服务市场秩序。

2. 强化监督机制。逐步建立完善全方位、多层次的监督机制：发放"办案监督表"，由当事人对法律工作者的工作表现进行评定；开展案卷质量评查，由司法行政机关和行业协会依据案卷质量评查标准定期对法律工作者进行打分；建立健全行业行风监督员制度，实现社会各界对法律工作者的外部监督。

3. 健全信息披露。依托"浙江省律师综合管理平台"和司法行政网，将行业信用信息公开披露，所有法律工作者的执业机构和法律工作者的信用信息实现网络公开查询，为法律工作者的执业行为戴上"紧箍咒"。

4. 严格退出准入。对实习人员的品行表现、诚信情况、敬业精神等进行重点审查，把好法律工作者入口关；对违反法律规定，具有吊销执业证书情形的法律工作者和法律工作者执业机构，一律清理出行业队伍，净化队伍。

（三）参与社会公益，提升社会影响力

法律服务不只是一种私益物品，它的公共属性已成为国际共识。如在传统律师模式中，律师被看作是一种长袍贵族，他们具有独立的尊严地位。他们给予无知识的人以法律劝告，不是为了赚钱，而是作为一种公共捐赠。[①] 我国在《律师执业行为规范》中也明确"倡导律师关注、支持、积极参加社会公益事业"。法律工作者进行社会公益服务不仅强化了法律工作者的社会责任感，而且也有益于法律界，同时提高了整个行业的公共形象。

1. 提供法律援助。法律援助是一种直接由政府负担的、免费的法律服务项目，它对于法律工作者来说，不仅是一种社会责任，更是一种法定义务。法律工作者应该根据国家规定履行法律援助义务，通过维护受援人的合法利益，实现对公平正义的自觉追求，从而获得职业荣誉感，体现自身价值。2013 年受理法律援助案件 1263 起，受援人数 1268 人，挽回经济损失 1046.194 万元；2014 年，受理法律援助案件 2427 起，涉及人数 2427 人，挽回经济损失 1803 万元；2015 年，受理法律援助案件 1574 起，涉及人数 1574 人，挽回经济损失 2770.15 万元。

2. 进行法制宣传。法律工作者依托"法律六进""六五普法"等活动，联合法院、司法行政机关、乡镇（街道）等单位开展免费法律咨询、法制讲座，配合政府相关部门开展政策宣传的同时，引导群众学法、懂法、守法、用法，让群众近距离接触、感受、肯定、信任、依赖法律服务，改变群众的传统观念和日常生活行为，进一步营造良好的法治氛围，也有助于拓展法律工作者的业务来源。

---

① 朱景文：《关于法律职业发展中的几个问题——一种比较法的观点》，《司法改革报告：法律职业共同体研究》，法律出版社 2003 年版。

3. 开展专项调研。法律工作者依据自身专业领域和积累的实务经验开展调研工作，不只是为实现自身理论水平和实际能力的升华，也不只是为获得职称晋升的机会，更重要的是这是一项有益于法律界和社会大众的公益服务。作为站在法律最前线的专业人士，法律工作者应通过发表调研文章或学术论文、开展案例分析以及组织参与专题、专业研讨会等形式，向大众提供有关法定权利的教育，倡导完善法律和法治体系，促进立法，推动改革。

（四）改革运行机制，提升团队运作效率

法律工作者依托律所或者基层所这个市场主体为社会提供法律服务，律所或基层所的运行管理机制直接影响着法律工作者的职业发展和能力施展。目前宁海县的律所或基层所基本上为合伙所，采用提成制的管理模式，存在着对新人缺乏必要的扶持政策、未形成规范的团队协作体系、实行"吃光分光"分配机制等合伙不合心的现象。针对这种情况，改革运行机制，提高运行效率势在必行。

1. 规范化管理。律所和基层所作为一个盈利性的市场主体，和企业一样，需要进行管理和经营以维持其良好的运作。律所和基层所的经营管理涉及内部决策、人员管理、风险控制、收益分配、后勤保障等各方面，实现规范化管理，必定需要根据律所和基层所的实际情况制定相应的内部配套管理制度并严格落实，从而促进律所和基层所的健康发展，提高法律工作者的服务能力和整体实力，为树立良好品牌形象打下基础。

2. 团队化运作。律所和基层所在法律服务市场的核心竞争力是业务能力，打造一流的专业化团队是品质的保证、竞争的关键。目前法律服务市场的专业化、规模化、精细化趋向以及服务对象的综合性需求，导致开展某项法律业务需要花费相当多的时间与精力，并非如传统业务能凭一人之力可以完成。通过团队的建立，实现资源整合，可以进行流水化作业，团队内部发挥个体专业优势互补，更能保证服务的专业和精细程度。

3. 可持续性发展。主要包括人才的可持续发展和经济的可持续发展。在人才可持续发展方面，法律工作者的法律知识、专业技能、业务开展是维系律所和基层所存在和发展的养分，除了对新进人员提供在经济、职业发展等方面必要的扶持，也要建立相应的培养机制，强化对法律工作者的知识更新，以防出现透支知识储备现象；在经济的可持续发展方面，主要体现在分配制度上，律所和基层所应根据相应的管理模式选择合适的分配机制，既要有利于充分发挥法律工作者的工作积极性，也要有利于整个律所或基层所的顺利运作，更要考虑到后续发展，有必要提取一部分收益用于律所或基层所的发展基金。

第二节 "互联网+"公共法律服务体系建设

站在"互联网+"的风口，猪也能飞起来。"互联网+"时代的来临，让政府治理结构扁平化成为一种可能，让政府行为以人为本成为一种必须，让公共服务免费成为一种潮流。而公共法律服务体系正是由政府主导、司法行政机关统筹，为公民和有关社会组织提供免费法律服务的体系。在当前全国上下越来越重视公共法律服务体系建设的背景下，用"互联网+"思维推进公共法律服务体系建设势在必行。特别在"互联网+"催化下，从技术、理念等多方面为打造公共法律服务体系建设的"宁海样本"奠定基础。

一 "互联网+"公共法律服务体系建设的重要性

首先是适应发展新常态的要求。新常态下的公共法律服务更注重效率效益。从经济学角度而言，即以最少投入有最大产出，把更为优质的法律服务送给真正有需要的人。而"互联网+"作为一种技术方式的革新、思维方式的转变，正是实现这种效率效益的最佳途径。

其次是回应时代的新要求。"互联网+"时代的全面开启，提供了一个民众直接接触法律的有效渠道，尤其是各种法律数据库，让民众获取信息与知识更为便捷、更加迅速，有效解决法律服务资源不均和碎片化问题。但同时，这也要求更加健全的公共法律数据库，改变以往法律数据库分散化的问题，通过互联网提供更多个性化、精准化的服务。

最后是顺应人民新期待。经济社会的发展，带来了民主和法治意识的提升，人们越发习惯于从法律角度出发维护自己的权益，也越发想要从经济发展和改革开放中有更多获得感，并且希望自己的获得能够有法律的保障，这就产生了一个人民群众日益增长的法律服务需求与地方公共法律服务之间的不协调问题，目前宁海县就存在这一问题，而通过借助互联网技术,将在一定程度上缓解资源供给与需求之间的矛盾。

二 "互联网+"公共法律服务体系建设的挑战与机遇

浙江省对公共法律服务体系的探索和实践始于2008年,近十年的努力,已经基本上形成一个能够在城乡较大覆盖的公共法律服务体系,但目前在"互联网+"的冲击下,公共法律服务体系建设挑战与机遇并存。

从机遇上看,"互联网+"公共法律服务体系建设能够突破时间、地域和人员的限制。一般性法律服务,如法律援助、人民调解、公正、司法鉴定等都能够通过互联网方式获得帮助,较之于以往需要付出较高交易成本——需要寻找专业人员帮助、投诉无门、多次咨询耗费大量时间精力等情况相比,互联网确实在很大程度上解决了上述问题。互联网的发展,为公共法律服务提供了更为广阔的空间,架起了全体公民与法律之间的"桥"。公共法律服务体系建设的平台,不再仅仅满足于为老百姓提供"综合性、窗口化、一站式"的直接服务;公共法律服务产品"上线"获取,将能够在网上实现服务的功能全部上网服务,民众可以不受时间和地域的限制,享受到"足不出户"的法律服务。原有的"5×8"工作模式升级为"7×24"模式,只要遇上法律问题,网络问、微信问、微博问、电话问、现场问等都可以选择,真正做到了"随时随地,想问就问",真正拉近老百姓与公平、正义之间的距离。这是互联网的最大优势,更是当下司法实务所需。

从挑战上看,"互联网+"公共法律服务体系建设也对服务质量、服务效率、服务范围提出了更高的要求。公共法律服务的严肃性和权威性绝不能丢失。在确保公众畅享"互联网+"便利的同时,如何保证工作人员的专业性,在保证供应公共法律服务产品质量的前提下,不论是内容还是形式,都要坚持需求导向,确保公共法律服务产品"有用、有趣、高效"三要素齐备,实现部门导向到用户导向的转变,保证响应速度和服务质量。

三 宁海"互联网+"公共法律服务体系建设的基础与不足

近年来,宁海县法律服务人员队伍不断壮大,现有执业律师50名,实习律师8名,基层法律服务工作者52名,公证人员7名,服务领域涉及经济社会发展和人民群众生活等方方面面;"六五普法"圆满结束,着力构建起"七五"普法格局,普法和依法治理工作持续推进,人民群众的法律意识日益增强,法治思维和法治方式将成为习惯,以知法达人为新起点的社会化普法荣获市司法行政工作创新奖;全县18个乡镇(街道)司法所业务用房和规范化建设已完成;全县人民调解组织441个,行业性专业性人民调解组织7个,全县人民调解员1882名,调解志愿者1875名,网格小组长1837名,矛盾纠纷排查化解力度逐年加大;法律援助制度更加完善,以县法律援助工作站为核心,辐射法院、公安、妇联、团委、残联等多个部门单位,完善30个法律援助工作站建设,村(社区)法律援助工作联络点427个,法律援助"半小时"服务圈基本形成;此外,还拥有法治文化创作人才库(首期成员359名),调解人才专家库(成员24名),中小微企业制度风险法律咨询团(成员93名)等。同时,还与县公安局、法院、检察院等部门保持长效的工作对接和资源共享,具备了构建"互联网+"公共法律服务体系建设的实体基础。2016年上半年,仅窗口服务案件量就达4209件。

而在建设主体、基层和上层、线上和线下实现了三项资源的"互联互通"。从基层的网格、村(社区)法律顾问,再到县级司法行政法律服务中心和政府法律顾问,实现了上通下达,"政务服务网""宁海法治网""信息公开网"等平台的网上信息实现了共享。2017年在省市的统一部署安排下,又建立了线上公共法律服务专网——宁海县公共法律服务网,并在网站上设置了五大板块:"我想咨询""我想查找""我想办理""我想学法""我想参与"等,同时开通开设法律援助、法律服务、志愿者等功能,公民点击专网即可使用,实现"一键享受"所有公共法律服务的目的。这些都为"互联网+"公共法律服务体系建设的推进创造了良好的平台基础。但同时,在宁海县推进"互联网+"公共法律服务体系建设的过程中,仍存在以下不足:

一是平台建设需加强。公共法律服务内容几乎涵盖了司法行政各个业务科室的专业服务,内容多、范围广、周期长,需要各个业务科室的支持与配合。而由于公共法律服务需求、基础、资源、保障等方面不均衡的客观事实,必须有规划抓重点,既尽力而为又量力而行。上线的公共法律服务专网——宁海县公共法律服务网目前还处在一个测试使用的阶段,很多性能还不是特别完善。此外，与之相配套的网下平台例如资金、人才、实体平台等建设还需要进一步推进。

二是服务质量需提升。公共法律服务涉及各个职能科室，除承担原有科室具体管理和协调职能，还需要承担公共法律服务专网平台繁重的工作任务。而且大多数情况下，都是"1+1"工作模式，即1个负责人+1个具体经办人员。在年中、年末、季度等专项检查、考核等阶段，工作任务较重，人员的不足可能会在一定程度上影响服务质量。有些科室会因缺乏对"互联网+"公共法律服务体系的正确认知，抑或是自身惰性、历史惯性等原因，不愿意主动改变机关化的工作作风，存在一些保守的思想观念和不正的工作作风。律师提供线上法律服务的方式很多未能获得报酬，大多数还停留在传统公益服务的层面，无偿服务的积极性与主动性还有待进一步强化。

三是长效机制需完善。人员、资金等工作保障机制缺乏。无专门人员负责专项工作，宁海县主要依托县司法局司法行政法律服务中心开展"互联网+"公共法律服务体系建设的相关工作，工作人员基本通过内部调剂解决，岗位流动性较大，容易造成工作缺乏延续性。截至目前，还未有专项的资金保障"互联网+"公共法律服务体系建设项目，资金的主要来源为中央政法转移支付资金。此外，公共法律服务不能因为免费而"廉价"，在提供服务的同时，还需要着重建立健全与之相配套的监督评价机制。

四是宣传推广需深化。"互联网+"公共法律服务是新生成长的事物，民众的接受度从零开始。不能仅仅局限于移动普法终端宣传，在充分发挥好"宁海普法""宁海司法""宁海法治""宁海微普法"等微博微信的基础上，还需要强化公众的实体宣传。终端宣传和实体宣传有效结合，给民众传递的是完整的法律精神和法律体系，而不是片面性的法律规定，只有整体性地了解和理解法治，才能对法治逐渐产生认同情感，才会支持和选择法律服务。这样公共法律服务才实现线上线下互为补充，实体网络两轮驱动，才可能取得理想的效果。

四 "互联网+"公共法律服务体系建设的建议

一是坚持基础为先。完善的平台载体是"互联网+"公共法律服务体系的先决条件,要加大投入、学习先进、彰显特色地建好平台。要把"宁海县公共法律服务网""宁海法治网官网"等"网上平台"完善好,学习借鉴"如法网"等国内先进法律服务平台的O2O服务模式,实时对接民众法律服务需求,大胆探索搭建网上调解工作室平台,试行开展网上人民调解工作,通过宁海公共法律服务专网分流,充分发挥调解志愿者作用,实现人民调解案件网上受理、分流及快速处理,为老百姓提供更专业的网上咨询、网上申请、网上调解、网上跟踪回访案件等便民利民服务。要把微信、微博、APP等"掌上平台"利用好,将公共法律服务功能移植到智能手机上,为手机客户提供在线公共法律服务,群众可随时通过智能手机获取"全、新、快、准"的公共法律服务信息,申请服务、参与互动、在线对讲。比如在"宁海微普法"微信公众号平台设立"人民调解"专栏,开设"我的说和故事""调解专家名片""调解志愿者注册""我要调解"四大模块,实现优秀调解员介绍、优秀调解案例指导、社会力量参与、调解预约与投诉"一体化"服务。包括加强"12348公共法律服务专线"基础平台建设,完善"12348"专线的接听、受理和落地服务对接功能,为手机用户提供更优质的服务。

二是坚持服务为本。服务产品要更加齐全。定期向社会公布产品目录,公示产品项目的具体服务对象、服务范围、服务条件、服务时间与地址等,不断丰富公共法律服务产品体系,将法律援助咨询、受理、办理服务,"老何说和"专职人民调解室民间纠纷调解服务,商业性法律服务机构名录、收费指导标准、服务流程公示、告知服务等方方面面都纳入到体系中来。服务供给网络要更加完善。在县级层面,进一步加强县司法行政法律服务中心建设,整合司法行政职能,按照"集中受理、分类办理、限时办结"的要求,提供综合性、"一站式"服务。在乡镇(街道)层面,利用已实行窗口式服务的司法所或联调中心,大力推进公共法律服务站建设,借助乡镇(街道)社会服务管理中心,大力推进公共法律服务窗口进驻工作。在村(居)委会层面,在村(居)委会办公地、老年活动中心等其他人口密集场所,设置公共法律服务公告栏,展示公共法律服务产品项目。比如探索建立"家庭法律专家"体系,以地域划分为依据,在全县网格分布下,通过划片,每个区域指派专业的法律服务工作人员,若有法律服务产品等事宜,可以直接通过电话、邮件等形式实现"一对一"服务。质量标准要更加优质。建立健全公共法律服务质量评价机制、监督机制、失信惩戒机制，推行岗位责任制、服务承诺制、首问负责制、限时办结制、服务公开制等服务制度，加强便民利民服务建设，提升公共法律服务质量和水平，努力为人民群众提供优质、高效、便捷的公共法律服务。加大对律师、基层法律服务工作者等法律人员的素质培训，制定"外部激励＋内部约束"的双向机制，将无偿公共法律服务产品提供作为律所、服务所考评、评奖评优等的重要依据，持续调动法律服务人员提供服务积极性、主动性和持久性。

三是坚持改革为要。要完善工作保障机制。主动和各级党委政府沟通对接，宣传"互联网＋"公共法律服务体系建设的特色和作用，争取政策上的支持。建议成立专门的业务科室例如公共法律服务管理科（处）专项负责，全面管理协调"互联网＋"公共法律服务体系建设工作，并聘用专业对口人员专门从事该项工作。同时，进一步落实公共法律服务有关的人民调解、法律援助的经费，积极推动政府购买服务，把平台构建、法律服务等内容交给第三方专业机构运维管理，为"互联网＋"公共法律服务体系建设提供强有力的工作保障。要改革完善当下绩效考评机制和监督机制。不必形成过于简单的指标体系，更不必只是考核行政部门，应当通过主观性指标的设定，多从普通民众满意的角度设定考核监督机制。将"互联网＋"公共法律服务体系建设与民主法治示范村（社区）、平安综治考核等挂钩，要以科学、准确、易量化操作的指标提高"互联网＋"公共法律服务体系建设的积极性和主动性。

四是坚持宣传为重。重视新老媒介宣传，要充分挖掘自身亮点通过广播、APP、微信微博、微电影等传统和现代媒介广泛开展宣传，统一宣传标语和口号，提升公共法律服务体系的社会认知度。强化榜样标杆宣传。"互联网＋"公共法律服务体系建设的推广，可以通过典型案例，寻找基层榜样力量，使老百姓真真切切感受到"互联网＋"公共法律服务体系建设的惠民便利，并通过口口相传的方式使"互联网＋"公共法律服务理念深入人心。

第十一章 地方法治文化的建设

第一节　地方法治文化建设问题

20世纪60年代美国人率先对法治从文化学角度进行研究，随后各国法学家和文化学家对法律文化、法治文化从各个角度、进行了全方位的研究和剖析。我国是在20世纪80年代开始对法律文化、法治文化的研究，并且在学界曾经展开大规模的讨论，对于一些问题至今仍然争论不休，是引起争议、分歧最多和最大的问题。① 仅仅对于法治文化的概念，学者们论述就不下几十种。学者们兴趣盎然的投入，说明法治文化维系的不仅是一个理论问题，更重要的是实践问题。

一　法治的文化分析

法治文化脱胎于文化，词义结构上理解似乎仅仅在文化前面加上两个字，是对于文化概念在限定法治框架内表述。因此法治文化首先是一种文化，美国有位人类学家对161种文化概念进行了分析和归纳，认为这些文化概念都是比较接近的，所差别的仅仅是方法而已。② 比较分析文化概念，无非是广义和狭义之分：词源意义上来看，文化包含的内容是非常丰富的，《辞海》中对文化概念表述为"是人类历史实践中所创造的物质财富和精神财富的总和"，也就是物质文化和精神文化的总和，这是广义上的文化概念。还有一种狭义的观点，认为文化仅仅是指意识和观念，最经

---

① 刘作翔：《从文化概念到法律文化概念》，《法律科学》1998年第2期。
② ［美］克鲁克洪：《文化概念：一个重要概念的回顾》，高佳等译，浙江人民出版社1986年版。

典的论述见诸毛泽东的《新民主主义论》一文中,文中毛泽东指出,"一定的文化是一定社会的政治和经济的反映,又给予伟大影响和作用一定社会的政治和经济;而经济是基础,政治则是经济的集中表现。这是我们对于文化和政治、经济的关系,以及政治和经济的关系的基本观点。"①

胡锦涛同志曾经指出,"法治是人类文明进步的标志。"② 法治文化是建立在民主政治和商品经济基础上的,随着我国法治建设的深入,理论界对法的文化研究日益兴起,提出了一系列的概念,比如法文化、法律文化、司法文化、法制文化、法治文化、法官文化、法庭文化等,其中有对法从文化角度进行分析和研究,也有一些是从部门的角度进行法的文化分析和研究,反映了学术界欣欣向荣的研究形态。现今我国义无反顾地提出法治国家、法治政府和法治社会一体建设,当然需要有与之匹配的法治文化。

所谓法治文化,有学者提出,"是融注在人们心底和行为方式中的法治意识、法治原则、法治精神及其价值追求,是一个国度的法律制度、法律组织、法律设施所具有的文化内涵,是人们在日常生活、工作中涉及的行为方式,是法律语言、法律文化作品和法律文书中所体现的法治内涵及其精神。"③ 从文化的广义角度进行界定和分析,虽然可行,但是显然涉及太广,理论上可以多方论证、多点击破,但是一旦付诸实践,则有些力不从心,狭义上理解可以说不能够说明法治文化的基本内容,仅仅停留在观念和意识层面的法治文化无法诠释观念和意识的培养和提高的依托载体,因此法治文化的定义既不能太广泛,造成实践无能,也不能太狭窄,拘泥于纸上谈兵,官方则多从意识层面论证法治文化。④

本书以为,所谓法治文化,是一个国家选择的治国理念凝练成的制度和民众选择的行为方式上体现的精神。一个国家选择何种治国方式,是受制于其治国理念的,人治方式对应的就是人治理念,而法治理念是法治国

---

① 毛泽东:《新民主主义论》,《毛泽东选集》(第 2 卷),人民出版社 1991 年版。
② 新华社北京 2005 年 9 月 5 日电,胡锦涛在会见代表时说,法治是人类文明进步的重要标志。法治是以和平理性的方式解决社会矛盾的最佳途径。人与人的和睦相处,人与自然的和谐相处,国家与国家的和平共处,都需要法治加以规范和维护。
③ 刘斌:《中国当代法治文化的研究范畴》,《中国政法大学学报》2009 年第 6 期。
④ 《宁波市关于加强社会主义法治文化建设的实施意见》(甬党〔2012〕93 号)。

家和法治社会建设的观念前提，法治国家和法治社会建设必然通过法律制度的完善和实践推进的，也就是说法治理念的培育和提高不仅依靠法律制度的建立，更加需要激活纸上的法律，发挥法律应有的作用，使良法得到有效的实施。需要通过法律制度规范国家和公民的行为，通过法律制度影响国家和公民的行为，从而树立法律信仰。所以法治文化应该包括法律制度和法律意识，是两者有效的结合，通过法律制度培育和提高法律意识，同样法律意识的提高促使法律更加完善。

法治文化与一个民族的历史不可分割，从历史上看我们缺乏法治文化的物质基础和思想根源，当代法治比较发达的国家脱胎于商品经济，商品经济遵循的规则演化成法治原则，我国是一个农业大国，农耕文化形成了家族、血统为主等级森严的人治文化，所以小平同志强调我国是一个缺乏法治传统的国家。法治文化与一个民族生存发展的空间不可分割，区域的位置造就了古希腊、古罗马的居民只有通过对外交流才能够生存和发展，因此相对应的平等观念、交换规则等深入人心，而广袤的土地使我们的祖先即便闭关锁国也有很好的发展历史，法治理念没有在我们国家生根，更不用说开花结果了。

二 地方法治文化建设的差异性问题

任何一个大国都面临各地方区域的地域差别，地方的差异性对于一国法治建设造成一定的困扰，联邦制国家解决这个问题的方式相对简单，而我国是单一制的国家，各地发展极不均衡，就需要有统一的、明确的指导思想和实践措施。

地区法治发展的差异性巨大困扰着整体三十几年四十年法治建设的进程，地方发展差异性的存在显而易见，而且在过去的改革中这种差异性加剧，不仅如此，同一个地区的不同区域差异性也在逐步加大。经济发展程度直接影响人们的观念，目前各地在推进法治建设进程中都有一些既相同又不同的做法，以宁波为例，宁波是一个商贸城市，民营企业发展迅速，民营经济总产值、销售总额、出口创汇额等皆名列前茅，正是市场经济比较发达奠定了法制基础，与此相适应，颁布实施了因地制宜的地方新法规和规章，通过制度的规范促进法律意识的提高，培育了法治理念，同时也通过法律意识的增强，完善制度，带动整体法治水平的提升。比如在民政治建设方面,宁波以基层民主法治建设为主要目标,深化民主法治示范村（社区）的创建活动,鼓励民众积极参与,目前全市已经建立了7个国家级的民主法治示范村（社区）,71个省级民主法治示范村（社区）,148个市级民主法治示范村（社区）,县（市）区级以上民主法治示范村（社区）达标率达到84.6%,这些成绩仅仅是表象,更深层次的是随着这些数据的增加,民众的法治意识的提高和国家机关行为的更加规范化。

中西部地区法治建设的脚步并未停歇,但是与东部经济发达地区有一定的差距。就经济发展而言,我国东部地区的经济发展水平是最高的,中部次之,西部地区则比较落后。那么可以这么认为,我们承认各地经济发展不平衡,是不是也认可各地在法治建设进程的推进中有先后差别、难易差别？如果认可,那么再进一步说,同一个地区内部各点的法治建设目标是不是也应该有差别？还有各地的城乡是否也会有差别？或许有人会认为这种差异性仅仅体现在一定区域,同一区域内部不应该有差异性。但是事实上同一区域内部在法律实践活动中的标准和民众的法律意识方面也是有差异性的。①

以宁波为代表的地方法治建设的成绩,给中央制定整体规划提供了支持,同时也为其他地区乃至中央整体的法治建设提供样本,但是这种榜样只能够圈定在特定区域之内可以实现的目标,因为如果地方的做法需要国家全面的配合,比如国家层面的制度支撑,那么地方法治改革就会面临合宪性问题,为宪法意识的增强带来障碍。"如果能够归纳出中央治理能力存在先天缺陷的领域,那么就能够实现中央和地方权力之间的划界互补。"② 因此必须明确中央和地方定位意识,在保持中央统一的目标的前提下,中央和地方各施其政,形成地方独特的法治发展局面,通过几十年甚至几百年的努力,最终实现整齐划一的全国一体化。针对推进法治建设的进程中各地的差异性仍然存在的状况,因地制宜地提出地方法治建设的目标和方案,量力而行,逐步推进,并且实现同一区域的统一性,比如宁波市范围内各部门、各地区、城乡之间必须步调一致。对于法治比较发达的地区,比如东部地区,可以先行一步,同时通过人才和劳务引进以及人

---

① 一个市级文件往往需要通过层层分解才能落地,可窥一斑。
② 周尚君:《国家治理视角下的地方法治试验》,《法商研究》2013年第1期。

才的定向培养，使这些人员入乡随俗，相对发达地区法治文化的培育，法治意识的渗透，提高这些人的法治意识，通过他们潜移默化影响其他地区法治建设进程。

三 制约地方法治文化建设的主要因素

我国当前法治文化建设是政府推进型的，不可避免地带有政府一厢情愿的色彩，而各地法治化进程又不一致，导致政府在建设法治文化的目标和措施方面有着不同的定位和选择。法治是国家和社会、公民之间的互动，既需要顶层设计，也需要地方创新，关键是一个"度"的问题。法治文化建设是一个连续不断的动态过程，具有历史性、地域性。一种文化的建立和培育是需要时间的，也需要一定的物质基础，更需要破除一些制约因素。

第一，铺天盖地的普法活动收获的是民众对法律文本的理解，忽视了文本内在的精神和原则，导致国家和公众没有形成对法律的信仰，反而助长了法律功利主义泛滥，经常所说的"中国式过马路"便是一例。目前已经进入了第七个"五年普法"时期，通过这么多年艰苦卓绝的努力，整个社会对法律的认识从无知到深刻了解，认识到法律是维权的利器，是维系秩序的良方，了解到法律的作用，但是却在法律对自己不利的时候一些人毫不犹豫地摒弃法律，选择"人情"，普通民众如此，领导干部如此，甚至国家机关也如此，有学者认为这是"法律国家主义"在作祟，是法律工具主义的具体写照，也就是说，"当国家的目标是阶级斗争时，法律就成了阶级斗争、政治斗争的工具，当国家的目标是社会主义经济建设时，法律就成了经济建设的工具，当国家的目标是社会转型时，法律就成了社会转型的工具。"[①]

第二，法治文化建设形式单一，缺乏品牌凝聚力，一般都是通过文艺作品、媒体浅层次的宣传等方式，"热热闹闹、唱唱跳跳"的活动，宣传法律条文，条件允许的地方、政府对宣传方面硬件投入较多的，则开展多样化的宣传，公益性法治文化建设设施和配套项目的安排工作就做得好一

---

① 朱凤义：《转型中国法律实现研究——从国家主义到公民参与》，法律出版社2012年版，第92页。

些，形成一批"拳头产品"，比如法治文化街区、法治文化中心、法治文化广场、法治文化长廊等，也打造了一批法治文艺作品。特别是与公众利益相关的法律一旦颁布实施，政府的宣传力度还是明显较大的，却很少告知所以然，实践中动辄就告诉人们什么事情不能做，否则就要受到什么样的制裁，很少告诉人们为什么这样规定。

第三，公众法律实践活动制度欠缺，导致公众参与热情不足，只通过似是而非的认识判断自己行为、评价他人行为。一个地区的法律实践活动是培育法治意识、构建法治文化最好的载体，人们通过立法、执法、司法活动的切身体会，了解法律规则，预测和规划自己人生的走向，地方立法吸引公众的因素不多，立法机关通过各种方式广泛征求意见、收集更详尽的资料，然而事与愿违，公众置若罔闻，究其原因，在观念上，对于立法的专业性和普适性认识不足，在制度设计方面，缺乏公众对立法直接影响作用的环节，即便征集意见，也是停留在形式上居多。同样在执法和司法层面也上演着类似的剧目，即便现在很多法律中规定了听证制度，让公众可以在听证制度实践中畅所欲言，互相辩论，形成最佳方案，但是这仅仅是理想，现实听证制度的实践状况无情地粉碎了这种梦想，使得听证制度成为鸡肋。

四 推进地方法治文化建设的主要思路

大力发展法治文化，有利于做好依法治理工作，不断提高各领域的法制化水平，最大限度地化解矛盾、实现公平正义、确保地方和谐稳定，有利于推动形成高效透明的公共服务体系的建立、公平有序的市场经济体制的确立、要素资源的最佳配置和公民权益充分保障的制度环境，为地方发展提供强有力的法治保障。

首先，应该明确地方法治文化建设的目标。文化建设有着极强的地方内涵，法治文化建设需要法治理念的培育和法律制度的建立，两者是缺一不可，并且相互作用、相互促进。建设法治文化需要清晰明确的目标，也需要行之有效的基本思路。地方法治文化建设的总体思路应该是将法治文化建设全面融入地方法治建设和经济社会发展大局，打造富有地方特色的法治文化内涵。拓展法治实践活动的方式，完善地方立法工作制度，加强执法监督，推进司法公开。积极探索多种形式开展法治文化活动，努力发挥法治的先导作用，繁荣法治理论和实践研究，形成具有时代特征、地方特色的法治文化。

地方在确立法治文化建设目标的时候，应该把握时代要求，紧密结合地方实际。以浙江为例，历史上浙江就"形成了'义理并重'和'工商皆本'的价值观念与文化传统，这些传统经由永康学派、永嘉学派、金华学派及王阳明和黄宗羲等大家思想的提升，得以凝炼为重商文化。"[①]宁波是一个商贸城市，商贸的历史可以追溯到丝绸之路时期，在开放海上丝绸之路以后更加是我国重要的出海口和商品集散地，据统计，截至2015年底，民营企业数量超过13万多家，贡献了宁波70%以上的利税、80%以上的生产总值和外贸出口、90%以上的新增就业岗位，商贸规则深入人心，平等自由、等价交换、诚实守信等法治理念相较于其他地区，宁波人民更加容易接受，并且付诸实践，中国社科院发布的《法治蓝皮书》显示，近五年来在全国43个较大城市中宁波四度在"政府透明奖"排名中第一，宁波市中级法院在"司法透明度测评"中排名第一，这些成绩充分奠定了宁波法治文化建设的环境基础。因此宁波市在确立法治文化的目标时，应该牢牢紧扣商贸特质，抓住历史和时代的结合点，制定自己特有的目标。

其次，应该更进一步提升法治文化建设水平，力求达到区域内民众公民意识强烈、宪法意识的提高，形成区域内宪政氛围。客观来讲，法治意识与经济发达程度并不一定成正比，两千多年前的欧洲大陆孕育了朴素的法治理念，当时的经济发展程度与今日不可同日而语，当然法治理念随着时代的进步也在逐步丰满，可以说，法治理念化为落地的制度和规则，并且体现法律的实效性，是与经济发展程度相关的，而且科学技术水平的提高为今天的民主法治制度提供了强大的支撑，而法治理念的培育并不完全受到经济发展程度影响，因此，在经济较为发达地区，逐步推进法治文化建设的措施中应该更多地展现政治民主内容，实现"依法治国、依法执政、依法行政一体推进，法治国家、法治政府、法治社会共同建设"的总体要求。特别是在制度治党、规范地方的组织行为方面，以及依法行

---

① 何显明、许新荣：《浙江精神与浙江现象的文化动因》，《浙江省委党校学报》2001年第3期。

政、规范政府行为方面，通过制度建设和规范行为，并且通过有效的参与和监督渠道，动员广大人民置身其中，既能够完善制度，又能够提高法治意识。

建设法治文化需要借助于一定载体，通过搭建平台，构建地方法治文化。完善地方听证制度，充分发挥听证的民意作用，在立法、执法、司法方面融入有效的听证环节，从过去通过听证听取民意为目的，逐步向通过听证程序进行民意决策，或者为决策提供有力的基础，俗话说，道理越辩越明，在各方依照规则进行交锋时，法治理念悄然渗透。建立与地方发展相适应的信息公开制度，通过透明的橱窗，了解权力清单以及权力运作过程，消除隔阂，增进互动，营造法治环境。

再次，发挥导向功能，提高公共权力行使者的法治意识，从而为整体法治意识的提高提供样本、树立榜样。由于历史文化传统的影响，官员一直是普通公民仿效的对象，近几年来，尽管公务员考试热逐步退却，但是其还是人们择业的首选目标，究其原委，官员身份还是人们羡慕和向往的，这种状况随着历史的脚步会逐步改变，但不可否认的是，需要的时间也会很长，为此，不同于其他国家，我国对官员的规范应该更加严格，可以结合我国历史上对官员考核的一些做法，不仅考核官员的政治素质、文化素质，还应该关注官员的道德素质、法律素养。习总书记曾经提出过要优先提拔法治意识强的干部，同样道理，尤其领导干部更应该成为普通公民的榜样，通过丰富多彩的宣传活动宣传法律制度，是需要的，更重要的是将争议、公平、民主、自由、秩序、和谐、安全的诸多价值要素和人文精神融入工作和生活中，使法治成为信仰，成为每一个人的生活方式和行为习惯。

地方应该量力而行进行必要的投入，建立法治宣传阵地，打造法治文化建设的物质基础。通过法治宣传活动，依托各种信息传播技术和信息平台，包括物质平台和非物质平台，从传统平台到现代网络平台等，构建覆盖面广、惠及全民的法治文化服务体系。发挥报纸、广播、电视等大众媒体的独特功能，扩大法治刊物、节目、栏目的作用。同时应该针对地方特色，加强地方法治文化的研究，要把法治文化研究与地方整体发展融合，使法治文化建设作为一项长期性、基础性、强制性的工程，寓于政治、经济、文化、社会等各项事业建设中。"法治教育应以切实提升公民的法治理念为中心目标,将法治内化为公民自愿自觉的行动,培养公民对法律发自内心的尊敬。"①

总之,地方法治文化建设是地方法治建设重要内容,是解决地方问题,提升地方法治化水平重要途径,在中央统一部署下,明确地方与中央的权力界限,处理好整体与局部的关系,加强地方法制建设,培育法治理念,建设地方特色的法治文化。法治无国界,法治文化有特色,地方法治文化建设有着广阔天地。

第二节 城市化进程中法治文化培育

党的十八届三中全会提出了建设"法治中国"的目标。这一目标的实现需要城市法治和农村法治的基础。城市法治目标的实现需要以法治文化为基础。没有法治文化建设,法治城市建设就会成为无源之水、无本之木。宁波市委市政府积极推进"法治宁波"建设工作,"法治宁波"建设不仅是推进国家治理体系和治理能力现代化在地方的生动实践,而且大力弘扬了法治精神。法治文化是与人治文化相对应的一种人类文明进步的文化形态。一个法治国家乃至法治社会的型塑,依托于全民法治思想和法治精神。依赖于全体公民厚重的法治思想和牢靠的法治精神。法治文化是法治之魂、法治之脉,缺失法治文化的法治中国建设将失去精神支柱。

一 城市化与法治文化的关系

城市化的概念从整体上说,是指"人口、地域、生产关系以及生活方式由农村型向城市型转化的自然历史过程"②。它还包括文化价值观的变迁,也就是全社会人口逐渐接受城市文化的过程,这是人们精神层面的一个变化。"地方法治是国家一级地方行政区域在遵循法治全国统一的前提下,在不违背国家宪法、法律的基础上,在宪法、法律授权范围内,根据法治的原则和精神,结合本行政区域的政治、经济、文化和社会的特点,依法开展地方性立法,促进司法公正,依法行政,进行法治文化建

---

① 李志强、何中国:《以法治文化引领法治建设》,《红旗文稿》2013年第7期。
② 王琳:《城市化进程中的法治问题建设》,《神州》2013年第7期。

设,推动法治建设进程,保障社会和谐发展的系列目标、活动、状态和过程。"①

法治城市就是城市法治化,简单而言,就是在城市的各个领域都实现了法治化。这种实现的标准在于:这个城市是否有对法治的崇尚精神,是否有相对完备的法律法规体系,政府是否依法行政,司法是否公正廉洁,公共法律服务是否成熟等,这些标准看起来简单,实际上蕴含着非常丰富的内涵,尤其是在法治精神上,需要更加具体的指标加以衡量。

现代社会的城市化进程,在带来城市经济发展和文明的同时,也带来了很多社会矛盾纠纷。法治文化的培育,对于这些矛盾纠纷的依法化解具有重要实践意义。因为法治文化从本质而言,是法治在一国或一个地区的实现状态,是民众对法律的信仰水平的总和。② 具有深厚法治文化的城市,民众的解纷意识就会较为理性,会相对积极地运用法律化解矛盾纠纷。

在城市化进程中,原先的法治文化面临城市化文明的解构,必须重新建构法治化文化才能适应现代城市大发展需求。重新建构的法治文化必然要凸显现代法治的精神、价值趋向,必然要与一国或一地的实际相符合。社会主义国家有自身法治文化根基,在城市化进程中,也必须体现为社会主义法治文化。

二 城市化进程中法治文化培育的重要性

城市化进程最终目标指向市民,指向一个属于现代城市的市民社会。法治文化指向公民,但是具有私法性质和公法性质并兼的公民,也即法治文化的目标指向包含了城市化的目标指向。法治文化有助于培养市民的法治思维,独立理性的思考能力、良好的法律修养,这些是市民转化为公民的重要文化基础。

法治文化可以为市民提供一种法治基本环境,培养市民"法大于权"的基本理念,同样,法治文化可以形成公权力行使者内心的约束机制,有助于公正司法和执法。

---

① 武力:《1949—2006 年城乡关系演变的历史分析》,《中国经济史研究》2007 年第 1 期。
② 余翰卿:《论法治金华及其实现》,《前沿》2014 年第 Z4 期。

法治文化的实现方式可以非常多样化，在城市中，法治文化可以通过"进机关、进乡村、进社区、进学校、进企业、进单位"等活动，融入到法治宣教活动中，转化为全社会各主体的法律素养和法治精神，形成一种遵法、守法、护法的基本氛围，这也是城市法治文化建设的重要路径。

"法治是一种宏观的治国方略、理性的办事原则、民主的法制模式、文明的法律精神和理想的社会状态。"① 作为这样一种方略，要在城市化中实现，必须面临城市化进程中的不少难题。一个典型难题就是城市人口基数越来越大的问题，尤其是大量农村人口涌入城市，法治文化不能只针对城市人口，还必须照顾到这部分人群，但后者往往是法治文化建设所忽视的对象。另一个典型难题是城市管理体制存在的问题，城市管理力量严重不足，管理机构对于法治文化建设缺乏兴趣和动力，甚至不愿意民众掌握法治的力量，这就造成了法治文化建设的人为阻碍。再者，即便管理者愿意依法管理，面对城市日新月异的发展，法律法规的缺位也是一个必须解决的问题。

但无论如何，城市化不能脱离法治文化建设，因为我们清楚，城市化的目标是人，法治化的目标是保护人，这两者在基本目标是保持一致的，并且法治化有助于时刻矫正城市化进程中出现的对人的权益的忽视，保证城市化方向的正确性，这就是法治文化对城市化的重要意义所在。

当下中国地方城市化中所要构建的法治文化，是社会主义法治文化的重要内容。社会主义法治文化应当是先进的法治文化，带有法治文化应有的指引、引领和示范作用，具有强大的精神作用和思想功能。以宁波为例，宁波建设法治文化，以传统的商帮文化为基础，重视诚实信用原则，塑造独有的宁波帮文化品牌，这在宁波城市化进程中，起到了非常积极的影响力。

三 城市化进程中法治文化培育的途径

一方面，城市化提供了法治文化建设的稳定环境、经济基础和民主根基，提供了法治文化构建的实践空间。"通过法治文化的建构可以树立良

---

① 公丕祥：《法理学》，复旦大学出版社 2005 年版，第 271 页。

好的法治理念，为立法、执法、守法等的实施提供指导和保障。"① 今天城市的复杂性带来了很多问题，尤其需要一种相对稳定的、理性的、高效的方式治理社会，法治是城市治理的首要选择。城市的法治文化是城市先进文化的重要方面，城市法制化的培育程度和市民法律素质的整体水平是城市化水平的一个重要指标。宁波是近代中国开埠较早的一个港口，外贸经济发达，以港兴商，以商兴市是宁波市发展的轨迹。商品经济在这样一个环境下得到了充分的发展，这就促使法治文化的形成。将宁波建设成为一个国际化的大都市，实现高水平的城市化发展，是全体宁波人民的奋斗目标，那么如何培育与之相适应的法治文化，是我们当前必须要面对和解决好的问题，接下来本书结合宁波法治文化建设的具体情况，对城市化进程中如何培育法治文化提出一些建议。

（一）培育法律意识，树立法律信仰

法治文化的培育并非是一朝一夕之功，只有从最为基础的工作——法律意识的培育开始。但在我们长期的普法活动中，法律意识已经获得一定程度的提升，基本法律意识深入民心。但一个比较吊诡的现象是，即便民众拥有一定程度的法律意识，但同时他们也拥有权大于法的认知意识，这两种意识并存于民众心中，这也是为何我们需要进一步梳理法律信仰的问题。

现代社会，法律已经成为人与人之间的连接线，通过法律，将人们之间的社会关系转化为法律关系，运用法治思维和法治方式加以解决。但这也存在一个奇怪的现象，人们会运用法律，但不是出于什么法律信仰的问题，而是因为法律在一定程度上是一种威慑工具和手段，民众并非是因为对法律的信任或情感而选择使用法律，这也就意味着，当下要建设法治文化，改变上述两种现象，就必须通过不断塑造法治的权威和尊严，促使民众相信法大于权，逐渐消除人治的观念和思想，走向一种法治信仰的精神状态。加强法治文化建设，"旨在实现对公民文化权益的宪法和法律保护，以满足人民群众对精神生活的新期待和不断增长的文化生活需要。"②

---

① 严励：《法治建设的基石——构建法治文化与提高公民素质》，《同济大学学报》2007年第2期。

② 刘作翔：《法治文化的几个理论问题》，《法学论坛》2012年第1期。

（二）提高司法权威，规范法律程序

培根说："一次不公正的判决比多次不公正的举动祸害尤烈，因为后者不过是弄脏了水流，前者却破坏了水源。"① 司法的权威在今天有赖于司法的公正。但公正的司法很容易受到外界因素影响，法官除了法律之外，还有别的上司。这就说明，想要司法公正，就必须保证法官的独立性和权威性，想要获得后者，就必须提高司法在整个社会中的权威。

如何有效保证司法的权威，本书提供的答案是程序正义。这种程序正义观念是法治文化的重要组成部分。法律是在程序中践行的，依法办事的含义指向依照法律程序办事。依照法律程序办事才能尽量避免公职人员滥用权力。美国联邦最高法院法官道格拉斯说："权利法案的大多数规定都是程序性条款，这一事实决不是无意义的。正是程序决定了法治与恣意的人治之间的区别。"② 法律程序观念的树立，是对传统中国法律文化中重实体轻程序的矫正，后者是导致普通民众厌讼意识的根本原因，通过程序的说理，能够帮助普通民众了解法律，尊重程序正义和价值，形成法治意识。

（三）充分利用现代传媒，丰富法治文化培育方式

一方面，法治文化的引领作用，很明显地表现为对现有法律实践的批评分析。现有法律实践，是具体法治的实施结果，法治文化的批判，其目的在于促成具体法治走向良法善治。这种批评可以在现实世界中进行，也可以在虚拟世界中运行。运行场域并不是关键问题，关键在于如何针对不同的运行场域采取不同的推进方式。从现代城市的发展来看，现代传媒技术，尤其是网络技术已经在很大程度上主宰人们的日常生活，大量丰富信息冲击人们的精神世界，这就使得人们很难在纷繁复杂的信息中形成自身主流意见，这就是现代网络、现代传媒带来的对法治文化建设的挑战、冲击和消解。

但另一方面，我们也应当看到这些技术手段带来的便利性，输送相应的法治文化变得比以往更加容易。今天的普法宣传教育也正是通过网络论坛、微博、微信、QQ、户外电子显示屏、移动终端、微电影、微动漫等

---

① ［英］培根：《培根论说文集》，商务印书馆1983年版，第193页。
② 季卫东：《法治秩序的建构》，中国政法大学出版社1999年版，第1页。

方式实现的,而法治文化的建设同样可以借助这些现代传媒,将各种法治人物、法治故事、法治精神等直接传输给民众。

法治文化的建设必须采用多种丰富形式,但这些形式相互之间应当形成配合,以一个主要建设的阵地为核心,形成法治文化建设的强大气场,如此,才能将法治文化建设与社会治理相互结合起来,共同推进。

第三节 农村法治文化建设的现状与路径

文化既具有普适性,也具有地方性,但法治+文化则形成了一个比较注重结合地方实践的统一性,法治与文化两者之间需要结合具体的地区样本,才能更加真切地说明当下农村法治文化建设的基本现状、存在问题以及建设路径。本书课题组选择沿海 N 市作为法治文化建设的一个分析样本,通过实证调研总结现状、发现问题,并提议建设路径,以此为农村法治文化的建设提供经验借鉴。

一 农村法治文化的分析样本

N 市位于东南沿海,属于改革开放以后受惠政策较多的城市,经济社会发展状况也排在全国前列。从调研可知,目前 N 市农村与农民的现状主要有以下特点:

首先是城镇化水平较高。据 N 市统计局资料显示,N 市城镇化水平目前已经高达 68.31%,这一数据说明:一是 N 市农村转化为城镇的比率较高,剩余农村的数量虽然不多,但仍然占有一定比例;二是 N 市城镇常住人口的比例较高,大量农村人口转移到城镇居住;三是 N 市农村因为城镇化的切割,分布相对零散,集中居住并不显见。这也说明法治文化建设必须适应零散分布的村落,同时也说明法治文化建设在城镇中更易开展。不过,必须注意的是,N 市目前正在大力推进城镇化,很多农村将会转化为城镇,也会出现很多城乡结合部,在这个转化过程中,如何做好法治文化建设是个难题。

其次是农村人口迁移出现不同层次。N 市城镇化速度较快,农村人口大量迁移到城镇,内陆人口大量迁移到沿海。但与此同时,也有大量外来人口迁移到 N 市农村与城镇,由此形成了农村人口迁移的不同层次:第一个层次是N市农村人口迁移到城镇,充实了城镇的人口基础;第二个层次是N市内陆人口迁移到沿海城镇,充实了沿海城镇的人口基础;第三个层次是外来人口迁移到N市农村与城镇。这部分群体在农村与尚未完全城镇化的农村生活,带来各自家乡风俗习惯,与N市农村本地人口形成一定冲突,对当地社会秩序也造成一定影响。

最后是农村商业化较为发达。N市的经商文化自古传承,而改革开放之后的市场经济建设,更是将商业气息直接传播到农村。因此,在N市很多农村,村民在自家院子里或租来的院子办厂,加工海产品等现象较为普遍,可以说商业较为发达的N市农村,其村民的经济意识较为浓厚,但对法治的认知尚有不少差距。

二 农村法治文化建设的主要问题

虽然经过多年深入农村的普法活动,N市农村村民的法律意识有一定提升,但因为N市农村长久以来的人治观念、农民主体意识尚未完全觉醒等因素,N市农村法治文化建设尚比较滞后,存在较多问题。

其一,从法治文化建设的经济基础而言,虽然N市农村商业化程度较高,但这仅是与其他地区农村相比的结果,与城市相比,N市农村的整体经济发展水平还有待提升。N市农村虽然正在逐渐从传统农业走向加工业、现代农业,但这个过程还需要时间,也需要更多的投入。农村的商业化使农民更愿意将资本投入到商业再生产或者房屋兴建中,而对于教育等的重视程度并不高,50%以上的家庭希望自家小孩能够继续从事家庭作坊式生产活动,这也形成一个恶性因果关系:因农村经济转型,更加注重经济投入,忽视教育,因为忽视教育,农民文化水平不高,农村法治就缺乏土壤。这也说明,即便经济获得一定程度的发展,也必须合理引导农民进行教育和法治文化建设的投入。

其二,从N市农民主体而言,具有以下方面的问题:一是N市农民法律知识欠缺、法律意识不强。从调研可知,参与到人口迁移中的农村人口,转移到城镇之后,接触法律和学习法律的机会比没有参与人口迁移,尤其是仍在山区的农民多,因此其掌握的法律知识也较未参与迁移的农村人口多,解决矛盾纠纷也相对理性。在未参与迁移,仍居住于原有农村或山区的农民而言,接触和学习法律的机会极少,掌握的法律知识几乎为零,以至于守法意识极为淡薄,在生活中仍然沿袭传统习俗,如婚丧嫁娶等方面,甚至在某些明显违法犯罪行为,如聚众赌博、随意砍伐林木、包办婚姻等方面也未曾有比较明确的法律意识。二是仍然居住于农村的村民,在选择维权方式时,更多倾向于从实用主义角度考量,综合性运用维权方式。① 对诉讼的回避心理已然是 N 市农民的多数心理,选择最简便有效的解决纠纷方式,更快恢复生产生活秩序,才是农民最为理性的选择。因此,很多农民在发生矛盾纠纷时,更加倾向于私下解决,或找村委会调解,或找中间人调解,或依靠家族势力逼迫对方妥协等。在调研的 10 个村子中,2012—2015 年诉讼案件总量为 26 件,平均每村不到 3 件,而人民调解案件总量在 472 件,平均每村 47.2 件。至于其他方式私下解决的案件,按照村干部估计,总量应该也在 200 件左右。这说明,在 N 市农村,农民更希望通过简便有效方式解决矛盾纠纷,唯有在"私了"或调解无效的情况下,才会利用国家提供的正式解纷制度。

其三,从当下法治文化建设的路径而言,存在以下问题:一是很多法治文化建设都是运动式的、一次性的,缺乏一个长效建设机制。近年来,因为概念与话语的变换速度较快,很多社会治理与社会建设工作随之转换门庭,成为其他强势话语的附庸。虽然近年来正在不断强调法治文化建设,基层政府也对此比较重视,但这种重视基本上都体现为运动式、一次性的"送法下乡",未能从根本上形成一个长效建设机制。二是 N 市农村法治文化建设远不如城市的系统性,也远未形成一个有效工作网络。N 市基层政府在农村法治文化建设方面,虽然多次部署和动员,但一些行政部门仍然欠缺积极性和主动性,仍然未曾深刻认识到法治文化建设的深刻意义,而部门之间的联动机制也未曾建立,很多行政部门都是依靠本单位自身的力量去进行零星的普法宣传,远不能承担农村法治文化建设的重任。三是 N 市农村法治文化建设的形式非常单一,缺乏有效性。很多行政部门沿用普法形式,如法律咨询、法律援助、法律讲座、橱窗展示、法律知识竞答、猜谜等,生搬硬套地将本部门工作可能涉及的法律法规做一简单宣传,其目的在于便利今后的行政工作,并未曾从法治文化的深刻内涵、法治的价值和精神、法治思想、社会心理以及农民的生活习惯、乡村的乡

---

① 何跃军:《土地维权中的效用与制度创造》,《安徽师范大学学报》2015 年第 5 期。

规民约等角度综合考量法治文化建设的有效形式。以简单的普法性宣传，很可能导致行政资源的浪费，又无法有效吸引农民参与，无益于法治文化建设。

三 农村法治文化建设滞后的原因

N市农村法治文化建设滞后，从原因分析，主要有思想层面、执行层面、社会参与层面、文化层面等原因。

首先是思想层面的原因，主要是对农村法治文化建设的重要性还未有应有认识。受思维惯性影响，有的基层政府仍然将目光聚焦于发展经济，对法治文化建设较为忽视，有的地方法治文化建设就是一般性的农村文化建设，仍以一般文化建设方式对待，将法治文化建设当成一般热热闹闹、唱唱跳跳的活动，并未研究新情况新问题，有的地方则认为事不关己高高挂起，有的地方仍然缺乏积极性和主动性，等待上级部门的统一部署、资金支持等。可以说，这些表现都是缺乏对农村法治文化重要性的认识与责任的表现。思想层面的因素很快就体现在实践中，基层政府缺乏农村法治文化建设的主动作为，工作畏难消极、敷衍应付、流于形式，直接影响了农村法治文化的建设。

其次是执行层面的原因，主要是指一些地方出于维稳的政治目的，将法治文化建设的工作仅仅视为维护农村社会稳定工作的一部分，偏向于开展有利于维稳的法治宣传工作，未曾深刻认识法治文化的重要意义，也就未能将法治文化建设作为一项事业融入到农村经济社会发展的全局中，而有些地方虽然制定了建设法治文化的相关实施文件，但更多是一般性地强调法治文化的重要意义，做出的也仅仅是一般性的要求和部署，缺乏一个系统性的规划，也未能从制度上和机制上真正有效整合法治文化建设的主体力量，以致力量分散形不成整体合力。如一些普法机构与一些相关单位工作重复开展、活动重复组织、阵（基）地重复建设，浪费有限的经费和资源。管理体制、运行保障、整体联动上缺乏规范的制度支撑，农村法治文化建设必然随意性较大，社会联动效应差；另一方面，因为对法治文化建设的不够重视，基层政府也并未耗费成本着力推动农村法治文化，因此在日常工作中，并未针对N市农村与农民情况，采用有针对性的建设方式，因为缺乏内容和形式的创新，法治文化建设一直流于形式，未能真正与 N 市农村实际情况结合，未能与农村本土文化结合，也就未能产生积极的社会影响。而村干部们在处理大量琐细农村事务时，仍旧沿用传统习惯处理问题，以事态不扩大为目的，漠视法律，丢弃法治。

再次是社会参与层面的原因，主要是 N 市农村法治文化建设的主导力量仍然是基层政府，农村一方面缺乏社会组织的有效参与，社会组织在农村法治文化建设中明显缺位，其他社会力量，如律师，受制于体制问题等，也基本上未能发挥作用，另一方面，则是农民作为法治文化建设的主体之一，参与性较差。传统农村的社会动员机制在当下社会几近解体，农民因为利益分化，也形成不同的阶层和利益主体。法治文化建设需要借助农村的主人——农民的主体力量，但农民本身参与法治文化建设的积极性与主动性未被有效调动，参与性严重不足，这也是目前法治文化建设中的一个极为重要的基础问题。

最后是文化层面的原因。N 市农村存在一个比较特殊的悖反：一般而言，经济越发达，民众的自由、平等意识越高，越会倾向于法治。但在 N 市农村，虽然商业化程度较高，但长期以来，人治氛围在 N 市农村也较为浓厚，很多村庄依赖于村落精英治理，如果没有外来法律与政府的干预，很可能会继续沿着人治传统发展。[①] 与此同时，传统文化在 N 市农村仍然有较多体现，诸如慈孝文化等，本应与法治有良好结合点，但在当下农村中，反而表现出一些不太积极的因素，如仪式性人情观念浓厚[②]等，反而置法律于不顾，讲究人情关系，对法治文化建设有极强消解作用。传统诉讼观念如畏讼息讼观念也仍然在影响 N 市农村地区，很多村民在出现矛盾纠纷时，视司法途径为畏途，基本上是"乡下事乡下了"的思路，私了或寻求行政渠道的帮助仍然是农民解决矛盾纠纷的主要路径。N 市农村文化生活虽然并非匮乏，但也并不丰富，仍有相当大一部分群众仅能通过电视、报刊等有限的渠道接受外界信息，内容不丰富，形式单一，范围不广。文化活动场所和文化设施建设较为滞后，农村文艺作品缺乏，文化活动品位普遍不高，不能满足广大农村群众精神生活需求。致使一些群众

[①] 陆俊杰：《当下中国农村法治的迟滞与路径选择》，《中共桂林市委党报》2007 年第 3 期。

[②] 陈柏峰：《仪式性人情与村庄经济分层的社会确认——基于宁波农村调研的分析》，《广东社会科学》2011 年第 2 期。

转向赌博、搞封建迷信等一些不健康的活动，个别群众甚至因此走上违法犯罪的道路。

四 农村法治文化建设的基本路径

如何才能有效构建农村法治文化，这是法治建设面临的一个重大命题，也是一个时代命题。这个命题的具体实现，需要因时因地制宜。N市构建农村法治文化，也应当依照自身农村与农民特点进行，本文提出以下建议，从共性建设路径到特性建设路径，以此作为农村法治文化建设基本路径的借鉴。

首先是共性建设路径。所谓共性建设路径，主要是指必须依照和融合法治文化的基本内容、基本精神与农村发展的基本价值，形成农村法治文化建设的基本思想观念和建设原则，从而指导特性建设路径。按照本书所思，农村法治文化建设的共性路径主要有以下方面。

一是思想层面必须注重形成法治精神与服务农民相结合的理念。法治文化建设的目标是服务于人民，为人民的自由与幸福创建一个良好的法治文化氛围。农村法治文化建设亦当如此，缺乏服务农民精神的法治文化建设，将会丧失农民的认同和支持。这就要求法治文化建设必须紧密结合当地农民需要，将法治精神融入到亲民、便民和利民的工作中。

二是必须科学整合法治文化建设的主体力量。在建设农村法治文化中，应当慎重考虑农村法治文化建设中的五大基本主体：基层政府（各行政部门）、党组织、社会组织、农民、律师顾问等的力量，构建信息共享机制与联动机制避免出现重复宣传与重复建设，导致资源浪费和效率降低。

三是必须统筹规划，将法治文化建设与经济建设、社会建设等相互协调起来，形成一个整体发展的良好局面。

四是必须体现出地方特色，各地农村与农民情况并不相同，如何突出法治文化的地方特色是一个比较实践性的问题，法治文化建设必须考虑乡土民情，既不能妥协于有悖法治的乡土民情，也不能不注意吸收有利法治的乡土民情，这就需要法治文化建设者们更为详尽的工作。

其次是特性建设路径，主要是指必须结合乡土民情，通过不断创新法治文化建设的形式与内容，提升法治文化建设的针对性与有效性。N市法治文化建设的特性之路可以从以下方面考量：

其一，实际调研，抓住N市农村与农民特点，重点宣传与其密切相关的法律法规。N市农村具有三方面特点：一是具有一定商业化水平，家庭作坊较多，工厂也有不少，在合同、个人借贷、银行信贷、雇佣关系等方面有较多法律需求，因此，农村法治文化建设应当注重与商业发展有关的法律法规，如合同法、公司法、金融法、劳动法等，树立契约观念、诚信观念、现代公司治理观念、平等观念等，从而形成契约精神、诚信精神、治理精神和平等精神。二是因为城镇化发展速度较快，因此征地拆迁较多，因此可大力开展与土地征收、房屋拆迁和承包地流转等相关的法律法规的宣传教育，预防和减少社会矛盾。与此同时，针对农村因为征地拆迁带来的集体财富增长，甚至因此出现村干部侵吞集体财富的情况，可以适当加强刑法、村委会组织法等宣传教育，提升农民的自治精神和监督意识。三是因为人口流动，N市农民与外来人口之间也存在一些诸如婚姻、家庭、继承、与外来人口矛盾等问题，因此也可侧重宣传婚姻家庭继承法、侵权法、治安管理处罚法等法律法规，形成夫妻忠诚、家庭和谐、邻里和睦等公序良俗。

其二，不断创新建设方式，丰富法治文化建设内容。N市农村因为经济较为发展，基本上各村都有较为良好的交通网络与电信网络，中青年基本上并不外出打工，而是在家经营作坊或现代农业。这就意味着法治文化建设不会受到太多的交通因素和通信因素的影响。N市在进行农村法治文化建设时，应当不断创新，以农民喜闻乐见的方式将原本说教灌输式的普法运动转化为情感共鸣、主动接受的法治文化建设方式，这就需要结合各村的实际，制定不同的建设方案，尤其是可以与新兴媒体结合，采用法治微博、法治微信、法治短信、法治动漫等现代网络技术方式，直接将信息传输到农民终端。①

N市高校虽然不多，在6所左右，其中3所高校设立有法学院与法律系，这也意味着可资利用的法学力量相对较多。在N市农村建设法治文化，可以充分利用这一法学资源，一方面可以邀请法学专家学者深入农村宣讲法治及其相关主题；另一方面可以组织法学本科生、硕士生深入农村

---

① 沈超：《农村法治文化建设的实践与思考》，《湖北警官学院学报》2012年第8期。

实习，提供法律实践训练，鼓励毕业生走向农村，为农村法治文化建设提供人才支持。

最后，N市在近些年来曾经大力推动"一村一社一法律顾问"制度，目前已经基本上实现了上述制度安排。与传统的派出法庭、乡镇司法所固定于乡镇而未深入农村相比，法律顾问可以与农民直接面对面。但因为法律顾问并非长期性质，很多时候"有顾无问"，未能真正发挥作用。因此，建议N市可以在法律顾问基础上整合司法所资源、律所资源等，在农村设置法律服务站或中心。这一机构并不需要每村都设置，可以在地理位置相近的2—3个村设置一个服务站或中心，提供便民法律服务，也可以依托此服务站或中心开展法治文化建设。

比较值得一提的是，N市农村目前还有较多仍然在发挥作用的乡规民约，这些乡规民约并未完全违背现代法治精神，其中蕴含的德治理念在某些方面更加有效，[①] 其习惯法意义值得肯定。因此，梳理并扬弃这些乡规民约将成为N市法治文化建设的一项重要任务，当法治文化建设与乡规民约融合在一起，我们也就能够期待法治文化具有更强有力的群众基础和社会基础，从而发挥更有效的作用。

[①] 耿文茂：《追寻"乡土"与法治的契合——农村法治文化建设思考》，《山东审判》2013年第2期。

参考文献

著作类：

1. ［奥］凯尔森：《法和国家的一般理论》，沈宗灵译，中国大百科全书出版社 1996 年版。

2. 蔡枢衡：《中国法理自觉的发展》，清华大学出版社 2005 年版。

3. ［德］费尔巴哈：《基督教的本质》，荣震华译，商务印书馆 1984 年版。

4. ［德］黑格尔：《法哲学原理》，范扬、张启泰译，商务印书馆 1982 年版。

5. ［德］卡尔·拉伦茨：《法学方法论》，陈爱娥译，商务印书馆 2003 年版。

6. ［德］康德：《法的形而上学原理——权利的科学》，沈叔平译，商务印书馆 1991 年版。

7. ［德］马克斯·韦伯：《论经济与社会中的法律》，中国大百科全书出版社 1998 年版。

8. ［德］耶里内克：《人权与公民权利宣言——现代宪法史论》，李锦辉译，商务印书馆 2012 年版。

9. 《邓小平文选》第 2 卷，人民出版社 1994 年版。

10. 邓正来：《国家与社会——中国市民社会研究》，四川人民出版社 1977 年版。

11. ［法］卢梭：《社会契约论》，商务印书馆 1980 年版。

12. 公丕祥：《法理学》，复旦大学出版社 2005 年版，第 271 页。

13. 何增科：《社会管理与社会体制》，中国社会出版社 2008 年版。

14. ［荷］斯宾诺莎：《神学政治论》，温锡增译，商务印书馆 1963

年版。

15. 赫然、张凌竹：《社会治理的法治保障研究——以吉林省社会治理为例的调查研究》，知识产权出版社 2015 年版。

16. 季卫东：《法治程序的建构》，中国政法大学出版社 1998 年版。

17. 李林主编：《依法治国十年回顾与展望》，中国法制出版社 2007 年版。

18. 李芹主编：《社会学概论》，山东大学出版社 1999 年版。

19. 梁漱溟：《中国文化要义》，上海世纪出版集团、上海人民出版社 2005 年版。

20. 《马克思恩格斯选集（第 3 卷）》，人民出版社 1972 年版。

21. 《毛泽东文集》第 6 卷，人民出版社 1999 年版。

22. 《毛泽东选集》第 2 卷，人民出版社 1991 年版。

23. ［美］伯尔曼：《法律与宗教》，梁治平译，中国政法大学出版社 2003 年版。

24. ［美］菲里森：《美利坚共和国的成长》（上），南开大学历史系美国史研究室译，天津人民出版社 1980 年版。

25. ［美］汉密尔顿：《联邦党人文集》，程逢如译，商务印书馆 1980 年版。

26. ［美］克鲁克洪：《文化概念：一个重要概念的回顾》，高佳等译，浙江人民出版社 1986 年版。

27. ［美］罗伯特·达尔：《论民主》，李柏光、林猛译，商务印书馆 1999 年版。

28. ［美］梅里亚姆：《美国政治思想（1865—1917）》，朱曾汶译，商务印书馆 1984 年版。

29. ［美］潘恩：《潘恩选集》，马清槐译，商务印书馆 1991 年版。

30. ［美］普特南：《理性、真理与历史》，童世骏、李光程译，上海译文出版社 2005 年版。

31. ［美］托马斯·戴伊、哈蒙·齐格勒：《民主的嘲讽》，孙占平等译，世界知识出版社 1991 年版。

32. ［美］瓦戈：《法律与社会》，梁坤、邢朝国译，中国人民大学出版社 2011 年版。

33. ［美］威尔·杜兰特：《哲学的故事》，梁春译，中国档案出版社2001年版。

34. ［美］詹姆斯·N. 罗西瑙：《没有政府的治理》，江西人民出版社2001年版。

35. ［美］珍妮·登哈特、罗伯特·登哈特：《新公共服务——服务，而不是掌舵》，中国人民大学出版社2005年版。

36. ［苏］鲍·季·格里戈里扬：《关于人的本质的哲学》，生活·读书·新知三联书店1984年版。

37. 苏力：《道路通向城市——转型中国的法治》，法律出版社2004年版。

38. 童星：《社会管理学概论》，南京大学出版社1991年版。

39. 万军：《社会建设与社会管理创新》，国家行政学院出版社2011年版。

40. 王淳、高洪：《民事审判指导与参考》，法律出版社2010年版。

41. 王建芹：《从管制到规制——非政府组织法律规制研究》，群言出版社2007年版。

42. 王杰、张海滨、张志洲：《全球治理中的国际非政府组织》，北京大学出版社2004年版。

43. 王名、刘国翰：《中国社团改革——从政府选择到社会选择》，社会科学文献出版社2001年版。

44. 王浦劬：《政治学基础》，北京大学出版社1995年版。

45. 夏建中：《中国城市社区治理结构研究》，中国人民大学出版社2012年版。

46. 许章润等：《法律信仰——中国语境及其意义》，广西师范大学出版社2003年版。

47. ［意］波齐：《国家：本质、发展与前景》，陈尧译，上海人民出版社2007年版。

48. 应星：《大河移民上访的故事》，生活·读书·新知三联书店2001年版，第367页。

49. ［英］阿伦·布洛克：《西方人文主义传统》，董乐山译，生活·读书·新知三联书店1997年版。

50. ［英］梅因：《古代法》，沈景一译，商务印书馆 2010 年版。

51. ［英］培根：《培根论说文集》，商务印书馆 1983 年版。

52. 俞可平：《政治与政治学》，社会科学文献出版社 2003 年版。

53. 张保生：《法律推理的理论与方法》，中国政法大学出版社 2000 年版。

54. 张清：《非政府组织的法治空间：一种硬法规制的视角》，知识产权出版社 2010 年版。

55. 张文显、徐显明主编：《全球化背景下东亚的法治与和谐——第七届东亚法哲学大会学术文集》（上），山东人民出版社 2009 年版。

56. 张文显主编：《法理学》，高等教育出版社、北京大学出版社 2008 年版。

57. 郑杭生：《社会学概论新修》，中国人民大学出版社 2003 年版。

58. 《中共中央关于全面深化改革若干重大问题的决定》，人民出版社 2013 年版。

59. 朱凤义：《转型中国法律实现研究——从国家主义到公民参与》，法律出版社 2012 年版。

60. 朱景文主编：《司法改革报告：法律职业共同体研究》，法律出版社 2003 年版。

61. Robert C. Elhckson, Order without Law, How Neighbors Settle Disputes, Harvard University Press, 1991.

论文类：

62. 车传波：《综合法治论——兼评形式法治论与实质法治论》，《社会科学战线》2010 年第 7 期。

63. 陈柏峰：《仪式性人情与村庄经济分层的社会确认——基于宁波农村调研的分析》，《广东社会科学》2011 年第 2 期。

64. 陈刚：《治理理论的中国适用性及中国式善治的实践方略》，《湖北社会科学》2015 年第 2 期。

65. 陈俊：《创新社会治理方式和手段法制化的几点思考》，《上海师范大学学报》（哲学社会科学版）2012 年第 6 期。

66. 陈林林：《法治的三度：形式、实质与程序》，《法学研究》2012

年第 6 期。

67. 陈伟东：《社区行政化：不经济的社会重组机制》，《中州学刊》2005 年第 3 期。

68. 陈用龙：《深化社会管理创新的法治思考》，《岭南学刊》2011 年第 1 期。

69. 陈用龙：《深化社会管理创新的法治思考》，《岭南学刊》2011 年第 1 期。

70. 陈振明：《什么是政府的社会管理职能》，《新华文摘》2006 年第 8 期。

71. 邓莉雅、王金红：《中国 NGO 生存与发展的制约因素——以广东番禺打工族文书处理服务部为例》，《社会学研究》2004 年第 2 期。

72. 丁寰翔：《论程序法治及其实施》，《社会科学论坛》2007 年第 10 期。

73. 方军贵：《论法治视野下的国家治理现代化》，《湖北经济学院学报》（人文社会科学版）2014 年第 6 期。

74. 费显政：《资源依赖学派之组织与环境关系理论评介》，《武汉大学学报》（哲学社会科学版）2005 年第 4 期。

75. 付子堂：《论建构法治型社会管理模式》，《法学论坛》2011 年第 2 期。

76. 高鸿钧：《法律成长的精神向度》，《环球法律评论》2003 年第 4 期。

77. 耿文茂：《追寻"乡土"与法治的契合——农村法治文化建设思考》，《山东审判》2013 年第 2 期。

78. 公丕祥：《挑战与回应：有效满足人民群众司法需求的时代思考》，《法律适用》2009 年第 1 期。

79. 郭玉亮：《协调利益冲突——创新社会治理的逻辑起点》，《求实》2012 年第 1 期。

80. 何显明、许新荣：《浙江精神与浙江现象的文化动因》，《浙江省委党校学报》2001 年第 3 期。

81. 何显明：《政府转型与现代国家治理体系的建构》，《浙江社会科学》2013 年第 6 期。

82. 何跃军:《基层农户的公平观——基于浙江省 2000 农户的实证调研》,《北京航空航天大学学报》(社会科学版) 2016 年第 5 期。

83. 胡家祥:《马斯洛需要层次论的多维解读》,《哲学研究》2015 年第 8 期。

84. 胡志民:《都市法治化与法治文化建设》,《上海师范大学学报》(哲学社会科学版) 2007 年第 3 期。

85. 黄洪旺:《法治的文化土壤》,《领导文萃》2011 年第 11 期。

86. 黄显中、何音:《迈向公共治理的共和路径》,《中共天津市委党校学报》2010 年第 5 期。

87. 贾宇:《创新社会治理体系法治保障》,《公民与法》2011 年第 8 期。

88. 江必新:《管理与治理的区别》,《山东人大工作》2014 年第 1 期。

89. 江必新、罗英:《社会管理法治化三论》,《理论与改革》2012 年第 1 期。

90. 江必新:《能动司法:依据、空间和限度》,《人民司法》2010 年第 1 期。

91. 江必新、王红霞:《社会治理的法治依赖及法治的回应》,《法制与社会发展》2014 年第 4 期。

92. 姜爱林、任志儒:《网格化城市管理模式研究》,《现代城市研究》2007 年第 2 期。

93. 姜明安:《论法治中国的全方位建设》,《行政法学研究》2013 年第 4 期。

94. 蒋传光:《法治思维:创新社会治理方式和手段的基本思维模式》,《上海师范大学学报》(哲学社会科学版) 2012 年第 6 期。

95. 蒋德海:《社会管理应纳入法治轨道》,《人民论坛》2011 年第 34 期。

96. 蒋晓伟:《论社会管理法治化的基本要素》,《河南财经政法大学学报》2012 年第 1 期。

97. 旷渝练:《诉讼时效制度若干问题的思考》,《社会科学研究》2003 年第 5 期。

98. 李春明：《市民社会视角下当代中国法治文化的认同》，《山东大学学报》（哲学社会科学版）2009 年第 6 期。

99. 李桂红、龙海燕：《中国法文化语境下大调解的脉络梳理与冷思考》，《江西行政学院学报》2014 年第 1 期。

100. 李红艳：《非政府组织的基本理论探讨》，《武汉大学学报》（哲学社会科学版）2009 年第 3 期。

101. 李金升：《律师业的蓝海在哪里？——读金和莫博涅的〈蓝海战略〉》，《律师文摘》2012 年第 5 期。

102. 李秀义：《社会治理体制改革创新中政府与社会关系的发展路径探析》，《管理科学》2014 年第 7 期。

103. 李学举：《加强社会建设和管理促进社会和谐与发展》，《求是》2005 年第 7 期。

104. 李岩：《国家治理体系和治理能力现代化：背景、意涵与影响》，《领导文萃》2014 年第 6 期。

105. 李志强、何中国：《以法治文化引领法治建设》，《红旗文稿》2013 年第 7 期。

106. 刘斌：《中国当代法治文化的研究范畴》，《中国政法大学学报》2009 年第 6 期。

107. 刘春湘等：《社会组织参与社区公共服务的现实困境与策略选择》，《中州学刊》2011 年第 2 期。

108. 刘澍：《社会结构紧张视域下大调解对法院司法的影响》，《重庆大学学报》2014 年第 2 期。

109. 刘振国：《中国社会组织的治理创新——基于地方政府实践的分析》，《经济社会体制比较》2010 年第 3 期。

110. 刘作翔：《从文化概念到法律文化概念》，《法律科学》1998 年第 2 期。

111. 刘作翔：《法治文化的几个理论问题》，《法学论坛》2012 年第 1 期。

112. 陆俊杰：《当下中国农村法治的迟滞与路径选择》，《中共桂林市委党报》2007 年第 3 期。

113. 栾少湖：《律师调解：从配角转为主角的五年——来自青岛律师

调解中心的报告》,《中国律师》2012 年第 2 期。

114. 栾少湖:《实行律师代理申诉制度的思考与启示》,《中国法律评论》2015 年第 5 期。

115. 马卫红:《从控制到治理——社会转型与城市基层组织框架的变迁》,《华中科技大学学报》2008 年第 5 期。

116. 潘小娟:《社区行政化问题探究》,《国家行政学院学报》2007 年第 7 期。

117. 彭国全、薛永奎:《涉法涉诉信访时效制度研究》,《公民与法》2011 年第 12 期。

118. 齐树洁:《我国近年法院调解制度改革述评》,《河南省政法管理干部学院学报》2011 年第 4 期。

119. 齐耀章:《多质态社会管理中的共同性与差异性》,《甘肃社会科学》2012 年第 4 期。

120. 渠敬东等:《从总体支配到技术治理——基于中国 30 年改革经验的社会学分析》,《中国社会科学》2009 年第 6 期。

121. 申建林、姚小强:《对治理理论的三种误读》,《湖北社会科学》2015 年第 2 期。

122. 施雪华、张琴:《国外治理理论对中国国家治理体系和治理能力现代化的启示》,《学术研究》2014 年第 6 期。

123. 司春燕:《法治是一种较为理想的社会治理模式》,《行政与法》2009 年第 4 期。

124. 苏力:《无需法律的秩序》,《环球法律评论》2004 年第 1 期。

125. 孙立平:《走向积极的社会管理》,《社会学研究》2011 年第 4 期。

126. 唐丰鹤:《法律的民族精神正当性》,《浙江学刊》2016 年第 4 期。

127. 唐铁汉:《强化政府社会管理职能的思路与对策》,《国家行政学院学报》2006 年第 6 期。

128. 童之伟:《信访体制在中国宪法框架中的合理定位》,《现代法学》2011 年第 1 期。

129. 汪太贤:《人文精神与西方法治传统》,《政法论坛》2001 年第 3

期。

130. 汪习根：《论法治中国的科学含义》，《中国法学》2014年第2期。

131. 王东、田晏：《涉诉信访的权利救济功能与公民信访权利定型》，《行政与法》2010年第10期。

132. 王学成：《再论良好司法公信力在我国的实现》，《河北法学》2010年第2期。

133. 王永杰：《从实体法治到程序法治：我国法治路径研究的新进展》，《毛泽东邓小平理论研究》2009年第6期。

134. 王勇：《改革开放以来中国社会治理创新的历史考察》，《科学社会主义》2013年第6期。

135. 王增杰：《推进基层治理法治化的思考》，《山西省直机关党校学报》2015年第1期。

136. 吴家庆、王毅：《中国与西方治理理论之比较》，《湖南师范大学社会科学学报》2007年第2期。

137. 吴英姿：《"调解优先"：改革范式与法律解读》，《中外法学》2013年第3期。

138. 武力：《1949—2006年城乡关系演变的历史分析》，《中国经济史研究》2007年第1期。

139. 谢庆奎等：《和谐社会与社会管理体制改革》，《北京行政学院学报》2006年第2期。

140. 徐汉明：《推进国家和社会治理法治化》，《法学》2014年第6期。

141. 徐中振、徐珂：《走向化区治理》，《上海行政学院学报》2004年第1期。

142. 严励：《法治建设的基石——构建法治文化与提高公民素质》，《同济大学学报》2007年第2期。

143. 杨金颖：《法治的人文精神论析》，《江西社会科学》2013年第1期。

144. 姚建宗：《信仰：法治的精神意蕴》，《吉林大学社会科学学报》1997年第2期。

145. 姚中秋：《超大规模国家的治理之道》，《读书》2013 年第 5 期。

146. 应星：《迎法入乡与接近正义——对中国乡村赤脚律师的个案研究》，《政法论坛》2007 年第 1 期。

147. 应星：《作为特殊行政救济的信访救济》，《法学研究》2004 年第 3 期。

148. ［英］格里·斯托克：《作为理论的治理：五个论点》，《国际社会科学》（中文版）1999 年第 2 期。

149. 俞可平：《全球治理引论》，《马克思主义与现实》2002 年第 1 期。

150. 郁建兴、任泽涛：《当代中国社会建设中的协同治理——一个分析框架》，《学术月刊》2012 年第 8 期。

151. 张宝峰：《治理理论与社会基层的治道变革》，《理论探索》2006 年第 5 期。

152. 张灿：《浅议律师参与型调解》，《社科纵横》2013 年第 4 期。

153. 张海、范斌：《我国政府购买社会组织公共服务方式的历史演进与优化路径》，《理论导刊》2013 年第 11 期。

154. 张敬博：《检察机关参与社会管理创新的理论与实践》，《人民检察》2011 年第 1 期。

155. 张康之、张乾友：《合理性与合法性视角中的近代社会治理，《河北学刊》2009 年第 4 期。

156. 张榕：《对地方法院司法创新之初步反思——以"能动司法"为叙事背景》，《法学评论》2014 年第 4 期。

157. 张文举：《律师参政议政优势浅析》，《广西社会主义学院学报》2007 年第 4 期。

158. 张文显：《法治与国家治理现代化》，《中国法学》2014 年第 6 期。

159. 张永进：《调解工作室：上海与广安模式的比较》，《中国司法》2012 年第 3 期。

160. 赵立彬：《孙中山政治设计中的社会建设考量》，《广东社会科学》2008 年第 1 期。

161. 郑成良：《法治中国的时空维度》，《法制与社会发展》2013 年第 5 期。

162. 周尚君：《国家治理视角下的地方法治试验》，《法商研究》2013 年第 1 期。

163. 左卫民：《法院制度功能之比较研究》，《现代法学》2001 年第 1 期。

报纸类：

164. 曹建明：《2010 年最高人民检察院工作报告》，《检察日报》2010 年 3 月 13 日第 7 版。

165. 韩庆祥：《为什么要创新社会治理体制》，《光明日报》2013 年 12 月 12 日第 1 版。

166. 廖奕：《法治化的社会管理创新》，《法制日报》2012 年 5 月 2 日第 10 版。

167. 马庆钰：《如何认识从"管理"到"治理"的转变》，《人民日报》2014 年 3 月 24 日第 7 版。

168. 莫爱萍：《能动司法参与社会治理创新》，《人民法院报》2012 年 2 月 3 日第 2 版。

169. 亓宗宝：《律师代理申诉制度的实践思考》，《人民法院报》2015 年 7 月 1 日第 5 版。

170. 王蓓：《物管纠纷快速处理的"慈溪模式"》，《人民法院报》2010 年 9 月 13 日第 5 版。

171. 王俊峰：《全面依法治国 律师肩负重任》，《人民日报》2015 年 8 月 19 日第 6 版。

172. 王良斌：《对律师参与化解和代理涉法涉诉信访案件的几点看法》，《检察日报》2016 年 3 月 5 日第 2 版。

173. 吴传毅：《准确把握国家治理现代化的新内涵》，《湖南日报》2013 年 12 月 12 日第 10 版。

174. 吴涛、詹奕嘉、金悦磊：《一项生猪补贴令 8 县畜牧局长落马》，《检察日报》2015 年 7 月 28 日第 4 版。

175. 习近平：《完善和发展中国特色社会主义制度 推进国家治理体系和治理能力现代化》，《人民日报》2014 年 2 月 18 日第 1 版。

176. 谢来：《温家宝受 CNN 记者专访谈政改，让每个人活得有尊严》，《新京报》2012 年 10 月 12 日第 1 版。

177. 郑成良：《司法公信力建设的思考》，《江苏法制报》2010 年 8 月 6 日第 4 版。